Heinrich Bußhoff

Politikwissenschaft und das Problem der Freiheit

Heinrich Bußhoff

Politikwissenschaft und das Problem der Freiheit

Verlag Karl Alber Freiburg/München

CIP-Kurztitelaufnahme der Deutschen Bibliothek

Bußhoff, Heinrich:
Politikwissenschaft und das Problem der Freiheit / Heinrich Bußhoff. - Freiburg [Breisgau]; München: Alber, 1983.
ISBN 3-495-47523-0

Herstellung: Weihert-Druck GmbH, Darmstadt
ISBN 3-495-47523-0

Inhalt

Vorwort

Auch diese Arbeit ist Teil meiner Bemühungen, die Grundlagen der Politischen Wissenschaft zu klären und zu entwickeln. Um nicht mißverstanden zu werden: Mir geht es dabei nicht vorrangig darum, bereits vorliegende Wissenschaftskonzeptionen der Politischen Wissenschaft näher zu untersuchen. Meine Absicht ist vielmehr, in Distanz zu gängigen Wissenschaftsauffassungen der Politischen Wissenschaft ein Wissenschaftsverständnis dieser Disziplin zu begründen, das auf zentrale Fragestellungen der allgemeinen Wissenschaftstheorie andere Antworten gibt, als das üblicherweise der Fall ist. Eine auf Thesenform verkürzte Darstellung meiner Auffassung zur Frage nach dem Verhältnis von "Wissenschaftstheorie und politischer Theorie" (so lautet die Überschrift des Aufsatzes) ist in der "Zeitschrift für allgemeine Wissenschaftstheorie" (Jg. XII 1981, Heft 1) erschienen.

Da die vorliegende Arbeit im Zusammenhang voraufgehender Veröffentlichungen entstanden ist, ist sie auch in diesem Zusammenhang zu diskutieren und zu prüfen. Neben früheren Arbeiten ("Systemtheorie als Theorie der Politik, München 1975" und "Kritische Rationalität und Politik, München 1976") sind insbesondere zu nennen: "Politikwissenschaftliche Methodologie, Stuttgart 1978" und "Der politische Code. Soziale Evolution und politische Steuerung, Stuttgart 1980".

Auch für die vorliegende Veröffentlichung gilt - wie für die voraufgehenden -, daß sie sich relativ ungeschützt der Kritik stellt. Auch für sie gilt, die Kritik möge ihre Möglichkeiten nutzen - auch hier: selbstverständlich zum Nutzen der Wissenschaft.

Die Darlegungen der einzelnen Kapitel der vorliegenden Veröffentlichung erproben unterschiedliche Zugänge zum Thema. Dies geschieht in der Absicht, unter verschiedenen Aspekten die zentrale Bedeutung des Themas herauszustellen. Diese Vorgehensweise bringt es mit sich, daß bestimmte Zusammenhänge in einigen Kapiteln sehr verkürzt, in anderen wieder aufgegriffen und näher behandelt werden. Nachdrücklich muß dazu aufgefordert werden, *alle* Kapitel mit *gleicher* Aufmerksamkeit zu beachten.

Mancher Leser wird sich vielleicht fragen, warum überhaupt nicht auf die politische Ideengeschichte eingegangen wurde und auch keine Theorien Berücksichtigung fanden, die beanspruchen, sich dem Freiheitsproblem zu stellen. Meine kurze Antwort dazu: Die Behandlung des Themas "Politikwissenschaft und das Problem der Freiheit" erfolgt unter dem Anspruch, das Wissenschaftsverständnis der Politischen Wissenschaft - insbesondere unter dem Gesichtspunkt politikwissenschaftlicher Theoriebildung - zu klären und zu begründen. Dabei handelt es sich - zugespitzt formuliert - vorzugsweise um eine formale Betrachtungsweise (ausdrücklich hervorgehoben, als z. B. wiederholt von Beispielaussagen die Rede ist) als Voraussetzung für einen neuen Zugang zum Freiheitsproblem. In einer nachfolgenden Publikation mit dem Titel "Technik der Konstruktion politikwissenschaftlicher Theorien" wird aufgezeigt, welche Konsequenzen sich daraus für die Anwendung, d. h. für die politikwissenschaftliche Theoriebildung ergeben, und vor allem, wie man politikwissenschaftliche Theoriebildung zu betreiben hat.

1. Einige allgemeine Bemerkungen und Thesen über: "innere Freiheit" der Politischen Wissenschaft

Freiheit ist für die Möglichkeit von Politik eine prinzipiell notwendige und unverzichtbare Bedingung. Darüber dürfte es keinen Streit geben. Freiheit ist aber auch ein zentrales und ein prinzipiell unverzichtbares Thema (und eine ebensolche Bedingung) der Politik. Auch das dürfte unstreitig sein.

Freiheit ist ebenfalls für die Möglichkeit von Wissenschaft eine prinzipiell notwendige und unverzichtbare Bedingung. Auch darüber dürfte kein Streit bestehen. Damit ist jene Freiheit der Wissenschaft gemeint, von der es z. B. im Grundgesetz heißt: "Kunst und Wissenschaft, Forschung und Lehre sind frei." Diese Freiheit möchte ich als die "äußere Freiheit" der Wissenschaft bezeichnen. Davon unterscheide ich eine "innere Freiheit" der Wissenschaft. Während die "äußere Freiheit" oft Gegenstand öffentlicher Auseinandersetzungen war und ist, an denen auch die Mitglieder der Wissenschaftsgemeinschaft regen Anteil hatten und haben, war die "innere Freiheit" wahrscheinlich ebenso häufig Gegenstand von Auseinandersetzungen, sie wurde jedoch durchweg unter Ausschluß der Öffentlichkeit - zumindest einer breiteren allgemeinen Öffentlichkeit - ausgetragen. In jüngster Zeit scheint es da einige Veränderungen gegeben zu haben. Dabei denke ich an Diskussionen, die über die Grenzen der Öffentlichkeit der Wissenschaftsgemeinschaft hinaus geführt worden sind und sich beziehen z. B. auf Arbeiten von Kuhn[1] (insbesondere "Die Struktur wissenschaftlicher Revolutionen"), von Feyerabend[2] (insbesondere "Wider den Methodenzwang") und auch der Autoren der sog. Finalisierungsthese (insbesondere der Aufsätze "Finalisierung der Wissenschaft"[3] und "Finalisierung revisited"[4]).

Mit diesem Hinweis ist angedeutet, was "innere Freiheit" der Wissenschaft meint. Auf eine ausführliche Erörterung dazu kann ich mich an dieser Stelle nicht einlassen. Ganz allgemein kann man zunächst sicherlich sagen, es handle sich dabei um die Frage, welchen Prinzipien und Regeln sich die Wissenschaft als Wissenschaft zu unterwerfen habe. Man könnte auch sagen, es handle sich um die Frage nach der Herrschaft der Prinzipien und Regeln, die die Wissenschaft als Wissenschaft anzuerkennen habe. Auch auf die Erörterung der Fragen, welche Prinzipien und Regeln in welcher Weise herrschen sollten bzw. welchen Prinzipien und Regeln sich die Wissenschaft zu unterwerfen habe, kann ich mich hier nicht im einzelnen einlassen. Aber dennoch kann man auch hier eine allgemeine Feststellung treffen: Im Mittelpunkt stehen die Fragen nach (der) Wahrheit und - darauf bezogen - die nach (der) Rationalität.

Wie auch immer man das Verhältnis von Wahrheit und Rationalität ansetzen und bestimmen mag, es handelt sich grundsätzlich immer um eine Frage danach, welchem Zwang (oder welchen Zwängen) sich die Wissenschaft bei ihren Bemühungen zu unterwerfen habe bzw. welche Freiheit (oder welche Freiheiten) sie zulassen dürfe, um sich als Wissenschaft gegenüber anderen Unternehmungen auszuzeichnen. Im Zuge der sich rasch ausbreitenden Verwissenschaftstheoretisierungen ist es nicht zufällig, daß diese Frage immer mehr auf eine Frage nach der Rationalität (von Wissenschaft und ihren Ergebnissen) zugeschnitten wurde. Somit wurde - zugespitzt formuliert - die Frage nach dem Wissenschaftsverständnis eine Frage nach der Rationalität von Wissenschaft (und ihren Ergebnissen). Zwangsläufig stellte sich damit die Frage nach der Abgrenzung bzw. Abgrenzbarkeit dieser Rationalitätsauffassung (von Wissenschaft) gegenüber anderen Rationalitätsauffassungen. Die bekannteste und auch weithin anerkannte Antwort auf diese Frage besteht in dem von Popper formulierten Abgrenzungskriterium (und der dazu gehörenden Rationalitätstheorie des "naiven" Falsifikationismus). Eine kritische

Distanzierung dazu und eine Weiterentwicklung besteht in dem von Lakatos formulierten Metakriterium (und der dazu gehörenden Rationalitätstheorie des "raffinierten" Falsifikationismus). Eine weitere Antwort besteht in dem Versuch, dieses Metakriterium (und die dazu gehörende Rationalitätstheorie) auf normative politische Theorien anzuwenden (als Antwort darauf vgl. meinen im Vorwort erwähnten Aufsatz).

Gegen die insbesondere von Popper bestimmte Rationalitäts- und Wissenschaftsauffassung setzt Feyerabend eine Wissenschaftsauffassung, die in dem bekannten programmatischen Slogan "Anything goes" (vgl. auch den programmatischen Titel "Erkenntnistheorie für *freie* Menschen")[5] ihren kürzesten und prägnantesten Ausdruck gefunden hat. Die von Feyerabend propagierte Wissenschaftsauffassung wird vielfach schlichtweg als irrational bezeichnet. Eine Art Zwischenposition, die von Feyerabend, Popper und den Popperianern folgerichtig zurückgewiesen wird, wird von Kuhn eingenommen. Seiner Auffassung von Wissenschaft und wissenschaftlichem Fortschritt, markiert durch die Begriffe Paradigma und Paradigmawechsel, wird eine Kombination oder Vermischung von Rationalismus und Irrationalismus zugeschrieben und vorgeworfen. Als eine spezifische Variante der Kuhn'schen Position kann die der Verfechter der sog. Finalisierungsthese gelten. Die Finalisierungsthese macht - kurz gesagt - die postparadigmatische Wissenschaftsentwicklung zum Thema. Das heißt, für die postparadigmatische Wissenschaftsentwicklung, die Theorieentwicklung meint, gibt es "keine wissenschaftsinternen Kriterien, die die Richtung der Forschung festlegen, also bestimmen, für welchen Phänomenen- oder Problembereich die allgemeinen Theorien zu spezifizieren sind".[6] Für die Entwicklung von Spezialtheorien wird auf der Basis von fundamentalen Theorien (abgeschlossenen oder reifen Theorien) ein Bezug auf Zwecke (also auf wissenschaftsexterne Kriterien) als Entwicklungsleitfaden unterstellt. Die Entwicklung der Wissenschaft und ihrer Theorien wird also nicht mehr wie bei Kuhn von der Akzeptanz durch die Gemeinschaft der Wissenschaftler abhängig gemacht. Die mit der Finalisierungsthese eingenommene Position ist nicht nur mit dem schlichten Vorwurf, den Irrationalismus zu betreiben, sondern auch massiv mit dem Vorwurf der Politisierung - und speziell mit dem Verdacht einer marxistisch intendierten Politisierung - bedacht worden.[7]

Eine verblüffende Antwort auf die Frage nach der "inneren Freiheit" der Wissenschaft gibt die Systemtheorie. Dabei meine ich die mit universellem Anspruch auftretende Theorie sozialer Systeme, wie sie prononciert von Luhmann vertreten wird. Die Antwort besteht - in einem Satz gesagt - in der Feststellung: Diese Frage ist für die Systemtheorie überhaupt kein Thema. Diese Antwort ist folgerichtig, da vorausgesetzt ist, daß die Systemtheorie sich auf sich selbst anwenden lasse, also eine metatheoretische Betrachtung sich grundsätzlich erübrige bzw. verbiete. Typisch ist eine Äußerung, die man in Rücksicht auf unser Thema durchaus generalisieren kann; sie lautet: "Die Systemtheorie hat sich von Vernunft und Herrschaft emanzipiert ...; sie (diese Begriffe) sind überhaupt keine brauchbaren Begriffe mehr."[8]

Zwar teile ich viele der Kritikpunkte der Systemtheorie gegenüber dem herkömmlichen Wissenschaftsverständnis; ebenfalls teile ich weitgehend ihre grundlegende Auffassung über die Erfassung und Betrachtung der sozialen Wirklichkeit. Die mit wenigen Sätzen umschriebene Position bzw. Antwort der Systemtheorie auf die betreffende Fragestellung halte ich dennoch - um es polemisch zu formulieren - für arrogant. Meine Einschätzung sehe ich u. a. dadurch gestützt, daß die Systemtheorie bisher keine Methodologie entwickelt hat - jedenfalls keine, die überzeugt. Insbesondere sehe ich nicht, daß es dieser Theorie gelungen sein soll, die für sie zentralen und entscheidenden Annahmen über das Abtauschen von Strukturen in Funktionen und der durchgängigen Existenz von funktionalen Äquivalenzen methodologisch aufzuarbeiten. Ich sehe nicht, wie diese Systemtheorie sicherstellen will, daß die unterstellten funktionalen Äquivalenzen auch tatsächlich aufgezeigt werden (von den inhaltlichen Fragen bzw. vom Informationsgehalt ganz abgesehen). Demzufolge erkenne ich bei dieser Systemtheorie auch keine deutlichen Ansatzpunkte und klaren Hinweise oder gar präzisen Anweisungen für empirische Untersuchungen.[9] - Man muß ja kein bornierter Empirist sein, um solche Erwartungen zu haben.

Mit Absicht habe ich mich nicht auf die Frage eingelassen, die häufig sehr vordergründig behandelt und beantwortet wird, nämlich die nach den politischen Implikationen und Folgen der Systemtheorie. Dies unterlasse ich deshalb, weil ansonsten meine Vorbemerkungen sich zu einer umfangreichen Abhandlung auswachsen würden. Jedoch möchte ich betonen, daß nach meiner Auffassung gerade die Systemtheorie in besonderer Weise dazu herausfordert, sich mit der betreffenden Fragestellung auseinanderzusetzen. Dies nicht nur wegen der von der Systemtheorie selbst unterstellten Annahme der Anwendbarkeit auf sich selbst, sondern auch wegen der von ihr selbst unterstellten Annahme der Bewältigung des Problems zur Überbrückung von Theorie und Praxis. Zwischen diesen beiden Annahmen besteht nach meiner Auffassung eine wechselseitige Abhängigkeit. Und davon müßte man ausgehen, wenn man die Frage nach der "inneren Freiheit" der Systemtheorie untersuchen wollte. Mit dieser Feststellung wird also behauptet, daß die Frage nach der "inneren Freiheit" jedenfalls für die Systemtheorie im Zusammenhang mit der nach der "äußeren Freiheit" zu untersuchen ist. Ich kann mich auf diese Problematik hier nicht einlassen, somit zwangsläufig auch nicht darauf, wie dieser Zusammenhang sich darstellt.

Für die Politische Wissenschaft als Wissenschaft ist die "äußere Freiheit" eine prinzipiell ebenso notwendige und unverzichtbare Bedingung wie für jede andere Disziplin auch. Jedoch dürfte für kaum eine andere wissenschaftliche Disziplin die jeweils aktuelle Gefährdung dieser "äußeren Freiheit" potentiell größer und akuter sein. Insofern stellt sich auch für kaum eine andere Disziplin die Frage - wenn sie schon gestellt werden muß -, welcher Zusammenhang zwischen "äußerer" und "innerer Freiheit" besteht, drängender als für sie. Eine solche Fragestellung drängt sich schon allein aufgrund ihrer

Geschichte auf,[10] sowohl in bezug auf die Anerkennung als wissenschaftliche Disziplin (und damit auch in bezug auf ihre internen Richtungskämpfe) durch die Gemeinschaft der Wissenschaftler bzw. die bereits etablierten wissenschaftlichen Disziplinen als auch in bezug auf ihre Anerkennung durch Gesellschaft und Politik. Meine erste These dazu lautet: Die Politische Wissenschaft hat sich zu sehr - und das gilt insbesondere für die deutsche Politische Wissenschaft - auf diese Anerkennung hin ausgerichtet (ohne sie bis jetzt in der gewünschten Weise erreicht zu haben). Meine zweite - paradox anmutende - These dazu lautet: In dem Maße, in dem sie diese Anerkennung erreicht hat, hat sie sich als *Politische* Wissenschaft aufgelöst; sie hat sich - zugespitzt formuliert - nach allen Seiten hin angepaßt; sie ist eine "Allerweltsdisziplin" in dem Sinne geworden, als aufgrund dieser Anpassung nicht nur die anderen sozialwissenschaftlichen Disziplinen, sondern auch - allgemein formuliert - nicht-wissenschaftliche Instanzen nicht ohne Berechtigung behaupten, den Gegenstand der Politischen Wissenschaft zumindest ebenso gut wie diese - wenn nicht besser - zu erfassen und zu behandeln. Von einer zu Recht selbstbewußten und souveränen und sich selbst vergewissernden Wissenschaft in Wissenschaft und Gesellschaft kann nach meiner Auffassung nur sehr eingeschränkt die Rede sein. Als Erklärung gilt für mich auch hier die These: Die Politische Wissenschaft hat es unterlassen, sich in ausreichendem Maße Klarheit über ihre Grundlagen zu verschaffen.

Daß nach meiner Auffassung für die Politische Wissenschaft eine Abhängigkeit zwischen "äußerer" und "innerer Freiheit" besteht, brauche ich nicht mehr ausdrücklich darzulegen (dazu gibt es eine Reihe, wenn auch unter anderen Gesichtspunkten erarbeitete Äußerungen von mir).[11] Ebensowenig brauche ich hier noch auszubreiten, daß nach meiner Auffassung dieser Zusammenhang sich für die Politische Wissenschaft in einer spezifischen Ausprägung darstellt (auch dazu gibt es bereits eine Reihe von Äußerungen). Damit kann ich mich hier nicht näher beschäftigen. Mir geht es darum, kurz zu betonen, daß gerade die Politische Wissenschaft allen Anlaß hat, sich mit der Frage nach ihrer "inneren Freiheit" (man könnte auch sagen: "inneren Souveränität") eingehend auseinanderzusetzen. Diese Aufforderung ist nur eine andere Formulierung dafür, daß die Politische Wissenschaft die Frage nach ihren Grundlagen mit spezifischer Blickrichtung neu aufrollen muß.

Die Frage nach der "inneren Freiheit" ist - kurz gesagt - eine Frage danach, welcher Rationalitätstheorie (und damit welchem Abgrenzungskriterium) sich die Politische Wissenschaft bei der Erfassung und Behandlung ihres Gegenstandes unterwerfen soll. Wenn diese Frage nach den bisherigen Darlegungen überhaupt sinnvoll sein soll, kann sie - allgemein formuliert - nur eine Frage nach dem Verhältnis von Freiheit und Nicht-Freiheit sein. Diese Frage stellt sich - und das ist der erste Teil einer grundlegenden These zu diesem Problem - analog zu der Frage, wie die Politik ihren Gegenstand zu erfassen und zu behandeln habe. Das heißt, auch die Politische Wissenschaft hat für sich als Wissenschaft diese Frage als eine nach dem Verhältnis von Freiheit und Notwendigkeit und von Freiheit und Zwang (Zwängen) zu behandeln.

Wenn die Frage nach dem Verhältnis von Freiheit und Nicht-Freiheit sich der Politischen Wissenschaft als Wissenschaft als eine Frage nach dem Verhältnis von Freiheit und Rationalität darstellt und als solche von ihr zu behandeln ist, dann ist zunächst einmal vorausgesetzt, daß es unterschiedliche Rationalitätsvorstellungen der Politischen Wissenschaft zumindest geben könnte. Gäbe es nur *eine* Rationalitätstheorie *der* Wissenschaft und somit auch nur *ein* Abgrenzungskriterium, wäre die gestellte Frage jedenfalls prinzipiell entschieden. Für die Verfechter der Einheitswissenschaft ist das auch der Fall; sie wollen daher folgerichtig ihre Rationalitätstheorie der Wissenschaft auch - um es eindeutig zu formulieren - der Politischen Wissenschaft aufzwingen. Nach ihrer Auffassung stellt sich prinzipiell für keine Wissenschaft als Wissenschaft - jedenfalls in Rücksicht auf ihre theoretischen Produkte - die

Frage nach der "inneren Freiheit" (die Frage nach der Wahrheit ist hier nicht angesprochen).

Wenn man einerseits von der Politischen Wissenschaft verlangt, sie müsse trotz der Anerkennung von Rationalitätsvorstellungen sich auf Freiheitsvorstellungen einlassen, aber andererseits als Wissenschaft ein Abgrenzungskriterium festlegen, dann ist festzustellen: Die Wissenschaftstheorie der Politischen Wissenschaft hat darauf nicht nur eine Antwort zu geben, sondern diese Antwort muß auch ein Abgrenzungskriterium implizieren, das ebenfalls eine Antwort auf die Frage nach dem Verhältnis von Freiheit und Rationalität darstellt. Daß sich diese Wissenschaftsauffassung von der herkömmlichen bzw. weithin akzeptierten unterscheidet, braucht nicht weiter betont und ausgeführt zu werden.

Den prägnantesten Ausdruck findet eine Wissenschaftstheorie in der Methodologie. Nicht nur wegen der bezeichneten Analogie zur Politik ist - wie ich schon vor einiger Zeit feststellte - die politikwissenschaftliche Methodologie als die "politische" Theorie der Politischen Wissenschaft zu begreifen. Diese Auffassung wird auch damit begründet, daß eine "politische" Entscheidung gefordert wird, über die das Verhältnis zwischen Politischer Wissenschaft und Politik in seinen verschiedensten Aspekten herzustellen und zu klären ist. Da das Abgrenzungskriterium seinen prägnantesten Ausdruck in der Methodologie findet, kann man es als das "politische" Programm der Politischen Wissenschaft auffassen. Darauf kann ich mich hier nicht weiter einlassen. Jedenfalls sei hier so viel festgestellt: Wenn auch diesem Kriterium die Funktion der Abgrenzung zwischen politikwissenschaftlichen und nicht-politikwissenschaftlichen (also auch politischen) Theorien zuerkannt und insofern die Möglichkeit einer klaren Grenzziehung unterstellt wird, so ist und bleibt die Funktion jedenfalls auch eine "politische" und die "Grenzlinie" selbst stellt dennoch eine Verbindung zwischen Theorie und Praxis her (vgl. dazu die Ausführungen zu den Sinnaussagen in "Methodologie der Politikwissenschaft" und "Der politische Code"). Daß dieses

Abgrenzungskriterium sich von dem Popperschen Abgrenzungskriterium unterscheidet, ist offensichtlich. Ebenso ist unverkennbar, daß es sich von dem weiterentwickelten Abgrenzungskriterium des "raffinierten" Falsifikationismus Lakatos'[12] unterscheidet[13] (vgl. dazu meinen im Vorwort angeführten Aufsatz). - Auf das von mir vertretene Abgrenzungskriterium kann ich hier nicht eingehen. Dazu müßte ich die von mir vertretene Methodologie vorführen.[14] Allgemein möchte ich dazu nur feststellen: Es handelt sich um einen bestimmten Satz von Prinzipien und Regeln zur Konstruktion politikwissenschaftlicher Theorien.

Wenn die methodologischen bzw. die Erörterungen zum Abgrenzungskriterium in Rücksicht auf die Frage nach der "inneren Freiheit" in Analogie zur Politik zu begreifen sind, so heißt das zunächst, daß sowohl prinzipiell die Notwendigkeit zu akzeptieren ist, Rationalitätsvorstellungen anzuerkennen und sich ihnen zu unterwerfen, als auch jeweils aktuell (d. h. in jedem Einzelfalle der Konstruktion politikwissenschaftlicher Theorien) der Zwang, sich den Anforderungen des Abgrenzungskriteriums zu unterwerfen. Die Freiheit im Verhältnis zur Notwendigkeit besteht darin, sich nicht vorschreiben zu lassen (z. B. von einer allgemeinen Wissenschaftstheorie), welche Rationalitätsvorstellungen bzw. welches Rationalitätsmodell zu akzeptieren sind. Insofern besteht für die Politische Wissenschaft die Chance und Möglichkeit, diese Freiheit wahrzunehmen, unter anderem darin, einerseits gegenüber Ansprüchen und "Vorschriften" von seiten der allgemeinen Wissenschaftstheorie auf kritische Distanz zu gehen, aber andererseits auch selbst aufgrund eigener Erfahrungen, eigener Erkenntnisse und Einsichten ihre theoretischen (wissenschaftstheoretischen) Grundlagen zu bestimmen (was erst einen Dialog mit der allgemeinen Wissenschaftstheorie möglich macht und sinnvoll erscheinen läßt). Die Freiheit im Verhältnis zum Zwang besteht darin, im jeweils konkreten Falle die Prinzipien und Regeln so anwenden zu können, daß man trotz prinzipieller Strukturgleichheit politikwissenschaftlicher Theorien nicht jedem Gegenstand (dem jeweiligen Objektbereich) die unverändert gleiche Struktur überwerfen muß, um ihn einzufangen. (Manche Wissenschaftstheoretiker wissen offenbar nichts davon, daß man sehr unterschiedliche Strukturen verwenden kann, je nachdem, was man gerade einfangen will.)[15]

Die hier gemeinte "innere Freiheit" der Wissenschaft steht nicht als Beliebigkeit (oder Willkür) zur Disposition. Sie ist - kurz gesagt - als Anwendung der Vernunft zu verstehen. Somit verlangt die von mir geforderte Wissenschaftslehre der Politischen Wissenschaft (selbstverständlich auch die Methodologie und insbesondere das Abgrenzungskriterium) eine Verknüpfung von Rationalitäts- und Vernunftvorstellungen. Wenn hier verlangt wird, es müssen Vernunftvorstellungen berücksichtigt werden, so sind damit jene Überlegungen gemeint, die sich zu der Auffassung verdichten, das Wissenschaftsverständnis der Politischen Wissenschaft sei - allgemein formuliert - auch von der sozialen Wirklichkeit als Gegenstand dieser Disziplin, also auch von wissenschaftsexternen Gesichtspunkten her, zu bestimmen. Damit ist gesagt, was bereits angemerkt und hier erneut vermerkt werden soll und kann, daß in Rücksicht auf dieses Wissenschaftsverständnis das Externalismus-/Internalismusproblem anders zu sehen ist, als es von Lakatos herausgearbeitet wurde. Trotz einiger scheinbarer Annäherungen besteht auch eine grundsätzlich andere Auffassung zu den Positionen, die von den Vertretern der Finalisierungsthese oder auch von Kuhn vorgetragen werden. Zu diesen - und anderen - Auffassungen bestehen zwangsläufig auch Unterschiede, wenn in Rücksicht auf das Externalismus-/Internalismusproblem festgestellt wird - was an dieser Stelle nur als These formuliert und nicht weiter begründet werden kann -, daß die Frage nach der Verantwortbarkeit und Verantwortlichkeit jedenfalls der Politischen Wissenschaft der Gesellschaft gegenüber da anzusetzen hat. Eine weitere, ebenfalls an dieser Stelle nicht zu begründende These, die dort anschließt, lautet: Eine Sozial- und Politphilosophie muß, auch wenn sie sich selbst darauf nicht einläßt, eine Anbindungsmöglichkeit jedenfalls für das Wissenschaftsverständnis der Politischen Wissenschaft aufzeigen. (Die Sozial- und Politphilosphie einer offenen und freiheitlich orientierten Gesellschaft muß auf ein Wissenschaftsverständnis der Politischen Wissenschaft verweisen, für das die Frage nach der "inneren Freiheit" zentral ist.)

Wenn für das Wissenschaftsverständnis der Politischen Wissenschaft in der angedeuteten Weise Rationalität und Freiheit (als Anwendung von Vernunft) aufeinander zu beziehen sind, dann geht damit zwangsläufig auch eine Entkopplung von Rationalität und Wahrheit (jedenfalls im herkömmlichen Verständnis) einher. Auf diese Problematik kann ich mich hier nicht einlassen. Als These sei hier nur festgehalten: Als "konstruktive Orientierungswissenschaft" ist die Politische Wissenschaft darauf ausgerichtet, in ihrem Selbstverständnis als Wissenschaft Rationalität und Vernunft in der Weise miteinander in Beziehung zu setzen, daß die Politik sich darin wiedererkennen kann. Dabei ist nicht unterstellt, für die Politische Wissenschaft sei der Zusammenhang von Rationalität und Wahrheit ohne Belang.

Wie weiter oben bereits angedeutet und wie die vorstehenden Darlegungen belegen, wird in der Frage der Behandlung der "inneren Freiheit" durch die Politische Wissenschaft nicht nur eine Analogie zur Politik gesehen. Diese Analogie findet - und nun folgt im nachhinein der zweite Teil der weiter oben angeführten These - ihre Rechtfertigung aufgrund der vorausgesetzten Annahme, auf diese Weise könne die Politische Wissenschaft als "konstruktive Orientierungswissenschaft" die soziale Wirklichkeit als ihren Gegenstand wirklichkeitsadäquat erfassen und darstellen. Vorausgesetzt ist nicht, die Politische Wissenschaft würde oder müsse dabei im einzelnen wegen der unterstellten Analogie so verfahren wie die Politik. Jedoch ist unterstellt, auch die soziale Wirklichkeit ist, wenn auch Gegenstand der Politischen Wissenschaft, dennoch reflexiv. Das heißt zunächst, die Politik macht sich selbst zum Gegenstand. Darüber hinaus macht sie auch diese Ebene wieder zum Gegenstand. So ist auch hier eine Objekt-, eine Theorie- und eine Metaebene zu unterscheiden. Auf allen diesen Ebenen wird - wenn auch unterschiedlich nach Abstraktionsgrad, logischer Konsistenz, Verbindlichkeit usw. - politisch argumentiert und entschieden - was Rationalität und Vernunft nicht ausschließt.

Der Zusammenhang zwischen Politischer Wissenschaft und Politik (oder - vielleicht mißverständlich -: zwischen Theorie und Praxis) wird letztlich - wie erwähnt - aufgrund einer bestimmten "politischen" Entscheidung von seiten der Politischen Wissenschaft hergestellt. Somit ist grundsätzlich anerkannt, daß - jedenfalls logisch gesehen - eine andere Entscheidung und insofern ein anderes Wissenschaftsverständnis der Politischen Wissenschaft möglich wären. Andererseits ist ebenso grundsätzlich anerkannt, daß die Politische Wissenschaft eine "politische" Verantwortung und Verantwortlichkeit zu akzeptieren hat - jedenfalls was das Angebot ihrer Orientierungsleistungen anlangt. Und aufgrund der betreffenden "politischen" Entscheidung besteht auch - nun folgt die letzte der in diesen allgemeinen Vorbemerkungen vorgestellten Thesen - ein (weiter unten näher erläuterter) Zusammenhang zwischen dem Abgrenzungskriterium (bzw. der Methodologie) und dem Ausgrenzungskriterium (bzw. der "politischen" Theorie zur Ausgrenzung des Gegenstandes). - Dieser Zusammenhang ist auch entsprechend der "politischen" Entscheidung zu entfalten, die nicht nur durch die vorhergehenden und die vorliegenden, sondern auch durch weiterführende Arbeiten näher belegt wird.

Hinter all den Überlegungen und Thesen steht - wie erwähnt - die Erwartung, die soziale Wirklichkeit als Gegenstand der Politischen Wissenschaft wirklichkeitsadäquat erfassen und darstellen zu können, und zwar nicht nur zur Erklärung dieses Gegenstandes in der Dimension der Vergangenheit, sondern auch in der Dimension der Zukunft als Möglichkeit *und* Entwurf.

2. Freiheit im Zusammenhang von sozialer Evolution und politischer Steuerung

Freiheit ist ein altes und immer wieder aktuelles Thema für das Zusammenleben der Menschen. Seine universelle Geltung wird beansprucht in der Rede von den Freiheitsrechten als Menschenrechten. Dieser Anspruch ist allerdings spätestens seit Karl Marx *vom Ansatz* her umstritten. Während die bürgerliche Interpretation von Menschenrechten als vorstaatlichen und prinzipiell dem staatlichen Zugriff entzogenen Individualrechten spricht, betont die marxistische Interpretation deren gesellschaftliche bzw. sozioökonomische Bedingtheit. Dieser Unterschied findet einen prägnanten Ausdruck in der Berücksichtigung von Freiheitsrechten in Verfassungen. Man kann diesen Unterschied auf eine "Formel" bringen, indem man z. B. Bezug nimmt auf die Verfassungen der Bundesrepublik Deutschland und der Deutschen Demokratischen Republik und den "Grundrechten" die "Grundrechte und Grundpflichten der Bürger"[16] gegenüberstellt.

Obwohl das bürgerliche und marxistische Verständnis von Freiheit und Freiheitsrechten sich widersprechen, gibt es dennoch eine grundlegende und grundsätzliche Gemeinsamkeit. Diese Gemeinsamkeit besteht in der Anerkennung der Tatsache, daß Geltung und Anwendung von Freiheitsrechten in Gesellschaft und Politik prinzipiell unter der Voraussetzung von Einschränkungen stehen. Worauf im einzelnen auch immer die Einschränkungen zurückgeführt werden, sie werden dort angesetzt, wo die Ausübung der Freiheitsrechte auf die Rechte anderer stößt. Darin, wo sie diese Grenzlinie ziehen, unterscheiden sich - von den Bestimmungsfaktoren abgesehen - die bürgerlichen und sozialistischen Gesellschaftsformationen. Jedenfalls kommen dabei in beiden Gesellschaftsformationen Normen zur Anwendung.

Diese Normen erhalten ihre inhaltliche Ausprägung und ihre Unterscheidungskraft aufgrund der Einordnung in einen umfassenden Legitimations- und Rechtfertigungszusammenhang, der u. a. in Verfassungsbestimmungen seinen Niederschlag gefunden hat. In der Ausgestaltung des Rechtfertigungs- und Legitimationszusammenhangs als eines *Argumentations*zusammenhangs weichen die bürgerliche und die marxistische Interpretation der Freiheitsrechte in Rücksicht auf die erwähnte Gemeinsamkeit in typischer Weise voneinander ab. Während die marxistische Interpretation mit einem konstanten und konsistenten Argumentationsmuster operiert, ist die bürgerliche Interpretation durch eine variierende und diffuse Argumentation gekennzeichnet. (Man denke z. B. an die Diskussionen zur Drittwirkung von Grundrechten oder über soziale Rechte als Grundrechte.) Der marxistischen Interpretation bereitet es - in idealtypischer Vereinfachung gesehen - keine grundsätzlichen Schwierigkeiten, mit dem das Freiheitsproblem charakterisierenden Widerspruch argumentativ fertig zu werden. Das marxistische Argumentationsmuster "löst" den Widerspruch sowohl prinzipiell als auch in jedem Einzelfall in gleicher Weise, indem es ihn als Reflex des sozioökonomischen Entwicklungsprozesses erklärt. Die bürgerliche Argumentation zur "Lösung" des Widerspruchs zerfällt - von allen sonstigen Aufsplitterungen abgesehen - in die beiden, in der Regel nur schwach miteinander verknüpften Betrachtungsweisen, einer prinzipiellen und einer unmittelbar anwendungsorientierten Ausrichtung. Ein charakteristisches Beispiel für die prinzipielle Betrachtungsweise ist die Diskussion bzw. die Entgegensetzung von Freiheit und Gleichheit. Dabei geht es - kurz gesagt - nicht darum, den Widerspruch im Freiheitsbegriff selbst, sondern den Widerspruch zur Gleichheit zu thematisieren (in der Regel im Ergebnis zu Lasten der Gleichheit). In der anwendungsorientierten Betrachtungsweise sind an Gegebenheiten bzw. Herausforderungen orientierte pragmatische oder opportunistische Bewältigungen des Widerspruchs vorherrschend. Die "Lösungen" ergeben sich sozusagen von selbst als Ergebnisse von Sachzwängen, ohne daß die prinzipielle Ausrichtung der Betrachtungsweise mit zur Disposition gestellt würde.

Der entscheidende Vorzug der marxistischen Argumentationsweise, nämliche seine Einheitlichkeit, ist zugleich sein entscheidender Nachteil. Das Argumentationsmuster kann - sehr vereinfacht dargestellt - auch angesichts einer hochkomplexen sozialen Wirklichkeit in jedem Falle (sowohl prinzipiell als auch anwendungsorientiert) eingesetzt und durchgehalten werden; es führt zwangsläufig zu "richtigen" Ergebnissen. Dabei ist im Ergebnis seine Orientierungsleistung zwar hervorragend, seine Informationsleistung aber gering. Der entscheidende Nachteil der bürgerlichen Argumentationsweise, die Aufspaltung und Aufsplitterung, ist insofern ein Vorzug, als sie sehr flexibel einsetzbar ist. Dadurch kann sie auch gegenüber einer hochkomplexen sozialen Wirklichkeit differenziert und dabei im Ergebnis mit hoher Informationsleistung aufwarten. Dieser Vorzug verkehrt sich wiederum ins Gegenteil insofern - und das ist in der Regel der Fall -, als sie von sich aus keine Handhabe für jeweils einzig "richtige" Ergebnisse zur Verfügung stellt. Daher kann immer jedes Ergebnis auch als "falsch" disqualifiziert werden. Die Orientierung ist demnach gering. Zugespitzt formuliert könnte man sagen: Die Anwendung des marxistischen Argumentationsmusters führt bei hoher Orientierungs- und geringer Informationsleistung zu immer "richtigen" Ergebnissen. - Die bürgerliche Argumentationsweise führt bei geringer Orientierungs- und hoher Informationsleistung zu immer "falschen" Ergebnissen.

Diese formelhafte und überzeichnete Zuspitzung sollte drastisch darauf hinweisen, daß beide Argumentationsweisen - und das mag für manche provozierend klingen - sich zu wenig bzw. unzureichend mit dem Widerspruch *selbst* im Zusammenhang der Erfassung und Beschreibung der sozialen Wirklichkeit auseinandergesetzt haben; jedenfalls sofern es sich dabei um politikwissenschaftliche Theorien handelt.[17] In dieser Hinsicht sind weder der dialektische noch der symmetrische Widerspruch zureichend auf seine Leistungsfähigkeit hin untersucht worden. Es geht dabei um die erkenntnistheoretische und methodologische Leistungsfähigkeit und in diesem Zusammenhang um die wissenschaftstheoretische Relevanz. Meine These dazu lautet: Weder der Begriff der dialektischen noch der des symmetrischen Widerspruchs ist für eine adäquate Erfassung und Beschreibung der sozialen Wirklichkeit durch politikwissenschaftliche Theorien zureichend leistungsfähig. - Auf die grundsätzlichen Mängel hinsichtlich der Ergebnisse wurde bereits hingewiesen.

Ein typisches Beispiel dafür, wie man aneinander vorbei argumentiert, ist der bekannte Aufsatz von Popper "Was ist Dialektik?".[18] Der Versuch, den dialektischen Widerspruch den Regeln der zweiwertigen Logik zu unterwerfen, verkennt den damit verknüpften erkenntnistheoretischen und methodologischen Anspruch. Andererseits ist - wie erwähnt - der Anspruch, der mit dem dialektischen Widerspruch verknüpft wird, bisher nicht überzeugend eingelöst worden.[19]

Zur Verdeutlichung und Klarstellung sei hier festgestellt: In dem vorliegenden Beitrag geht es weder um die allgemeine Frage nach der Geltung der formalen Regeln der Logik noch um die Frage nach der Möglichkeit einer mehrwertigen Logik und ihres Verhältnisses zu einer zweiwertigen Logik. Wenn in diesem Beitrag von Logik die Rede ist, so ist damit zunächst eine der sozialen Wirklichkeit immanente "Gesetzmäßigkeit" gemeint, die "Logik" der sozialen Wirklichkeit als Wirkungszusammenhang.

Zum besseren Verständnis der weiterführenden Darlegungen sei zu dieser Problematik zusammenfassend festgestellt:[20] Wenn der sozialen Wirklichkeit eine ihr immanente "Gesetzmäßigkeit", eine ihre eigene "Logik" als Wirkungszusammenhang zugeschrieben wird, so ist damit die Wirksamkeit eines formalen Prinzips gemeint, nämlich des Prinzips der Asymmetrie. Das heißt, soziale Wirklichkeit - soweit sie Gegenstand der Politischen Wissenschaft ist - hat man grundsätzlich in Zusammenhängen zu denken und zu erfassen, deren Struktur durch eine Asymmetrie geprägt ist. Dieses charakteristische Merkmal sozialer Wirklichkeit ist universell. Asymmetrie als universelles Struktur- und Formprinzip der sozialen Wirklichkeit meint, für die Politische Wissenschaft ist nicht nur die vorgegebene soziale Wirklichkeit durchgängig durch asymmetrische Strukturen geprägt; für sie unterliegt diese Wirklichkeit dem Prinzip der Asymmetrie auch als einem durchgängigen Wirkungs- und Konstruktionsprinzip. Das heißt mit anderen Worten, für die Politische Wissenschaft ist die soziale Wirklichkeit dem Struktur- und Formprinzip der Asymmetrie als einem universellen Wirkungs- und Konstruktionsprinzip in der Weise unterworfen, als sie dieses Prinzip zugleich als ein universelles Evolutionsprinzip zu betrachten hat. In Verbindung mit diesem Prinzip ist auch das Kausalitätsproblem zu sehen. Es handelt sich hier zunächst - im Unterschied zu Sinnkausalität - um die Formkausalität, die (ebenso wie die Sinnkausalität und im Zusammenwirken mit ihr) zugleich als Veränderungskausalität zu begreifen ist.[21]

Wenn von der durchgängigen asymmetrischen Struktur der sozialen Wirklichkeit die Rede ist, so ist damit zunächst jeder Ausschnitt dieser Wirklichkeit gemeint, wie er in seiner allgemeinsten, also in seiner unspezifischsten Erscheinung (also von allen Dimensionierungen und Differenzierungen abgesehen) sich darstellt und dadurch in seiner einfachsten Form erkennbar wird. Von Asymmetrie ist deshalb die Rede, weil unter dieser Struktur ein Zusammenhang gesehen wird, der wegen seiner Form zwar ebenso wie eine symmetrische Struktur durch zwei miteinander in Beziehung stehende Elemente (welche Elemente es auch immer sein mögen und worauf auch immer die Beziehungen beruhen mögen) bestimmt ist,[22] dessen Elemente aber im Unterschied zur symmetrischen Struktur nicht in einem strikt ausbalancierten Verhältnis zueinander stehen (worauf auch immer die Balance bzw. "Nicht-Balance" beruhen mag). Ebenso wie die Frage, worauf die "Nicht-Balance" jeweils beruht, muß auch die Frage, in welchem exakten Verhältnis zueinander die beiden Elemente stehen, die die "Nicht-Balance" zum Vorschein bringen, nicht nur wegen des formalen

Charakters des Gegenstandes offen bleiben.

Zur Verdeutlichung dessen, was hier über symmetrische und asymmetrische Strukturen und über Balance ausgesagt sein soll, seien einige allgemeine und abstrakte Bemerkungen eingeschoben. Wenn man von einer Balance behauptet, sie sei durch eine symmetrische Struktur geprägt, so hat man sich vorzustellen, daß die beiden Elemente der Balance in jeweils genau gleicher Weise und gleichem Umfang belastet (oder entlastet) sind (worin auch immer die Belastung oder Entlastung bestehen mag). In einem solchen Fall kann nur ein von außen einwirkender Einfluß die Balance aufheben. Man kann sagen, die beiden Elemente der Balance stehen zueinander in einer einzigartigen optimalen Beziehung der Stabilität. Sie können von sich aus diese Beziehungen nicht verändern. Insofern besteht im Grunde keine bzw. nur eine "tautologische" Beziehung.

Man kann sich aber auch eine Balance vorstellen, die nicht durch eine symmetrische Struktur bestimmt ist. Zunächst ist dazu festzustellen, diese Balance ist trotz unterschiedlicher Belastung gegeben, aber nicht optimal stabil, sondern - darauf bezogen - labil. Wenn wir weiter annehmen, diese Balance sei veränderbar, ohne daß zwangsläufig ein Einfluß von außen hinzukommen müsse, so bedeutet das, die Veränderung der Balance aus sich selbst heraus muß mit der unterschiedlichen Belastung zusammenhängen. Wenn wir eine Veränderbarkeit aus sich selbst heraus für möglich halten, so können wir zumindest vom Grundsatz her zusätzlich annehmen, daß die Veränderbarkeit nicht nur zu einer Seite hin (weiter zu Lasten der stärker belastenden Seite), sondern auch umgekehrt möglich ist (auch über den "Symmetriepunkt" hinaus).

Wenn wir nun den zuletzt dargestellten Fall als Beispiel für eine - wenn auch labile - Balance mit asymmetrischer Struktur auffassen, so muß noch erklärt werden, warum wir einerseits von der Balance und andererseits von ihrer Veränderbarkeit sprechen können. Wenn wir trotz unterschiedlicher Belastung von einer Balance sprechen, so ist zunächst ganz allgemein vorauszusetzen, daß tatsächlich eine Beziehung zwischen den beiden

Elementen besteht. Die Balance beruht dann darauf, daß das eine Element dieser Beziehung die erhöhte Belastung von sich aus "ausgleicht" (worin auch immer dieser "Ausgleich" jeweils bestehen mag) und das daher in sich differenziert sein muß (was eine Differenzierung des anderen Elements nicht ausschließt). Grundsätzlich kann man annehmen, daß ein solcher "Ausgleich" aufgrund anderer asymmetrisch geprägter Balance-Beziehungen ermöglicht wird. Man muß daher grundsätzlich ein höchst differenziertes asymmetrisch geprägtes Wirkungsgefüge voraussetzen, das durch Wechselbeziehungen der vielen Balance-Einheiten als auch der einzelnen Elemente dieser Einheiten zueinander (also der jeweiligen Einheiten sozusagen in sich selbst)[23] bestimmt ist. Die Fähigkeit zum "Ausgleich" ist somit auch die Fähigkeit, die nicht nur zusätzlichen Belastungen standhalten, sondern auch für eine Verringerung der Belastung sorgen kann. Man kann nun rein formal prinzipiell unendlich viele Möglichkeiten für labile Balancen annehmen. (Alle diese Balancen werden in bezug auf die "symmetrische Balance" als "Nicht-Balancen" bezeichnet. Das schließt selbstverständlich unterschiedliche Ausprägungen der "Nicht-Balancen" oder "asymmetrischen Balancen" ein.) Diese Annahme ist nur die Kehrseite der anderen über die Veränderbarkeit und das Ablaufen von Veränderungen in Rücksicht auf asymmetrisch strukturierte Beziehungsverhältnisse. Insofern ist Asymmetrie als Verursachungs- und Wirkungsprinzip und zugleich als Veränderungs- und Formprinzip solcher Beziehungen zu begreifen.

Man könnte die Überlegungen noch verkomplizieren, indem man etwa weitere Annahmen über die beiden Elemente der Balance einführen würde. Man könnte auch "willkürlich" gewählte Größen einsetzen, durchspielen und so Wirkungszusammenhänge "simulieren". Bei alledem müßte man aufpassen, daß eins nicht eintritt, nämlich eine "symmetrische Beziehung". Das Spiel wäre dann zu Ende. Es wäre ebenfalls zu Ende, wenn eine - wie ich sie nenne - "tautologische Beziehung" dabei herauskäme. Eine "tautologische Beziehung" wäre gegeben, wenn das eine Element der Beziehung das andere völlig identisch überlagert (um im

"Bild" unseres Beispiels zu bleiben: Wenn das eine Element jede Fähigkeit einbüßt, eine asymmetrische Balance aufrechtzuerhalten). Eine "tautologische Beziehung" ist ebenso wie die "symmetrische Beziehung" eine "Nicht-Beziehung".

Die vorstehenden Überlegungen sind für die Systemtheorie, d. h. die Theorie sozialer Systeme, von grundsätzlicher Bedeutung; nicht nur für die Fragen der Differenzierung und des System/Umweltverhältnisses (vgl. dazu den nachfolgenden Beitrag), sondern im Zusammenhang damit auch - und uns hier besonders interessierend - für die Fragen der Systemstabilität einerseits und des Systemwandels andererseits. In seiner jüngsten größeren Veröffentlichung betont Luhmann - was er in dieser Form bisher so noch nicht vorgetragen hat -, daß für die Zeit nach dem Umbau von schichtenmäßiger in funktionale Differenzierung (vom 17. bis zum 19. Jh.) festzustellen sei: "Die Basisbeziehungen der gesellschaftlichen Ordnungszusammenhänge werden jetzt *asymmetrisch*, und die Normierung symmetrisch-wechselseitiger Sozialität wird abgedrängt in den Sonderbereich folgenloser Geselligkeit."[24] Dieser Satz ist außerordentlich aufschlußreich für das Verständnis der Luhmann'schen Systemtheorie. Ich kann hier nur kurz auf eine zentrale Problemstellung hinweisen. Sie möchte ich durch die Frage umschreiben: Welche Konsequenzen ergeben sich aus der zitierten Feststellung für das Evolutionsverständnis der Systemtheorie?

Abgesehen von dem Zusammenhang mit den Fragen, warum gerade in dem angegebenen Zeitraum der Umbau der Differenzierung stattgefunden habe und wie es zu erklären sei, daß die schichtenmäßige (oder segmentäre) Differenzierung in eine funktionale übergegangen sei (auf beide Fragen gibt die Systemtheorie keine überzeugende Antwort), ist die zitierte Feststellung zu beziehen auf das, was Luhmann die Sicherung von Anschlußfähigkeit durch binäre Schematismen nennt. Nach ihm gewinnt in der allgemeinen Theorie selbstreferentieller Systeme das "Thema der Beziehung von Selbstreferenz und binären Schematismen eine Form, die vom historischen Werdegang unabhängig ist".[25] Dafür wird ausdrücklich universelle Geltung behauptet. Zugleich wird mit dieser Theorie - so Luhmann - auch der Grund der Komplexitätsbewährung deutlich und damit "der Grund des evolutionären Erfolgs, der die Möglichkeiten weiterer Plausibilisierung[26] umstrukturiert".[27]

Aufgrund der zitierten Feststellung kann man annehmen, daß mit der Verdrängung "symmetrisch-wechselseitiger Sozialität" und der Etablierung der "Asymmetrisierung der strukturtragenden Interaktionen" bzw. der Asymmetrisierung der Basisbeziehungen im 19. Jh. ein grundlegend neues Formprinzip des evolutionären Prozesses sich durchgesetzt habe. Demnach wäre auch die Form entgegen der Behauptung Luhmanns vom historischen Werdegang abhängig. Wird diese Folgerung nicht akzeptiert, bleibt zu fragen, wie dann unter den Bedingungen der Symmetrisierung überhaupt Anschlußfähigkeit und Evolution gesichert werde bzw. wie unter den Bedingungen der Asymmetrisierung überhaupt noch sinnvollerweise von der durchgehenden Wirksamkeit binärer Schematismen die Rede sein könne. Diese Problematik überdeckt Luhmann mit sehr allgemeinen und unklaren Formulierungen. Einerseits wird ausdrücklich gefordert, es müsse vermieden werden, "daß Operationen sich jeweils nur und immer sofort auf sich selbst zurückbeziehen; oder daß sie Gegenstände bzw. Partner nur in der Interaktion auf einen Spiegeleffekt auswählen." Dies müsse, um "die Bedingungen real möglicher Existenz" nicht zu verfehlen, deshalb vermieden werden, "weil ein solches System in den Beziehungen zu seiner Umwelt keine Struktur legen und sich der Umwelt gegenüber nicht selektiv verhalten könnte. Es bliebe intern unbestimmbar, nämlich 'tautologisch' strukturiert, und müßte deshalb für die Außenbeziehungen Kompatibilität mit jeder beliebigen Umwelt postulieren."[28] Andererseits wird durchgehend am Begriff des binären Schematismus bzw. Duals festgehalten. Dies wird jedoch wiederum in Frage gestellt, indem von "strengen binären Schematismen" die Rede ist, ohne allerdings klarzustellen, was man denn unter nicht-strengen binären Schematismen zu verstehen habe (vgl. dazu die weiteren Ausführungen zur Asymmetrie und zum politischen Code in den nachfolgenden Beiträgen).[29]

Mit den vorstehenden Überlegungen - die sich noch weiter treiben ließen - sollte lediglich der Begriff der Balance im Zusammenhang mit dem Begriff der Asymmetrie und seiner Bedeutung für die Systemtheorie kurz verdeutlicht werden. Wenn man diese Überlegungen auf die soziale Wirklichkeit überträgt, braucht man die theoretischen Möglichkeiten der "symmetrischen" und "tautologischen" Balancen nicht mitzuberücksichtigen. Man kann sie deshalb unberücksichtigt lassen, weil die Gegenstände der Politischen Wissenschaft nicht durch solche Beziehungen geprägt sind. Typisch für die Politische Wissenschaft sind - um sehr allgemein zu bleiben - die grundsätzlich asymmetrischen Beziehungen zwischen Herrschenden und Beherrschten. Ebenso sind die Beziehungen der Herrschenden zueinander typischerweise asymmetrisch strukturiert. Jedes politische Handeln ist als ein im Medium der Macht ablaufendes Handeln durch solche asymmetrischen Beziehungen bestimmt. Wenn das nicht so wäre, bräuchte man nicht das komplizierte Geflecht von Kräften und Gegenkräften, um Balancen herzustellen bzw. aufrechtzuerhalten. Das gilt auch und insbesondere für demokratische Gemeinwesen. Wo eine "symmetrische" oder "tautologische Beziehung" hergestellt wird, ist Politik zu Ende. Streng "symmetrische" und "tautologische Beziehungen" zeigen sowohl der Politischen Wissenschaft (theoretisch) als auch der Politik (praktisch) an, daß es für sie keine Anknüpfungsmöglichkeiten gibt.[30]

Wenn als ein Grund für das Offenlassen der weiter oben aufgeführten Fragen der formale Charakter des Gegenstandes genannt wurde, so soll das heißen, daß - so paradox das zunächst erscheinen mag - keine rein formalen Antworten gesucht werden (solche werden auch nicht als hilfreich erachtet). Diese Feststellung besagt unter Berücksichtigung der voraufgehenden Darlegungen allgemein, die Politische Wissenschaft hat die soziale Wirklichkeit in ihrem ersten Zugriff jeweils als einen Zusammenhang zu betrachten, der sich zwar grundsätzlich durch eine asymmetrische Struktur ausweist, der aber nur aufgrund der jeweiligen historischen Ausprägungen in Erscheinung tritt bzw. für sie faßbar wird. Darüber, mit welcher Tiefenschärfe der jeweilige Zusammenhang (sowohl in Rücksicht auf seine Unterscheidbarkeit bzw. seine unterscheidbare Abgrenzung als auch in Rücksicht auf die Elemente seiner Struktur) faßbar wird, ist damit noch nichts ausgesagt. Jedenfalls ist unter Einbeziehung der Aussagen über Kausalität vorausgesetzt, daß der jeweilige Zusammenhang sich als ein systemischer Verursachungs- und Wirkungszusammenhang aufgrund einer Kausalität vorstellt, die als Zusammenwirken von Form- und Sinnkausalität als Veränderungskausalität zu betrachten ist. Wenn also das Prinzip der Asymmetrie als universelles Evolutionsprinzip zu gelten hat, dann unter der Voraussetzung, daß es seine jeweils tatsächliche Virulenz aufgrund der jeweils gegebenen, systemisch verfaßten gesellschaftlichen Bedingungen entfaltet. Diese Bedingungen sind - wie die bisherigen Darlegungen insgesamt anzeigen - nicht von selbst entstanden, also nicht das ausschließliche Ergebnis einer der sozialen Wirklichkeit immanenten "Gesetzlichkeit", sondern immer auch das Ergebnis von Politik. Und das gilt nicht nur für die jeweils gegebene soziale Wirklichkeit, sondern auch für deren Gestaltung. In einem Satz zusammengefaßt heißt das: Für die Politische Wissenschaft ist der jeweilige Gegenstand bestimmt durch das systemisch verfaßte und asymmetrisch strukturierte und dynamisierte Wirkungsverhältnis von sozialer Evolution und politischer Steuerung.

Da soziale Evolution und politische Steuerung immer zusammen wirksam sind, wird folglich auch dann "nichtgesteuerte" Veränderung stattfinden, wenn man "totale" Steuerung unterstellt bzw. voraussetzt. Umgekehrt wird auch immer gesteuerte Veränderung stattfinden, so sehr man auch das Gegenteil unterstellt oder behauptet. - So sehr wir uns auch widersetzen mögen, wir sind, nachdem die Politik einmal in die Welt gesetzt wurde, zur Politik verdammt.[31] Durch Politik lassen wir unsere Absichten und Fähigkeiten erkennen, wie wir als Handelnde die soziale Wirklichkeit jeweils verändern wollen und können, oder allgemein: wie wir durch Politik mit der sozialen Wirklichkeit (zu der das politische Handeln selbst gehört) fertig werden.[32]

Auch das Problem der Freiheit muß in dem Zusammenhang des kurz skizzierten Zusammenwirkens von sozialer Evolution und politischer Steuerung gesehen werden. Danach wird das Freiheitsproblem vom Ansatz her sozusagen auf sich selbst verwiesen. Das heißt, wenn Freiheit mit Politik verknüpft, Freiheit durch Politik realisiert wird bzw. werden soll, ist die Realisierung von Freiheit durch Politik zugleich auch immer eine Manifestation der Einschränkung von Freiheit. Einschränkung von Freiheit ist nicht mit Unfreiheit (dem genauen Gegenteil von Freiheit) gleichzusetzen. Einschränkung von Freiheit soll im Zusammenhang unserer Überlegungen - um dafür überhaupt einen Begriff anzubieten - Notwendigkeit heißen (zum Begriff des Zwanges weiter unten). Im Kontext der bisherigen Darlegungen ist Notwendigkeit durch soziale Evolution angezeigt. Notwendigkeit ist dann die Notwendigkeit zur Politik, die Notwendigkeit, Steuerungsleistungen durch Politik zu erbringen. Diese Notwendigkeit konkretisiert sich in dem andauernden Bemühen, die soziale Wirklichkeit unter steuernde Kontrolle zu halten oder zu bekommen. Demnach existiert die Notwendigkeit, immer von neuem Eingriffe in die soziale Wirklichkeit vorzunehmen. Dabei werden immer wieder von neuem die durch Politik mitverursachten und mitbewirkten "Grenzen" für solche Eingriffe (politische Steuerungsmaßnahmen) erfahren. Die Frage, wo die Grenzlinien jeweils verlaufen, verweist auf die tatsächlichen Verursachungs- und Wirkungszusammenhänge.

Grundsätzlich läßt sich dazu sagen: Zwar besteht eine objektive, eine von - der durch Politik geprägten - sozialer Wirklichkeit "diktierte" Notwendigkeit für politische Steuerungsleistungen, aber weil diese Leistungen nicht als Ergebnisse sogenannter Sachzwänge, sondern als Bemühungen zur Realisierung von Freiheit zu verstehen sind, ist Politik vom Ansatz her der normative Charakter von Freiheit eigen. Dieser normative Charakter ist - ob das immer erkannt wird oder nicht - *jeder* Politik eigen. Und für *jede* Politik stellt sich das normative Problem der Freiheit in Verknüpfung mit dem Problem seiner Ausprägung durch die Wirksamkeit des Prinzips der Asymmetrie.

Eine allgemeine Unterscheidungsmöglichkeit von Politiken bzw. Einstellungen gegenüber politischem Handeln in Rücksicht auf das Freiheitsproblem besteht daher zunächst darin, danach zu fragen, wie man das Verhältnis von Freiheit und Notwendigkeit des Eingreifens in die soziale Wirklichkeit (zur Steuerung dieser Wirklichkeit) prinzipiell anzusetzen und sich dementsprechend zu orientieren hat. So könnte man - um einige grundsätzliche Auffassungen und Einstellungen anzudeuten - versuchen, dieses Verhältnis von Freiheit und Notwendigkeit durch Planung zu bewältigen oder "den Dingen ihren Lauf nehmen" lassen; man könnte in bestimmten Abständen einige tiefgreifende Eingriffe oder oberflächliche Korrekturen vornehmen - usw. Insgesamt könnte man die Zahl der Beispiele weiter fortsetzen, sofern sie die Bedingungen erfüllen, unter dem Begriff des Politischen subsumierbar zu sein.[33]

Welche grundsätzliche Ausrichtung auch immer zum Zuge kommen mag, festzustellen ist: Eine politikwissenschaftliche Theorie (der Freiheit) hat nach den bisherigen Darlegungen vom Ansatz her das Verhältnis von Freiheit und Notwendigkeit (in dem oben erläuterten Verständnis) darzustellen; sie ist vom Ansatz her als eine *normative Theorie* zu konzipieren *insofern*, als für sie Realisierung von Freiheit nur aufgrund von beabsichtigten (also nicht zufälligen) Handlungen zur Beherrschung der Notwendigkeit möglich ist. Sie ist vom Ansatz her als eine *formale Theorie* zu entwerfen *insofern*, als für sie die Gestaltung des Verhältnisses von Freiheit und Notwendigkeit durch Politik durch das Wirkungs- und Konstruktionsprinzip der Asymmetrie strukturiert ist, und wegen dieser Tatsache auch eine politikwissenschaftliche Theorie (der Freiheit) die soziale Wirklichkeit in ihrer aufgrund der Wirksamkeit dieses Prinzips differenzierten und dimensionierten Komplexität nach bestimmten Konstruktionsregeln zu erfassen und darzustellen hat. Sie ist vom Ansatz her als eine Theorie der Veränderung zu entwickeln in dem Sinne, als sie darzustellen hat, in welchem Wirkungszusammenhang das Verhältnis von Freiheit und Notwendigkeit steht, und Auskunft zu geben hat darüber, in welche Richtung dieser zwangsläufig der Veränderung unterliegende Zusammenhang durch Politik entfaltet und gesteuert werden kann. - Über die grundlegende Ausrichtung unserer Fragestellung hinaus muß eine politikwissenschaftliche Theorie weiteren Anforderungen genügen: Sie hat insofern eine empirische Theorie zu sein, als sie von Beobachtung und Erfahrung auszugehen hat; sie hat zugleich eine spekulative Theorie zu sein insofern, als sie für die Steuerung des Verhältnisses von Freiheit und Notwendigkeit im jeweiligen Kontext auch die aufgrund von Beobachtung und Erfahrung unwahrscheinlichsten Ausgestaltungen für ebenfalls wahrscheinlich auszuweisen hat. Sie kann keine nomologische Theorie sein; sie muß Vergangenheit und Zukunft sozusagen in sich selbst überbrücken (und nicht etwa über sogenannte Randbedingungen). Sie hat eine "theoretische" Theorie zu sein insofern, als sie in *jedem* Falle nach *Regeln* mit *universellem Anspruch* zu entwickeln ist; sie hat zugleich eine "technologische" Theorie zu sein insofern, als sie in jedem Falle zu anwendungs- bzw. handlungsorientierten Aussagen (Steuerungsaussagen) kommen muß. Sie hat prinzipiell eine offene Theorie zu sein in dem Sinne, als sie zum einen wegen der ständigen Veränderungen der sozialen Wirklichkeit immer wieder neu formuliert werden muß, und zum zweiten in *keinem Falle* bestimmte Wirkungs*möglichkeiten* von vornherein bzw. bedingungslos ausschließen darf.

Nach dieser Aufzählung von Anforderungen - die in diesem Beitrag nicht im einzelnen erläutert und begründet werden können -, denen eine politikwissenschaftliche Theorie genügen muß, muß die Frage gestellt werden, ob eine politikwissenschaftliche Theorie der Freiheit überhaupt möglich sei. Die Antwort muß differenziert ausfallen.

Aufgrund der Verknüpfung des Freiheitsproblems mit dem des Verhältnisses von sozialer Evolution und politischer Steuerung ist zunächst festzustellen, eine politikwissenschaftliche Theorie der Freiheit wäre dann möglich, wenn eine politikwissenschaftliche Theorie des Politischen konzipiert werden könnte. Zwar ist eine Theorie des Politischen nicht auszuschließen, aber eine solche Theorie würde den oben genannten Anforderungen für eine politikwissenschaftliche Theorie (der Freiheit) nicht genügen. Der entscheidende Grund dafür ist darin zu sehen, als *das* Politische (und damit auch *das* Nicht-Politische) ebenso wie *die* Freiheit (und damit auch *die* Notwendigkeit) empirisch faßbar ist. Wenn aber der Frage nach der theoretischen Erfassung und Darstellung des Freiheitsproblems durch die Politische Wissenschaft weiter nachgegangen werden soll, muß eine Differenzierung greifen. Diese Differenzierung ist grundsätzlich anzusetzen als eine Unterscheidung zwischen einer *politischen* Theorie des Politischen und einer Mehrzahl *politikwissenschaftlicher* Theorien (die den genannten Anforderungen genügen). - Mit dieser Unterscheidung wird auf das Problem des Verhältnisses des einen Begriffs des Politischen und einer Vielzahl von Politikbegriffen verwiesen.[35]

Wenn von *einem* Begriff bzw. von *einer* Theorie des Politischen die Rede ist, so heißt das nicht, es könne - wenn überhaupt - nur eine einzige Theorie dieser Art geben. Jedoch ist damit gesagt, die Politische Wissenschaft muß eine Theorie dieser Art voraussetzen, um sich als Einzeldisziplin profilieren und behaupten zu können. Das heißt mit anderen Worten, die Politische Wissenschaft braucht eine solche Theorie, um sich ihres Gegenstandes vergewissern zu können, sowohl erkenntnistheoretisch als auch methodologisch. Es geht also darum, aufgrund einer solchen Theorie das Wissenschaftverständnis zu klären und von daher einer differenzierten Anwendung dieser Disziplin Richtung und Rückbindung zu geben. In diesem Sinne ist eine Theorie des Politischen eine Grundlagentheorie der Politischen Wissenschaft. Und in diesem Sinne ist die oft erhobene Forderung, die Politische Wissenschaft könne nicht voraussetzungslos betrieben werden, zu präzisieren.

Diese Forderung ist bereits angedeutet, indem von einer *politischen* Theorie des Politischen die Rede ist. Weiterhin ist damit die Zurückweisung des Anspruchs charakterisiert, es sei nur *eine* Theorie des Politischen möglich, oder man könne *eine* Theorie dieser Art mit dem nachweisbaren Anspruch ausstatten, die einzig richtige zu sein. Im Anschluß daran ist auch das scheinbare Paradoxon der Formulierung, *politische* Theorie des *Politischen,* aufzulösen. Zu Recht könnte man fragen, wieso überhaupt von einer *politischen* Theorie die Rede sein könnte, wenn diese Theorie eine Theorie des *Politischen* sein solle. Es müsse doch als bekannt vorausgesetzt werden, was aufgrund der Theorie erst klargestellt werden sollte. Die einfache Antwort lautet: Ebensowenig wie die Politische Wissenschaft kann eine Theorie des Politischen voraussetzungslos ansetzen.[36] Und wenn von einer *politischen* Theorie des Politischen die Rede ist, so heißt das sehr allgemein, auch für diese Theorie ist ein politisches Vorverständnis über das Politische vorauszusetzen, wie auch immer die Theorie dann aussehen mag. Daß dieses Verständnis als ein *politisches* qualifiziert wurde, besagt, es sei offen zu lassen, worin es bestehe. Anders formuliert, es besteht keine Möglichkeit (und auch keine Notwendigkeit), dieses *Vorverständnis* allgemeinverbindlich zu definieren. Wenn man eine solche Theorie als Grundlagentheorie (in dem oben erläuterten Verständnis) für die Politische Wissenschaft braucht, und wenn man die Frage nach dem Politischen im Rahmen einer solchen Grundlagentheorie mit dem Freiheitsproblem verknüpft, dann kann man die Politische Wissenschaft als eine Wissenschaft der Freiheit begreifen. Und insofern kommt die Politische Wissenschaft bereits von ihren Grundlagen her der Forderung nach, sich als eine "Orientierungswissenschaft" zu begreifen und darzustellen.[37] Weil die Grundlagentheorie die Verknüpfung nur auf sehr allgemeinem Niveau und ohne inhaltliche Präzisierung entfalten kann, muß über die Politische Wissenschaft bzw. über deren Wissenschaftslehre Klarheit herbeigeführt werden, wie die Politische Wissenschaft diese Verknüpfung im Rahmen ihrer Bemühungen zur differenzierten und dimensionierten Erfassung und Darstellung der vielfältigen Phänomene sozialer Wirklichkeit berücksichtigen kann. Und in diesem Sinne ist die Wissenschaftstheorie der Politischen Wissenschaft und insbesondere deren Methodologie als jene "politische" Theorie zu begreifen, mit deren Hilfe sich die Politische Wissenschaft als Wissenschaft ihres "politischen" Selbstverständnisses vergewissert.[38]

Die geforderte Grundlagentheorie erfüllt also eine Leitfunktion für die Wissenschaftslehre der Politischen Wissenschaft. Diese Leitfunktion besteht darin, das Wissenschaftsverständnis der Politischen Wissenschaft einerseits mit den erkenntnistheoretischen Voraussetzungen und andererseits mit den methodologischen Konsequenzen koordinieren zu können in dem Sinne, als Erkenntnistheorie, Wissenschaftstheorie und Methodologie der Politischen Wissenschaft Thematisierungen des Freiheitsproblems darstellen. Sehr vereinfacht formuliert, ist dieser Zusammenhang so zu koordinieren: Die Politische Wissenschaft ist in dem Sinne als eine "Orientierungswissenschaft" auszubilden, als sie einerseits ihren Gegenstand, das Politische (von mir verstanden als eine kollektive Suche im Medium der Macht nach Lösungen für gesamtgesellschaftlich bedeutsame Sinn-, Orientierungs- und Steuerungsprobleme), in seiner Verknüpfung mit dem Freiheitsproblem erkenntnistheoretisch ausarbeitet mit der Absicht, das "intelligible Angebot" der sozialen Wirklichkeit als "Produkt" des Zusammenwirkens von sozialer Evolution und politischer Steuerung aufzuhellen. Sie ist andererseits als "Orientierungswissenschaft" zu begreifen, als sie in ihrer Methodologie das Freiheitsproblem aufzuarbeiten und aufzuzeigen hat, unter welchen jeweiligen Bedingungen sich im Kontext jeweiliger Verursachungs- und Wirkungszusammenhänge welche Verhaltens- und Handlungsmöglichkeiten anbieten. In ihrer Methodologie hat die Politische Wissenschaft darzulegen, welche Grundsätze, Prinzipien und Regeln man zur Bewältigung dieser Aufgabe zu berücksichtigen und anzuwenden hat; also wie man unter den angegebenen Voraussetzungen *politikwissenschaftliche Theorien* zu entwickeln hat, die den oben genannten Anforderungen genügen. Sie hat die Methodologie so zu entwickeln, daß das Abgrenzungskriterium eine Anknüpfungsmöglichkeit für das Ausgrenzungskriterium und somit für den Begriff des Politischen offen läßt (näheres dazu in den nachfolgenden Beiträgen).

Die Qualifizierung der Politischen Wissenschaft als Orientierungswissenschaft im Sinne einer Wissenschaft der Freiheit könnte man infragezustellen versuchen mit dem Argument, die Politische Wissenschaft müsse man ebenso und mit dem gleichen Anspruch als eine Wissenschaft der Gleichheit, der Toleranz, der Gerechtigkeit usw. entwickeln können, weil Gleichheit usw. prinzipiell gleichrangig mit Freiheit zu betrachten seien. Dieses Argument setzt auf einer falschen Ebene an. Sehr vereinfacht und verkürzt kann man darauf entgegnen, soziale Wirklichkeit als "Produkt" des Zusammenwirkens von sozialer Evolution und politischer Steuerung ist prinzipiell nicht in der Weise mit dem Gleichheitsproblem usw. verknüpft wie mit dem Freiheitsproblem. In dieser Hinsicht steht das Freiheitsproblem in der Tat einzigartig da. Insofern kann die Politische Wissenschaft in demselben Sinne keine Wissenschaft der Gleichheit, der Gerechtigkeit, der Toleranz oder der Demokratie sein.

Auf einer anderen Ebene, nämlich der Ebene der Konkretion, d. h. der unmittelbaren Gestaltung der sozialen Wirklichkeit durch konkrete politische Steuerungsmaßnahmen (selbstverständlich unter Berücksichtigung der Wirksamkeit des Evolutionsprinzips), wird die Frage nach dem Verhältnis von Freiheit und Gleichheit usw. aktuell. Auf dieser Ebene ist diese Frage - wenn auch oft verdeckt und je nach Kontextbedingungen in sehr unterschiedlicher Ausprägung - immer im Spiel. Ohne sich auf eine nähere Erläuterung dazu einzulassen, kann man sagen: Auf der Ebene der Primärfundierung, d. h. der Ebene der Entwicklung der sozialen Wirklichkeit aufgrund des Zusammenwirkens von politischer Steuerung und sozialer Evolution über je einzelne Steuerungsmaßnahmen hinaus ist Freiheit mit Notwendigkeit verknüpft; auf der Ebene der Sekundärfundierung, d. h. der Ebene der einzelnen konkreten politischen Steuerungsmaßnahmen ist Freiheit mit Zwang bzw. mit Zwängen verknüpft. Auf beiden Ebenen ist das Freiheitsproblem als ein Problem der Einschränkungen von Möglichkeiten zu entfalten. Von daher läßt sich kein allgemeines Argument zur Eingrenzung von Freiheit entwickeln. Im Gegenteil, von daher ist die Forderung nach Ausweitung von Freiheit und Freiheitsrechten zu begründen (siehe dazu den nachfolgenden Beitrag).

Wenn nun für die Ebene der Sekundärfundierung die Frage nach dem Verhältnis von Freiheit und Gleichheit usw. gestellt ist, so ist darauf zu antworten, auf dieser Ebene treten Gleichheit usw. als Eigenschaften von Zwängen (allgemein: als Einschränkungen von Freiheit bzw. konkret orientierten Verhaltens- und Handlungsmöglichkeiten) auf. Dabei ist von untergeordneter Bedeutung die Frage, ob man diese Zwänge nach normativen Postulaten und empirischen Widerständen unterscheidet bzw. unterscheiden soll. Diese Frage ist - allgemein formuliert - insofern von untergeordneter Bedeutung, als Politik immer schon auf eine normativ geprägte soziale Wirklichkeit trifft und Einschränkungen aufgrund der jeweils vorgegebenen sozialen Wirklichkeit darstellen. Andererseits ist die Realisierung normativer Postulate durch Politik zwangsläufig mit empirischen Tatbeständen verknüpft. Dieser Zusammenhang (einschließlich des Problems des Widerspruchs), bezogen auf die grundlegenden Strukturprobleme der modernen Gesellschaften, wird von Münch angesprochen - ohne allerdings die Frage der Konsequenzen für die Theoriebildung näher zu behandeln -, wenn er für *jede* moderne Gesellschaft feststellt (was nach ihm die marxistische Perspektive außer acht läßt), "daß eine Vermittlung zwischen diesen Wertantinomien (dem Interesse an Steigerung der Möglichkeiten *zukünftiger* Bedürfnisbefriedigung und dem Interesse an gegenwärtiger Bedürfnisbefriedigung) nur durch die Institutionalisierung von Strukturen möglich ist, die an unterschiedlichen Problemstellungen - wie z. B. Knappheitsbewältigung, Solidarität, kollektiv und territorial verbindlicher Entscheidung und an Vermittlung von Situationsdefinitionen - orientiert sind und Eigengesetzlichkeiten zweckrationalen Handelns innerhalb dieser Strukturen ausbilden, die sich gegenseitig restriktive Bedingungen setzen".[39]

Trotz des aufgezeigten Zusammenhangs wäre es verfehlt, nicht zwischen normativen Postulaten und empirischen Tatbeständen zu unterscheiden. Ebenso wie Politik zur sozialen Wirklichkeit gehört, aber auch zu ihr auf Distanz geht, um diese Wirklichkeit zu steuern, gehören Normen zur sozialen Wirklichkeit, aber sie sind auch von dieser Wirklichkeit verschieden, indem sie Anweisungen zur Gestaltung dieser Wirklichkeit darstellen. Wenn man davon ausgeht, Politik würde Gleichheit usw. jeweils in Form von normativen Postulaten zur Anwendung bringen, dann wird deutlich, daß Freiheit etwas davon völlig Verschiedenes meint. Freiheit läßt sich nicht in Form von normativen Postulaten darstellen. Die Rede von den Freiheitspostulaten (oder Normen der Freiheit) ist zumindest mißverständlich. Freiheit schließt das Postulat (die Norm), sie anzuwenden, aus. Wenn von Freiheitspostulaten die Rede ist, so können sie sich also nur auf Abwesenheit von Freiheit - worin auch immer sie jeweils gesehen werden mag - beziehen. Es handelt sich dabei immer um Postulate bzw. Forderungen zur Herbeiführung eines Zustands, von dem positiv nichts Konkretes ausgesagt werden kann, der also nur in seiner Negation - wie auch immer er jeweils gesehen und erfahren werden mag - faßbar wird.

Analoges läßt sich z. B. über Gleichheit und Gleichheitspostulate nicht sagen. Gleichheitspostulate können sehr wohl etwas positiv Konkretes über den anzustrebenden Zustand (der Gleichheit) aussagen. Zwar schließt auch Gleichheit das Postulat, sie herzustellen, aus, aber der entscheidende Unterschied zur Freiheit besteht darin, daß, um *politisch* handeln zu können, *prinzipiell* - in welchem Ausmaß auch immer - Freiheit (aber nicht Gleichheit) vorhanden sein muß. Und weil Gleichheit keine prinzipiell notwendige Voraussetzung für politisches Handeln ist, ist sie in Rücksicht auf die Voraussetzungen für dieses Handeln in der Regel auch tatsächlich bzw. aktuell nicht vorhanden. Darüber hinaus ist im Zusammenhang unserer Überlegungen von entscheidender Bedeutung, daß Gleichheitspostulate in Rücksicht auf Freiheit notwendig Zwänge darstellen, also Freiheit negativ ausgrenzen. So sind Grenzen für die Ausübung oder Anwendung von Freiheitsrechten (nämlich die Freiheitsrechte des jeweils anderen) nicht Konsequenz von Freiheitspostulaten, sondern sie sind zwangsläufig Konsequenz des Gleichheitspostulats, nämlich des Postulats auf Gleichheit in der Ausübung von Freiheitsrechten. Jedoch stellen Freiheitspostulate keineswegs zwangsläufig Grenzen für Gleichheitspostulate dar. Demnach ist es möglich, Freiheitspostulate zu verwirklichen, ohne Gleichheitspostulate zu verletzen. Das ist der entscheidende Grund dafür, warum eine Ausweitung von Freiheitsmöglichkeiten - entgegen häufig nicht durchdachten Behauptungen - keineswegs zwangsläufig zu Lasten von Gleichheit usw. geht. Daher ist es wenig sinnvoll, Freiheitspostulate prinzipiell mit Gleichheitspostulaten zu koppeln. Das heißt nicht, zugunsten von Freiheitspostulaten auf Gleichheitspostulate und ihre Verwirklichung zu verzichten. Im Gegenteil, Gleichheitspostulate sind - wie erwähnt - in der Regel angezeigt. Daher geht es darum zu erkennen, wie man jeweils aufgrund welcher Zuordnung am sinnvollsten mit diesen Postulaten umgeht.

Da Gleichheitspostulate in Rücksicht auf Freiheit zwangsläufig als Eigenschaften von Zwängen auftreten, bestimmen sie die eigenartige Position von Freiheit. Kurz zusammenfassend läßt sich darüber sagen: Freiheit ist ein politisches Gut, das sich von allen anderen politischen Gütern dadurch unterscheidet, daß es nur in seinen Negationen (für die prinzipiell alle übrigen politischen Güter und ihre Anwendungen - wenn auch in sehr unterschiedlicher Weise und je nach Kontextbedingungen in sehr unterschiedlichem Umfang - infrage kommen) faßbar wird, was aber deswegen von allen politischen Gütern im höchsten Maße gefährdet ist. - Mit dem Gut der Freiheit muß man also pfleglich umgehen. Das gilt sowohl für die Politische Wissenschaft als auch die Politik. Das gilt insbesondere für diejenigen, die meinen, Freiheit sei nur zu Lasten von Gleichheit usw. zu sichern oder auszuweiten, aber auch für diejenigen, die meinen, Freiheit stelle sich zwangsläufig als Ergebnis von Gleichheit usw. ein.

Nach diesen Zwischenüberlegungen ist als erste grundsätzliche Antwort auf die Frage nach der Möglichkeit einer *politikwissenschaftlichen* Theorie der Freiheit die Feststellung zu treffen: Wenn auch keine politikwissenschaftliche Theorie der Freiheit im Sinne einer Erfassung und Beschreibung des Verhältnisses von Freiheit und Notwendigkeit formuliert werden kann, so ist es doch möglich, eine Mehrzahl politikwissenschaftlicher Theorien der Freiheit im Sinne der Erfassung und Beschreibung des Verhältnisses von Freiheit und Zwang bzw. Zwängen zu entwickeln.

Wenn auch alle politikwissenschaftlichen Theorien der Freiheit das Freiheitsproblem unter dem Aspekt von wie auch immer normativ und empirisch bestimmten Zwängen zu behandeln haben, so ist doch zu unterscheiden zwischen den Theorien, die die Zwänge nicht explizit als Einschränkungen von Freiheit formulieren (das ist in der Regel der Fall), und jenen spezifischen Theorien, die Zwänge ausdrücklich als Einschränkungen von Freiheit darstellen. Andererseits gilt für alle diese Theorien, daß sie indirekt das Freiheitsproblem im Sinne des Verhältnisses von Freiheit und Notwendigkeit behandeln insofern, als sie alle nach denselben Grundsätzen, Prinzipien und Regeln zu entwickeln sind. Diese Grundsätze, Prinzipien und Regeln sind - wie oben kurz erläutert - wissenschaftstheoretische und insbesondere methodologische Konsequenzen der erkenntnistheoretischen Grundlagen, d. h. der Betrachtung der sozialen Wirklichkeit als "Produkt" des Zusammenwirkens von sozialer Evolution und politischer Steuerung. Und dieses Zusammenwirken wurde grundsätzlich als ein Verhältnis von Notwendigkeit und Freiheit erkannt (Notwendigkeit und Freiheit des Eingreifens in die soziale Wirklichkeit zur Steuerung dieser Wirklichkeit). Dabei wurde die Wirksamkeit eines Verursachungs- und Wirkungsprinzips erkannt, das als Formprinzip auch für die Konstruktion aller politikwissenschaftlichen Theorien Geltung haben müsse, und zwar in der Form von Konstruktionsregeln. Formelhaft könnte man zusammenfassen: Über die Thematisierung des Verhältnisses von Freiheit und Notwendigkeit wird die Form, über die Thematisierung des Verhältnisses von Freiheit und Zwang (Zwängen) der Inhalt (die

Inhalte) politikwissenschaftlicher Theorien (der Freiheit), insbesondere der spezifischen politikwissenschaftlichen Theorien der Freiheit, gefunden.

Diese Formel ist in einer Hinsicht zu ergänzen. Die Ergänzung, die auch den Status politikwissenschaftlicher Theorien charakterisiert, bedeutet eine generalisierende Ausweitung, da sie für alle politikwissenschaftlichen Theorien behauptet wird. Weil für das Verursachungs- und Wirkungsprinzip und ebenso für das die Struktur politikwissenschaftlicher Theorien bestimmende Formprinzip (der Asymmetrie) universelle Geltung beansprucht wird, ist die universelle Geltung auch - wie weiter oben bereits behauptet - für die Konstruktionsregeln zu unterstellen.[40] Die universelle Geltung der Konstruktionsregeln kann man als eine Art methodologisches Äquivalent dafür ansehen, daß die Politische Wissenschaft keine nomologischen Aussagen bzw. keine raumzeitlich unabhängig geltenden, sogenannten politologischen Gesetze anbieten kann.

Das Unvermögen der Politischen Wissenschaft, politologische Gesetze anzubieten, macht es für diese Disziplin zwingend, die Frage nach den Informations- und Orientierungsleistungen ihrer theoretischen Erzeugnisse zu stellen. Die Unterscheidung zwischen Informations- und Orientierungsleistung mag zunächst befremden. Man mag argumentieren, indem informiert werde, werde orientiert. Diese Argumentation ist zwar nicht falsch, aber viel zu schwach und oberflächlich, um durchschlagend zu sein. Diese Unterscheidung wird einsichtig, wenn man sich vergegenwärtigt, daß nomologische politikwissenschaftliche Aussagen zwar beanspruchen (abgesehen davon, daß sie diesen Anspruch nicht einlösen können), vollständige Informationen über die relationalen Beziehungen des betreffenden Wirklichkeitsausschnittes zu liefern, aber - streng genommen - sagen sie nichts darüber aus, wie man diese Wirklichkeit im jeweiligen Einzelfalle zu behandeln habe und wie man insbesondere vorgehen solle oder müsse, wenn mit einer ganz bestimmten Zielrichtung und mit ganz bestimmten Absichten die Wirklichkeit beeinflußt und verändert werden soll. In einem Satz:

"Politologische Gesetze" liefern keine wirklichkeitsadäquaten Informationen.

Damit sind die Kluft zwischen Sein und Sollen und die grundsätzliche Frage der Überbrückung angesprochen. Zwar wird die Trennung zwischen Sein und Sollen nicht generell infragegestellt, aber für die Politische Wissenschaft und ihre Leistungsmöglichkeit und -fähigkeit in bestimmter Weise relativiert.[41] Für die Politische Wissenschaft wird behauptet: Diese Disziplin ist herausgefordert, ihre Theorien so zu entwickeln und zu präzisieren, daß sie über ihre Informationen hinaus Orientierungen anbietet. Mit anderen Worten: Diese Disziplin muß für den zwangsläufigen Verzicht auf Erbringung vollständiger Informationen (im Sinne der Informationsleistung von Gesetzesaussagen) in ihren theoretischen Konstruktionen Leistungs-Äquivalente in der Erbringung von Orientierungsleistungen (im Sinne von Handlungsorientierungen als Angebote für Steuerungshandeln) anbieten.

Auf diese Problematik wurde bereits in einer Reihe von Bemerkungen, etwa im Zusammenhang mit den Darlegungen über soziale Wirklichkeit und normative Postulate verwiesen. Eine Art Zusammenfassung dieser Problematik ist durch die Aufzählung der Anforderungen, die an politikwissenschaftliche Theorien der Freiheit bzw. allgemein an politikwissenschaftliche Theorien zu stellen sind, gegeben. Alle diese Anforderungen berühren das grundlegende Problem der Erkennbarkeit der sozialen Wirklichkeit und ihrer Veränderbarkeit durch Politik. Der augenscheinlichste und zugleich tiefliegendste Grund für die besonderen Schwierigkeiten der Politischen Wissenschaft zur Behandlung dieses Problems dürfte - sehr allgemein formuliert - darin zu sehen sein, daß die soziale Wirklichkeit als Gegenstand der Politischen Wissenschaft für diese Disziplin schon immer ein Bewußtsein ihrer selbst hat. Sie ist für die Politische Wissenschaft schon immer eine durch Politik gestaltete Wirklichkeit, die sich dieser Veränderungen auch bewußt ist, zumindest aber die Möglichkeit dazu hat (durch Politik, die ja auch Teil der sozialen Wirklichkeit ist). Darin unterscheidet sich die Politische Wissenschaft grundlegend von den Naturwissenschaften; diese Disziplinen brauchen in Rücksicht auf ihren Gegenstand (die physikalische und organische Wirklichkeit) eine solche Voraussetzung nicht zu machen.[42]

Wenn auch vorauszusetzen ist, daß die soziale Wirklichkeit ein Bewußtsein ihrer selbst hat (bzw. die Möglichkeit dazu), so ist damit über Inhalt und Ausformung noch nichts gesagt. Träger dieses Bewußtseins ist für die Politische Wissenschaft - wie bereits angemerkt - die Politik,[43] und zwar insofern, als sie ihre Steuerungsmaßnahmen - wenn sie sie nicht blind gegenüber der sozialen Wirklichkeit ansetzen will - in Rücksicht auf ihre Wirkungsmöglichkeiten zu überdenken hat. Dazu gehört auch, den Bewußtseinsstand der Adressaten von Steuerungsmaßnahmen mitzuberücksichtigen. Wie auch immer das von der Politik gesehen und überdacht wird, festzuhalten ist, man muß von einem insgesamt nach Inhalt und Struktur häufig unklaren - einem keineswegs von vornherein beklagenswerten - Bewußtseinszustand ausgehen.

Hier setzt die Politische Wissenschaft an; und von hier erhält sie ihre soziale und politische Legitimation. Diese Legitimation stellt eine Verpflichtung dar, Klarstellungen herbeiführen zu helfen, indem sie Informations- und Orientierungsleistungen in Form politikwissenschaftlicher Theorien anbietet. Zu den grundlegenden Voraussetzungen gehört, ihr Wissenschaftsverständnis als - wie ich es nenne - "konstruktive Orientierungswissenschaft" zu klären. Wenn die Politische Wissenschaft in einer spezifischen Weise - wie in diesem Beitrag geschehen - als eine Wissenschaft der Freiheit bestimmt wird, so heißt das zunächst nur, daß sich ihre Informations- und Orientierungsleistungen auf der Grundlage eines ganz bestimmten Verständnisses des Verhältnisses von Freiheit und Notwendigkeit in bezug auf politische Steuerung und soziale Evolution erbringt bzw. zu erbringen hat. Da die Politische Wissenschaft als Voraussetzung für die Erbringung dieser Leistungen sich selbst "informieren" und "orientieren" muß, muß ihre Wissenschaftstheorie sich die "Informationen" über eine Erkenntnistheorie der sozialen Wirklichkeit beschaffen und ihre "Orientierungen" in einer darauf bezogenen Methodologie offenlegen.

Daß das in diesem Beitrag vorgetragene Verständnis von Politischer Wissenschaft als einer "konstruktiven Orientierungswissenschaft"[44] in der Ausrichtung einer Wissenschaft der Freiheit in letzter Konsequenz nicht zwingend ist, weder in Rücksicht auf ihre Festlegung als "Orientierungswissenschaft" noch in Rücksicht auf ihre Ausrichtung als Wissenschaft der Freiheit, wird nicht bestritten. Die Politische Wissenschaft - in welcher Ausrichtung auch immer - ist und bleibt in letzter Konsequenz politisch. Entscheidend ist und bleibt daher die Frage nach ihrer Ausrichtung.

Die in diesem Beitrag vorgetragene Auffassung von Politischer Wissenschaft als Wissenschaft der Freiheit hat einen Vorzug, der über alle durch die Grundsätze und Regeln der Methodologie zu sichernden Informations- und Orientierungsleistungen hinausgeht. Dieser Vorzug besteht in der begründeten Annahme: Trotz aller zwangsläufigen Einschränkungen von Freiheit und trotz aller Rückentwicklungen kann die Zukunftsorientierung, nämlich Fortschritte zur Ausweitung von Freiheit zu erreichen, aufrechterhalten werden. Solche Fortschritte können entgegen einer häufig geäußerten Auffassung auch ohne prinzipielle Beeinträchtigungen von Gleichheit, Toleranz, Gerechtigkeit usw. erreicht werden. - Wir müssen es politisch wollen, aber geleitet (wenn auch nicht ausschließlich) durch wissenschaftliche Erkenntnisse (wenn auch nicht ohne Rücksicht auf das jeweilige Wissenschaftsverständnis). Daraus folgt ganz allgemein eine Forderung an die Politik: So wie die Politische Wissenschaft ihr Wissenschaftsverständnis klären muß, um sich ihrer Leistungsfähigkeit als Orientierungswissenschaft zu vergewissern, muß die Politik sich über die Klärung ihres "Politikverständnisses" in ihrer grundlegenden Ausrichtung ihres Gegenstandes vergewissern. Die Politik muß sich also ebenso wie die Politische Wissenschaft selbst zum Gegenstand machen. Aufgrund dieser Voraussetzung ist sie in der Lage, die Angebote der Wissenschaft richtig zu erkennen und einzuschätzen. - Formelhaft verkürzt:

Die "theoretische" Politische Wissenschaft muß auch "praktisch", die "praktische" Politik muß auch "theoretisch" sein.

3. Zur Konstruktion (spezifischer) politikwissenschaftlicher Theorien der Freiheit

Freiheit als Thema der Politischen Wissenschaft verlangt - wie im voraufgehenden Beitrag in groben Umrissen dargelegt - grundsätzlich eine zweifache Betrachtungsweise. Es handelt sich - kurz gesagt - einerseits um die Behandlung des Verhältnisses von Freiheit und Notwendigkeit im Zusammenhang der grundsätzlichen Zuordnung von politischer Steuerung und sozialer Evolution, andererseits um die Behandlung des Verhältnisses von Freiheit und Zwang (bzw. Zwängen) im Kontext von Wirkungszusammenhängen für jeweilige politische Handlungsmöglichkeiten. Im ersten Falle geht es um die Formulierung einer politischen Theorie als einer Grundlagentheorie der Politischen Wissenschaft, im zweiten um die Konstruktion politikwissenschaftlicher Theorien (der Freiheit). Man kann von einer zusätzlichen dritten Betrachtungsweise sprechen, sofern man das Verhältnis von Freiheit und Notwendigkeit im Zusammenhang der Zuordnung von politischer Steuerung und sozialer Evolution gesondert unter dem spezifischen Aspekt der relationalen Einheit von Politischer Wissenschaft und Politik untersucht, indem man diese relationale Einheit als Steuerungsinstanz begreift und auf sie hin die Zuordnung zur sozialen Evolution näher betrachtet.

Wenn - wie im vorhergehenden Kapitel kurz behandelt - *jede* politikwissenschaftliche Theorie sich gemäß dem dort erläuterten Verständnis von Politischer Wissenschaft (als einer Wissenschaft der Freiheit) als Theorie der Freiheit auszuweisen hat, ist zu fragen, welche Vorstellungen mit dieser Forderung verknüpft werden und wie dieser Forderung nachzukommen sei. Die Antwort auf den zweiten Teil der Frage wurde im vorhergehenden

Kapitel gegeben: zum einen durch die Formulierung der Anforderungen, denen eine politikwissenschaftliche Theorie genügen muß, zum anderen durch die Feststellung, bei der Entwicklung politikwissenschaftlicher Theorien müßten bestimmte Konstruktionsregeln zur Anwendung kommen. Diese Konstruktionsregeln sind zwar nicht das Thema dieses Beitrags, werden aber im Zusammenhang der Frage nach der Konstruktion politikwissenschaftlicher Theorien jedenfalls implizit mitthematisiert. Zunächst sei kurz erläutert, welche grundsätzlichen Vorstellungen mit der Forderung, *jede* politikwissenschaftliche Theorie habe sich als eine Theorie der Freiheit auszuweisen, verknüpft sind. Diese Vorstellungen haben bei den Überlegungen zum Verhältnis von *Notwendigkeit und Freiheit* im Zusammenhang der Zuordnung von sozialer Evolution und politischer Steuerung anzusetzen. Wenn die Freiheit des Eingreifens (Bedingung für politische Steuerung) nicht zum Zwang, d. h. zum Zwang für ein ganz bestimmtes Eingreifen werden soll, müssen Wahlmöglichkeiten vorhanden sein. Politikwissenschaftliche Theorien müssen diese Wahlmöglichkeiten von ihren Voraussetzungen her darstellen. Wenn das für *jede* politikwissenschaftliche Theorie zu gelten hat, muß vorausgesetzt werden, daß, da politikwissenschaftliche Theorien jeweils bestimmte Verursachungs- und Wirkungszusammenhänge beschreiben, *jede* politikwissenschaftliche Theorie Wahlmöglichkeiten als Wirkungs- und Handlungsmöglichkeiten in bezug auf *eine* "Verursachungsquelle" darstellen muß. Darauf ist die im ersten Beitrag - unter anderem - aufgeführte Anforderung der Differenzierung politikwissenschaftlicher Theorien zu beziehen.

Eine so angesetzte *Differenzierung* politikwissenschaftlicher Theorien setzt einen *Kausalitätsbegriff* voraus, der sich - allgemein formuliert - von dem üblichen Schema (eine Ursache/eine und nur eine Wirkung) absetzt. Er muß dagegen erklären, warum man in Rücksicht auf soziale Wirklichkeit einerseits und politische Steuerung dieser Wirklichkeit andererseits von der Fähigkeit *einer* "Verursachungsquelle", eine *Vielzahl* von Wirkungen zu bewirken, sprechen kann. Diese Fähigkeit wird mit dem

Begriff der "Verursachungskapazität" bezeichnet. Wird ein solcher Kausalitätsbegriff akzeptiert, wird auch erklärbar, warum zu Recht im Zusammenhang mit den hier kurz erläuterten Vorstellungen von Freiheit und Offenheit gesprochen werden kann. Offenheit meint dann die Freiheit, unter einer Vielzahl von Möglichkeiten wählen zu können, *ohne* die Eingrenzungen einer Logik, die - in Verbindung mit einem bestimmten Verständnis von Kausalität - von *vornherein* nach ganz bestimmten Unvereinbarkeitsregeln unnötige Zwänge einbaut, also Offenheit von vornherein verhindert oder zumindest unnötigerweise beeinträchtigt. Politikwissenschaftliche Theorien müssen, wollen sie sich durch Offenheit auszeichnen, nicht nur grundsätzlich Widersprüche (asymmetrische Widersprüche) *in sich* koordinieren, sondern darüber hinaus diese Widersprüche in Rücksicht auf die durch sie jedenfalls der Möglichkeit nach implizierte Vielfalt an Orientierungen und Handlungen explizieren. Insofern müssen politikwissenschaftliche Theorien grundsätzlich die jeweilige soziale Wirklichkeit "übersteigen"; sie müssen - allgemein formuliert - das "unwahrscheinlich Wahrscheinliche" ebenso wie das "wahrscheinlich Wahrscheinliche" berücksichtigen. Die reale Offenheit und die reale Freiheit (oder anders ausgedrückt: wie offen und wie frei eine jeweilige Gesellschaft tatsächlich ist) wäre daran zu messen, von welchen durch politikwissenschaftliche Theorien aufgezeigten möglichen Orientierungs- und Handlungsangeboten (was nicht heißt, daß bei Anwendung der Grundsätze und Regeln zur Konstruktion politikwissenschaftlicher Theorien auch jeweils alle Möglichkeiten erfaßt und dargestellt würden) jeweils Gebrauch gemacht wird.

Demnach ist auch die Anwendung der sogenannten "Nullmethode" - und ihr verwandter Methoden - wenig sinnvoll. Unter "Nullmethode" ist - mit den Worten Poppers - folgendes Verfahren zu verstehen: "Man konstruiert ein Modell aufgrund der Annahme, daß alle beteiligten Individuen sich vollkommen rational verhalten (und vielleicht auch, daß sie im Besitze des vollständigen Informationsmaterials sind), und dann schätzt man die Abweichung des tatsächlichen Verhaltens dieser Individuen vom Modellverhalten, wobei dieses als eine Art Nullkoordinate dient."[45]

Als eine grundlegende entscheidende Frage sei die nach dem Rationalitätsbegriff kurz angesprochen. Die dem Modellverhalten zugrundeliegende Rationalitätsvorstellung ist offensichtlich die, die die Wissenschaft auch bei der Konstruktion des Modells anwendet. Wenn man davon ausgeht, daß Wissenschaft und Politik sich bei ihren je eigenen Unternehmungen nach unterschiedlichen - keineswegs notwendig widersprüchlichen - Rationalitätsvorstellungen richten, müßte man - zugespitzt formuliert - folgende Annahme voraussetzen: Jedes gegenwärtige oder zukünftige tatsächliche politische Verhalten ist aufgrund der Tatsache, daß es einer eigenen Rationalitätsauffassung folgt, grundsätzlich als ein vom Modellverhalten abweichendes Verhalten aufzufassen. Übereinstimmungen zwischen dem Modellverhalten und dem tatsächlichen Verhalten wären zufällig. Auf die weitere Problematik, nämlich die Annahme einer identischen Rationlitätsauffassung für die wissenschaftliche Konstruktion des Modells, des Modellverhaltens und des tatsächlichen politischen Verhaltens, kann ich hier nicht eingehen. Ich möchte hier nur grundsätzlich feststellen: Die Politische Wissenschaft als Wissenschaft der Freiheit kann für die methodologisch ausgerichtete Betrachtung des Verhältnisses von Freiheit und Notwendigkeit sich nicht auf Rationalitätsauffasungen einlassen, die sich bei ihren theoretischen Konstruktionen in der Weise auswirken, als über sie der sozialen Wirklichkeit (und damit auch der Politik) in Form von Modellen sozusagen vorgeschrieben wird, wie sie, um bestimmten Rationalitätsauffassungen der Wissenschaft zu genügen, eigentlich funktionieren sollte. Zwar kann die Politische Wissenschaft sich ihre Rationalitätsauffassung nicht von der Politik vorschreiben lassen, aber als Wissenschaft der Freiheit muß sie auch in der Bestimmung ihres Rationalitätsbegriffs Offenheit gewährleisten, um auch das "unwahrscheinlich Wahrscheinliche" oder das in bezug auf ein Modell als extrem abweichend erscheinende Verhalten (oder das vom Modell gar nicht erfaßte Verhalten) als das möglicherweise entscheidende Veränderungs- oder Entwicklungsmoment zu berücksichtigen, das aufgrund des Zusammenwirkens von sozialer Evolution und politischer Steuerung auftreten kann (damit ist wiederum ein Grund dafür angezeigt, warum bei der Klärung der Grundlagen der Politischen Wissenschaft die Frage nach dem Zusammenhang von Abgrenzungskriterium, Begriff des Politischen und Ausgrenzungskriterium behandelt werden muß). In letzter Konsequenz ist für den uns hier interessierenden Zusammenhang der Politik die Entscheidungs- und Steuerungskompetenz zugewiesen. Die Politische Wissenschaft hat dies ernst zu nehmen; nicht als Rechtfertigung für eine "Beschäftigung mit sich selbst", nicht im Interesse einer bestimmten Rationalitätsauffassung von Wissenschaft oder ganz allgemein eines bestimmten Wissenschaftsverständnisses, sondern als Aufforderung und Verpflichtung, der Politik Hilfen anzubieten, die nicht von vornherein (und evtl. ausschließlich) ganz bestimmten einseitig ausgerichteten Interessen (z. B. von Herrschenden, Verbänden oder Parteien) dienen.

Die Grundsätze und Regeln zur Konstruktion politikwissenschaftlicher Theorien sollen nicht nur gewährleisten, daß jede politikwissenschaftliche Theorie Freiheit und Offenheit (in dem vorher erläuterten Verständnis) aufzuzeigen und dabei so umfassend wie nur möglich darüber zu orientieren und informieren hat; sie sollen auch die Nachprüfbarkeit dieser Theorien gewährleisten. Nachprüfbarkeit meint hier nicht empirische Widerlegbarkeit im Sinne von Falsifizierbarkeit (damit wird empirische Prüfbarkeit keineswegs grundsätzlich ausgeschlossen). Nachprüfbarkeit meint hier ganz allgemein die Eigenschaft politikwissenschaftlicher Theorien, die erlaubt, der Frage, aufgrund welcher Voraussetzungen und welcher Instrumente sie je zustandegekommen sind, mit dem Anspruch auf Exaktheit nachgehen zu können. Wenn auch die empirische Prüfbarkeit politikwissenschaftlicher Theorien keineswegs grundsätzlich ausgeschlossen wird (auf die Frage, wie das geschehen könne, kann hier nicht eingegangen werden), so kann dennoch, weil politikwissenschaftliche Theorien empirisch nicht widerlegbar sind (im Sinne der Falsifizierbarkeit nomologischer Gesetzesaussagen), die Frage nach der Wahrheit (bzw. Falschheit) politikwissenschaftlicher Theorien mit der Frage ihrer empirischen Prüfbarkeit nicht eindeutig verknüpft werden. Wenn die Frage nach der Wahrheit (bzw. Falschheit) politikwissenschaftlicher Theorien in ihrer jeweiligen Gesamtheit (also nicht in bezug auf einzelne Aussagen einzelner Theorien) überhaupt sinnvollerweise gestellt werden kann, dann in Verbindung mit der Frage nach der Prüfbarkeit im vorher erläuterten Verständnis. Die so verstandene Prüfbarkeit ist also in Verbindung mit dem Abgrenzungskriterium (und der dazugehörenden Rationalitätstheorie) für politikwissenschaftliche Theorien gegenüber nicht-politikwissenschaftlichen Theorien (also auch politischen Theorien) zu sehen.

Da politikwissenschaftliche Theorien die soziale Wirklichkeit "übersteigen", liefern sie immer einen "Überschuß" an Informationen insofern, als sie dem grundsätzlichen Anspruch nach sowohl über die gegenwärtige als auch zukünftige soziale Wirklichkeit in einer Vielzahl möglicher Ausprägungen "informieren". Diese Informationsleistung ist in hohem Maße fragwürdig bzw. die so angebotenen "Informationen" sind höchst unsicher. Diese "Überinformation" ist mit einer "Unterinformation" verknüpft. Die "Unterinformation" beruht - wie bereits im vorhergehenden Kapitel im Zusammenhang der Frage nach der Möglichkeit sogenannter "politologischer Gesetze" kurz erläutert - darauf, daß politikwissenschaftliche Theorien keine vollständige Information (im Sinne einer vollständigen Beschreibung der kausalen Relationen) über den jeweiligen Gegenstandsbereich liefern können. Die "Über-/Unterinformation" politikwissenschaftlicher Theorien ist zu beziehen auf die soziale Wirklichkeit, die als Informationsträger ebenfalls durch "Über-/Unterinformation" charakterisiert ist. Und diese "Über-/Unterinformation" der sozialen Wirklichkeit steht im engen Zusammenhang mit deren "Über-/Unterdeterminiertheit".[46]

Trotz der fragwürdigen Informationsleistung politikwissenschaftlicher Theorien wird behauptet, daß die Politische Wissenschaft - so wie sie hier verstanden wird - mit ihren Theorien - so wie sie hier kurz beschrieben wurden - der sozialen Wirklichkeit besser gerecht wird als jedenfalls ein Wissenschaftsverständnis der Politischen Wissenschaft, das beansprucht, politikwissenschaftliche Theorien mit dem Status von Gesetzesaussagen anbieten zu können. Was man als einen Mangel an Informationsleistung beklagen kann, wird zumindest aufgehoben durch die Orientierungsleistung.

Nach der Erläuterung des Wissenschaftsverständnisses der Politischen Wissenschaft als einer Wissenschaft der Freiheit im vorhergehenden Kapitel und der kurzen Erläuterung in bezug auf politikwissenschaftliche Theorien in diesem Kapitel sei hier - die bisherigen Erläuterungen des voraufgehenden und des vorliegenden Kapitels kurz zusammenfassend - festgehalten, was Politische Wissenschaft als "konstruktive Orientierungswissenschaft" meint: Von *konstruktiver* Orientierungswissenschaft ist die Rede

1. aufgrund der Tatsache, daß die soziale Wirklichkeit schon immer eine - wenn auch nicht ausschließlich und wenn auch in sehr unterschiedlichem Ausmaße - durch Politik konstruierte Wirklichkeit ist und durch sie konstruiert wird,[47] und vor allem
2. aufgrund der Auffassung, daß die Politische Wissenschaft sich insofern danach zu richten hat, als sie Grundsätze und Regeln zur Konstruktion politikwissenschaftlicher Theorien entwickelt, um mit jener Hilfe diese Wirklichkeit adäquat erfassen und entwerfen zu können.

Von konstruktiver *Orientierungswissenschaft* ist die Rede

1. aufgrund der Notwendigkeit, daß die Politische Wissenschaft sich als Wissenschaft orientieren muß (hier: als eine Wissenschaft der Freiheit) und
2. aufgrund ihres Angebotes, durch ihre Theorien differen-

zierte Handlungsorientierungen aufzuzeigen.

Dem hier aufgezeigten Verständnis von Politischer Wissenschaft als konstruktiver Orientierungswissenschaft in der Ausrichtung als Wissenschaft der Freiheit kommt gerade für die modernen Gesellschaften eine zunehmend wichtigere Bedeutung zu (bzw. sollte ihm zuerkannt werden). Die mit der insgesamt zunehmenden Technisierung auftretenden (und häufig nur vordergründig unterstellten) Sachzwänge gefährden in zunehmendem Maße das Freiheitspotential und damit die Voraussetzung für Politik und insbesondere demokratisch legitimierte Politik. Bereits 1963 behauptete Schelsky, "daß durch die Konstruktion der wissenschaftlich-technischen Zivilisation ein neues Grundverhältnis" geschaffen werde, das auch ein neues Herrschaftsverhältnis begründe. An die Stelle "der politischen Normen und Gesetze" würden Sachgesetzlichkeiten treten, "die nicht als politische Entscheidungen setzbar und als Gesinnungs- und Weltanschauungsnorm nicht verstehbar" seien. Damit verliere "die Idee der Demokratie sozusagen ihre klassische Substanz: an die Stelle eines politischen Volkswillens tritt die Sachgesetzlichkeit".[48] Zehn Jahre später wiederholt er in einer Gegenüberstellung von Gewaltenteilungs- und Demokratieprinzip diesen Gedanken in aller Deutlichkeit: "An die Stelle eines Mehrheitswillens tritt als Verantwortungsrahmen für die institutionellen Entscheidungen der Sachverstand und die Anerkennung der Sachgesetzlichkeiten." In einem System "pluralistischer Sach- und Herrschaftskompetenzen" sieht Schelsky nicht nur die Chance für Effektivitätssteigerung, sondern auch einen Schutz für die individuellen Interessen gegenüber allgemeinen Parteipolitiken und den "Mehrheitsentscheidungen der allgemeinen politischen Willensbildung".[49]

Die Antwort Schelskys auf die Herausforderung der Technisierung ist charakteristisch. Sie ist pessimistisch und unrealistisch. Die Bemühungen, sie zu realisieren, sichern entgegen der Annahme von Schelsky nicht Freiheit, sondern schränken sie nur noch weiter ein. Wenn schon eine weitgehende Technisierung der modernen Gesellschaften vorauszusetzen ist, kann in solchen Gesellschaften auch Freiheit nur mit den Mitteln gesichert werden, mit denen sie ihre Zukunftssicherung betreiben. Das heißt - so provozierend das erscheinen mag -: durch Technik. Eine Technik der Freiheitssicherung benutzt die Errungenschaften der wissenschaftlich-technischen Zivilisation, um den durch sie bewirkten Sachgesetzlichkeiten und Sachzwängen gegenüber die Entscheidungs- und Steuerungskompetenz der Politik auszuweisen und Durchsetzungschancen dafür aufzuzeigen. Jedenfalls sollte die Politische Wissenschaft dazu aufgerufen werden (vgl. dazu das letzte Kapitel der vorliegenden Veröffentlichung).

Bevor die Frage nach spezifischen politikwissenschaftlichen Theorien der Freiheit wieder aufgegriffen werden kann, müssen einige Klarstellungen zum Begriff des Politischen eingeschoben werden. Mit Absicht wurde darauf im vorhergehenden Kapitel nicht eingegangen. Dadurch ist angezeigt, daß die Frage nach dem Wissenschaftsverständnis nicht notwendig von vornherein mit der Frage nach dem Begriff des Politischen verknüpft werden muß (was eine Verknüpfung allerdings grundsätzlich nicht ausschließt und auch nicht ausschließt - was im Zusammenhang unserer Überlegungen als Voraussetzung eingebracht wurde -, daß eine ganz bestimmte Verknüpfung herzustellen ist). Die Nicht-Verknüpfung kann man - in zwei paradox anmutenden Sätzen formuliert - so begründen: Die Frage nach dem Wissenschaftsverständnis der Politischen Wissenschaft ist eine Frage nach der "politischen" Orientierung der Politischen Wissenschaft. Die Frage nach dem Begriff des Politischen ist eine Frage nach ihrer "wissenschaftlichen" Orientierung.

Bei der angesprochenen Problematik handelt es sich im engeren Sinne um die Frage nach dem Verhältnis des Abgrenzungskriteriums bzw. der Rationalitätsauffassung der Wissenschaft zum Begriff des Politischen. Sie verweist auf die weitere Frage nach dem Ausgrenzungskriterium. Grundlegende Bedingung bei der Behandlung dieser Problematik muß sein und bleiben, daß der Begriff des Politischen und das daran anschließende Ausgrenzungskriterium den Anforderungen des Abgrenzungskriteriums jedenfalls nicht entgegenstehen.

Wenn im Zusammenhang mit der Frage nach dem Begriff des Politischen von der "wissenschaftlichen" Orientierung der Politischen Wissenschaft die Rede ist, so heißt das nicht, über den Begriff des Politischen solle der Wissenschaftsbegriff bestimmt werden. "Wissenschaftliche" Orientierung der Politischen Wissenschaft in bezug auf den Begriff des Politischen meint, durch den verwendeten Begriff des Politischen werde angezeigt, welcher Leitidee der Beschreibung und Erklärung der sozialen Wirklichkeit die Politische Wissenschaft bei der Konstruktion politikwissenschaftlicher Theorien folge. Dabei muß - zusätzlich zu der systemtheoretischen Betrachtungsweise (dazu weiter oben und unten) - auch die für die Sozialwissenschaften bedeutsame und immer wieder von neuem aufgenommene Streitfrage einer Ausrichtung aufgrund der Anerkennung des methodologischen Individualismus oder methodologischen Kollektivismus zur Sprache kommen.[50] Auf eine Darstellung und Erörterung dieser Streitfrage wird hier nicht weiter eingegangen. Ohne nähere Begründung wird dazu an dieser Stelle die Behauptung aufgestellt:[51] Die Politische Wissenschaft kann sich bei der Konstruktion ihrer Theorien weder für den methodologischen Individualismus noch den methodologischen Kollektivismus entscheiden (was Schwerpunktsetzungen für bestimmte Aspekte nicht ausschließt). Das bedeutet positiv, die Politische Wissenschaft muß einen Begriff des Politischen zugrundelegen, der den Zwang zur Entscheidung für eine der beiden Leitideen vermeidet. Mit anderen Worten: Durch den zugrundezulegenden Begriff des Politischen soll eine Leitidee - ohne sie hier begrifflich festzulegen - zum Zuge kommen, die ermöglicht, daß ein und dieselbe politikwissenschaftliche Theorie - allgemein formuliert - sowohl "individuelles" als auch "kollektives" Verhalten wirklichkeitsadäquat erfassen und erklären kann.

Man könnte annehmen, die Beachtung dieser Forderung würde von vornherein zunichte gemacht, wenn man das *Politische* versteht als *eine im Medium der Macht ablaufende und als Kommunikationsprozeß veranstaltete kollektive Suche nach Lösungen gesamtgesellschaftlich bedeutsamer Sinn-, Orientierungs- und Steuerungsprobleme* (zur Begründung weiter unten). Die Festlegung auf "kollektive Suche"[52] schließe - so könnte man argumentieren - die Berücksichtigung einer individuellen Suche von vornherein aus. Dieses Argument kann bestenfalls nur auf den ersten Blick überzeugen. Man muß es nur dann akzeptieren, wenn man die völlig unrealistische Annahme voraussetzt, es könnten tatsächlich - vor allem unter den Bedingungen moderner Industriestaaten - einzelne Personen Leistungen zur Lösung gesamtgesellschaftlich bedeutsamer Sinn-, Orientierungs- und Steuerungsprobleme erbringen, ohne dabei auf kommunikative Leistungen im Medium der Macht, also kollektiv erbrachte bzw. zu erbringende Leistungen, angewiesen zu sein. Andererseits wird durch die Zurückweisung dieser Annahme die Berücksichtigung von Individuen zuschreibbaren Leistungen nicht ausgeschlossen. Wenn also von "kollektiver Suche" die Rede ist, so soll damit gesagt sein, daß politische Leistungen (worin auch immer sie bestehen mögen) nicht wirklichkeitsadäquat beschrieben und erklärt werden können, wenn man versucht, jedes politische Handeln nur als ein Handeln von Individuen oder ein Individuen zuschreibbares politisches Handeln ohne Einbindung in ein auch Kollektiven zuschreibbares Handeln begreifen zu wollen.

Dies läßt sich auch systemtheoretisch begründen; es muß systemtheoretisch begründbar sein, wenn die zugrundeliegende Auffassung, nach der die soziale Wirklichkeit als eine Wirklichkeit sozialer Systeme zu betrachten sei, und damit die Forderung, die "Eingangsaussage" politikwissenschaftlicher Theorien, die Sinnaussage, sei als systemische Aussage zu begreifen, überhaupt Bestand haben soll.

Nach Luhmann vermag der Systembegriff in seiner allgemeinen Form eine Theorie "für *jede* Art sozialer Begegnung anzubieten". Demnach sind auch einmalige soziale Situationen - wie Begegnungen von einiger Dauer - in diesem Sinne als soziale Systeme aufzufassen. Entscheidend für das uns hier interessierende Thema ist die Feststellung: "Menschen sind für sie (soziale Systeme) stets Umwelt. ... Sobald Menschen in Gegenwart anderer auftreten, legen sie sich in ihrer Selbstdarstellung fest."[53] Wenn diese Auffassung richtig ist, dann muß zum einen auch gelten, daß soziale Systeme stets Umwelt von Menschen sind. Somit werden die Menschen in ihrer Selbstdarstellung stets von dieser Umwelt der sozialen Systeme zumindest auch mit festgelegt. Das heißt auch, daß die Festlegung der Selbstdarstellung jedenfalls auch eine Leistung der Menschen darstellt (wie auch immer man sich diese Leistung vorstellt und ihren Anteil an der Selbstdarstellung bestimmt). Zum zweiten muß gelten, daß die sozialen Systeme auch stets mit ihrer Umwelt, den Menschen, in Austauschbeziehungen stehen. Demnach ist nicht nur die Festlegung der Selbstdarstellung als eine Leistung der Menschen zu berücksichtigen, sondern auch diese Leistung zumindest als Teil-Ergebnis (worin es auch bestehen und wie man es auch bestimmen mag) der Einwirkungen der Umwelt der Menschen, der sozialen Systeme, auf die Menschen. Diesen hier nur sehr formal behandelten Zusammenhang muß eine Systemtheorie miterfassen, wenn für sie - wie auch für die Luhmannsche Systemtheorie - die System/Umweltproblematik zentral ist.[54] Jedoch weicht man dieser Problematik aus, wenn man - wie Luhmann - zwar das Verhältnis von externer und interner Umwelt thematisiert, aber nur in bezug auf soziale Systeme (also soziale Systeme/soziale Systeme),[55] nicht jedoch soziale Systeme/Menschen (und umgekehrt). Das nachgeschobene Konzept der "Interpenetration" klärt dieses Verhältnis jedenfalls nicht.

Dieser Mangel der Systemtheorie ist nach meiner Einschätzung u. a. - wie im Einleitungskapitel angedeutet - darauf zurückzuführen, daß ihre Vertreter es bisher als müßig angesehen haben, eine Methodologie zu entwickeln. Eine Methodologie, die die Grundannahmen der Systemtheorie akzeptiert und die bei der Konstruktion politikwissenschaftlicher Theorien (wie ich sie verstehe) zum Zuge kommt, muß jedenfalls in der Lage sein, die vorhin aufgezeigte Problematik "aufzufangen". Sie muß für alle die Fälle, in denen es vom Ansatz her geboten ist oder auch nur wünschenswert erscheint, sowohl die individuelle als auch die kollektive Ausprägung politischen Handelns in die Theorie einzubringen, ein Angebot bereithalten. Dies hat nach meiner Auffassung in der Weise zu geschehen, als die jeweilige Konditionierung für die eine oder andere Ausprägung des Handelns auch einzubringen ist - selbstverständlich in Rücksicht auf den jeweiligen systemischen Sinnzusammenhang bzw. die systemische Sinnaussage (daher bleibt die Formulierung "*kollektive* Suche" des Begriffs des Politischen auch gültig). Die Möglichkeit der Berücksichtigung solcher Konditionierungen ist gegeben durch die - wie ich sie nenne - Funktionsaussagen und insbesondere Steuerungsaussagen bzw. spezifischen Funktionsaussagen (daher auch die besondere Form dieses Aussagentyps).

Vom Gegenstandsbereich bzw. von dem durch das spezifische Ausgrenzungsaxiom festgelegten Ausschnitt der sozialen Wirklichkeit, der von der zu konstruierenden Theorie "abzudecken" ist, hängt es ab, ob überhaupt und gegebenenfalls wie in dem betreffenden Falle der Zusammenhang zwischen Individuen und Kollektiven zuschreibbarem Handeln zu berücksichtigen ist. Wenn - wie in diesem Kapitel der Fall - die Ausgrenzung sich *nicht* auf bestimmte Handlungsträger bezieht, ist dieser Zusammenhang auch nicht besonders auszuweisen, obgleich er bei der theoretischen Erfassung und Durchdringung des ausgegrenzten Wirklichkeitsausschnittes vorauszusetzen und daher auch grundsätzlich bzw. bei intensiverer Betrachtung mitzuberücksichtigen ist.

Daß der (allgemeine) Begriff des Politischen mit dem Bezug auf den Begriff des Systems zu bestimmen ist, dürfte deutlich geworden sein. Als erstes Bestimmungsmerkmal wurde - in Abweichung vom vorherrschenden Verständnis der Systemtheorie - "kollektive/kommunikative Suche (Leistungen)" festgelegt. Das Bestimmungsmerkmal "Sinn-, Orientierungs- und Steuerungsprobleme"[56] braucht hier nicht näher begründet zu werden, weil keine grundsätzlichen Unterschiede bestehen. Das gilt ebenso - von Differenzen sekundärer Art abgesehen - für das Merkmal "ein Medium der Macht". Unterschiede treten auf, wenn es sich um das Bestimmungsmerkmal "gesamtgesellschaftlich bedeutsam" handelt.

Luhmann beansprucht, Gesellschaft als Ganzes bzw. als soziales System zu begreifen. Nach meiner Auffassung gelingt das nicht; u. a. deswegen nicht, weil die Behandlung der System/Umweltproblematik (ganz allgemein: die Grenzproblematik) falsch angesetzt ist; insbesondere wenn man die Beziehungen zwischen Systemen bzw. Systemen und Umwelt als kommunikative Austauschbeziehungen begreift (ohne die Problematik des Verhältnisses soziale Systeme/Menschen hier mitzuberücksichtigen). Nach meiner Auffassung ist unter der angegebenen Voraussetzung Gesellschaft nur als "Grenze von Grenzen" thematisierbar und begreifbar. Und insofern steht Gesellschaft nur als Metasystem der Kommunikation zur Verfügung. An diesem Metasystem haben die verschiedenen sozialen Systeme unterschiedlichen Anteil. Für das politische System gilt nach meiner Auffassung - und damit ist ein weiterer Differenzpunkt angesprochen -, daß es sich daher vom Anspruch her um jenes soziale System handelt, das sich prinzipiell (also nicht jeweils aktuell) mit allen Teilsystemen der "Gesellschaft" in Kommunikation befindet und von daher auch seine "gesamtgesellschaftlich bedeutsamen" Leistungen erbringt (auf weitere implizit vorhandene Differenzpunkte in bezug auf den Begriff des politischen Systems kann ich hier nicht eingehen).[57]

Ein anderer Differenzpunkt muß noch kurz vorgestellt werden. Er berührt die unterschiedliche Auffassung von Kausalität. Nach Luhmann ist Kausalität (Systemkausalität) im Zusammenhang seiner Auffassung von Äquivalenzfunktionalismus zu sehen. Es gelingt ihm jedoch nicht, diesen Zusammenhang einsichtig zu machen und darzustellen (erst recht nicht im Rahmen einer Methodologie). Nach meiner Auffassung muß Kausalität - von allen sonstigen Bezügen abgesehen - in einem spezifischen Zusammenhang mit Öffentlichkeit als Funktionszusammenhang gesehen werden (dies berücksichtigen die Funktionsaussagen). Das heißt, aufgrund von Öffentlichkeit wird - wie bei den Erläuterungen zum Grenzproblem bereits angedeutet - die Systemkausalität in den Konditionierungen für jeweiliges Handeln spezifiziert.[58]

Mit den vorstehenden Darlegungen ist angezeigt, welche Vorstellungen mit dem Begriff des Politischen verknüpft sind und welche Leistungsanforderungen an ihn gestellt werden. Den (nicht-spezifizierten) Begriff des Politischen kann man als das allgemeinste und umfassendste Ausgrenzungsaxiom auffassen. Durch Rückbindung der jeweils weniger umfassenden bzw. "spezielleren" Ausgrenzungsaxiome soll gewährleistet werden, daß die darauf aufbauenden Theorien auch der durch den Begriff des Politischen angezeigten Leitidee der "wissenschaftlichen" Orientierung verpflichtet bleiben. Unter Berücksichtigung der Ausführungen zur Frage der inhaltlichen Bestimmbarkeit von Freiheit kann das Ausgrenzungsaxiom für die Konstruktion von (spezifischen) politikwissenschaftlichen Theorien der Freiheit allgemein so formuliert werden: *Eine offene und freiheitlich orientierte Politik besteht aus jenen im Medium der Macht zu erbringenden und zur Herbeiführung von Lösungen gesellschaftlich bedeutsamer Sinn-, Orientierungs- und Steuerungsprobleme geeigneten (*kollektiven/individuellen*) Leistungen, die die i n h a l t l i c h e n Ausprägungen ihrer Wirkungen als Negationen zu j e d e n a n d e r e n Leistungen dieser Art zu gestalten suchen.*

Die Festlegung des Ausgrenzungsaxioms in bezug auf den Begriff des Politischen soll - allgemein gesehen - ermöglichen, daß bei der Konstruktion politikwissenschaftlicher Theorien (für einen bestimmten Gegenstandsbereich) die "politische" Orientierung der Politischen Wissenschaft auch in ihrer "wissenschaftlichen" Orientierung (festgelegt durch das Abgrenzungskriterium) zum Zuge kommen kann. Auffallend an dem vorstehenden Ausgrenzungsaxiom ist - was keineswegs Kennzeichen eines jeden Ausgrenzungsaxioms ist -,[59] daß es genauso *umfas-*

send ist wie der Begriff des Politischen. Dadurch wird noch einmal die einzigartige Position von Freiheit unterstrichen. Da eine freiheitlich orientierte Politik *an sich* nicht möglich ist, weil sie inhaltsleer ist, als eine solche Politik ihre inhaltlichen Ausprägungen nur aufgrund von Negationen erhält, ist *jeder* Politik das Freiheitsproblem involviert und muß - wie festgestellt - *jede* politikwissenschaftliche Theorie als Theorie der Freiheit begriffen werden. Zwar kann man der Auffassung, Freiheit sei als ein universell geltendes Prinzip und demnach als unteilbar anzusehen, einen begründeten Sinn zuerkennen (und daran sollte man auch festhalten), andererseits hat es jede Politik mit je spezifischen Bedingungen der Freiheit zu tun. Somit kann auch keine Politik - bezogen auf das Freiheitsproblem - den "Zustand der Unschuld" für sich beanspruchen. Und erst recht gilt für jede Politik, die die Realisierung von Freiheitsvorstellungen betreibt, daß sie das nur in bezug auf historisch vorgeprägte Vorstellungen von Freiheit und historisch vorgegebene Bedingungen der sozialen Wirklichkeit kann und - vor allem - gerade sie immer wieder und immer von neuem auf ihre eigenen Ansprüche und Wirkungen zurückverwiesen wird. Insofern bleibt das Verhältnis von Politik und Freiheit prekär. Ebenso wie die apodiktische Behauptung, durch Politik könne ein Zuviel an Freiheit realisiert werden, unhaltbar ist, ist es die, durch Politik werde zwangsläufig in jedem Falle Freiheit eingeschränkt. Dennoch bleibt die bereits im vorhergehenden Kapitel getroffene Feststellung richtig, daß auf der Ebene der Sekundärfundierung jede Politik zur Verwirklichung von Gleichheit, Gerechtigkeit usw. in ihren Auswirkungen als Eigenschaften von Zwängen sich auswirkt. Damit ist nicht gesagt, eine freiheitlich orientierte Politik bewirke zwangsläufig ein Mehr an "Unfreiheit" (worin auch immer sie bestehen mag). Ebensowenig gilt - was nach der allgemeinen Feststellung offensichtlich ist -, eine auf Verwirklichung von Gleichheits-, Gerechtigkeits-usw. -vorstellungen orientierte Politik bewirke zwangsläufig ein Weniger an "Freiheit".

Nach diesen - eigentlich als selbstverständlich anzusehenden - Feststellungen müssen zwar alle politikwissenschaftlichen Theorien der Freiheit den Zusammenhang von Freiheit als Negation (bzw. Negationen) politischer Inhalte thematisieren und entfalten. Aber da dies nur in Anbindung an die jeweils gegebenen *historischen* Voraussetzungen der sozialen Wirklichkeit möglich ist, kann man durch politikwissenschaftliche Theorien der Freiheit (selbstverständlich unter Berücksichtigung der Grundsätze und Regeln zur Konstruktion politikwissenschaftlicher Theorien) immer nur aufgrund solcher konkreter Anbindungen inhaltlich angereicherte und begründete Auffassungen über den jeweiligen Wirkungszusammenhang von Freiheit und jeder (wie auch immer orientierten) Politik gewinnen. - Wegen des aufgezeigten Zusammenhangs von Freiheit und Politik müßte - so könnte man fordern - in einer offenen und freiheitlich orientierten Gesellschaft Freiheit als Integrationswert und als solcher als Traditionswert begründet und anerkannt werden.

Wenn sich insbesondere für eine freiheitlich orientierte Politik die Forderung der inhaltlichen Ausprägung aufgrund von Negationen anderer Politiken stellt, muß das politikwissenschaftlichen Theorien der Freiheit zugrundeliegende Ausgrenzungsaxiom klarstellen, daß über den *einen Begriff des Politischen hinaus eine Mehrzahl von Politikbegriffen* notwendig ist. Genau das wird durch das oben festgelegte allgemeine Ausgrenzungsaxiom geleistet. Die Frage ist, ob uns überhaupt genügend klar bestimmte und trennscharfe Politikbegriffe zur Verfügung stehen. Dies kann man zumindest bezweifeln. Man könnte generell fordern, es müßten zumindest so viele Politikbegriffe wie politikwissenschaftliche Theorien zur Verfügung stehen. Diese Forderung dürfte - abgesehen davon, daß sie nicht zwingend ist - sich schon in Rücksicht auf politikwissenschaftliche Theorien der Freiheit als nicht erfüllbar herausstellen, wenn man bedenkt, daß jeweils *jede* freiheitlich orientierte Politik sich zu jeweils *jeder* anders orientierten Politik in "Widerspruch" befindet.

Nach diesen grundsätzlichen Ausführungen zum Ausgrenzungsaxiom können wir uns nun der Aufgabe einer darauf aufbauenden politikwissenschaftlichen Theorie der Freiheit zuwenden. Die erste Frage ist die nach der Anknüpfung der zu entwickelnden Theorie an das Ausgrenzungsaxiom bzw. Ausgrenzungskriterium. Vorhin wurde festgestellt, der Zusammenhang von Freiheit als Negation (bzw. Negationen) politischer Inhalte ließe sich nur aufgrund der Anbindung an die jeweils gegebenen historischen Voraussetzungen der sozialen Wirklichkeit thematisieren und entfalten. Das ist auch in Rücksicht auf die Anknüpfung der zu entwickelnden Theorie an das Ausgrenzungsaxiom gefordert. Demnach besteht - von der Form abgesehen - die Anknüpfung der Theorie an das Ausgrenzungsaxiom in der Konkretisierung des Ausgrenzungsaxioms in bezug auf einen bestimmten historischen Kontext. Aufgrund einer solchen Anbindung wird die zu entwickelnde Theorie nicht beziehungslos und zufällig. Zudem steht eine Anknüpfungsmöglichkeit zur Verfügung für die politikwissenschaftlichen Theorien, die sich auf andere Gegenstandsbereiche beziehen, für die aber dasselbe Ausgrenzungsaxiom Voraussetzung sein soll.

Für das allgemeine Ausgrenzungsaxiom wird hier - wie oben angedeutet - dieselbe Geltung wie für den Begriff des Politischen beansprucht[60] (was andere Ausgrenzungsaxiome mit demselben Anspruch nicht aufhebt, sondern als Alternativen hinstellt). Jedoch ist auch eine inhaltliche Konkretisierung gefordert, die den Voraussetzungscharakter des Axioms belegt. Diese Konkretisierung muß wiederum umfassend sein in dem Sinne, als sie eine systemische Aussage sein muß. Das heißt, sie hat die historischen Systembedingungen anzugeben, unter denen die zu entwickelnde Theorie Geltung haben soll. Die durch das Ausgrenzungskriterium bzw. das Ausgrenzungsaxiom erfolgte "historische" ("historisch" meint hier den allgemeinen Bezug zur sozialen Wirklichkeit, also noch keine spezifische inhaltliche Konkretisierung) und abstrakte Ausgrenzung der sozialen Wirklichkeit muß demnach in bezug auf den einzugrenzenden tatsächlichen Anwendungsbereich durch Erfassung der Systembedingungen als Beschreibung des Geltungsbereichs konkretisiert werden. Weil eine solche Konkretisierung bzw. Eingrenzung als systemische Aussage umfassend sein muß, ist sie zwangsläufig - wenn auch in bezug auf die Eingrenzung - allgemein und abstrakt; zu ihrer weiteren Konkretisierung muß sie expliziert werden.

Die Forderung nach Überführung des Ausgrenzungskriteriums bzw. des Ausgrenzungsaxioms in eine systemische Aussage besagt nicht - wie bereits angedeutet -, in bezug auf das betreffende Ausgrenzungsaxiom sei nur *eine* systemische Aussage formulierbar. Damit ist bereits darauf verwiesen, daß die Forderung nach Überführung des Ausgrenzungsaxioms in eine systemische Aussage auf der Auffassung beruht, die soziale Wirklichkeit sei grundsätzlich - unbeschadet der Ausführungen zu den Positionen des methodologischen Individualismus und Kollektivismus - nur dann einer politiktheoretischen Erfassung adäquat zugänglich, wenn man sie sich als eine Wirklichkeit sozialer Systeme vorstelle und identifiziere. Insofern ist die Theorie sozialer Systeme zwar keine Grundlagentheorie der Politischen Wissenschaft, jedoch kann sie als eine vorstrukturierende Theorie für die Konstruktion politikwissenschaftlicher Theorien grundlegende Vorleistungen erbringen.

Durch den Begriff des Politischen ist bereits der allgemeine Systembezug vorgegeben, indem er die Probleme, auf die Politik Antworten zu geben versucht, als "gesamtgesellschaftlich bedeutsame" bestimmt. Die Bezugnahme auf die "Gesamtgesellschaft" muß durch die systemische Aussage inhaltlich nicht nur allgemein, sondern auch differenziert bzw. systemspezifisch präzisiert werden, sofern auf ein bestimmtes spezifisches politisches System hin die Theorie entwickelt werden soll. Voraussetzung hierfür ist im Zusammenhang der allgemeinen politischen Systemtheorie eine System-Differenzierungstheorie, deren zentrales Thema die wiederholt angesprochene Grenzproblematik ist.[61] Aus Gründen der Vereinfachung und Übersichtlichkeit wollen wir im vorliegenden Falle bei einem unspezifizierten Systembezug bleiben. Dennoch wird Bezug genommen auf den Typ einer grundsätzlich offenen und freiheitlich orientierten Gesellschaft. Dabei ist vorausgesetzt, daß einem solchen Gesellschaftstyp eine bestimmte Herrschaftsform zugeordnet ist.

Dieser eingegrenzte (aber dennoch allgemeine) Systembezug verlangt ein entsprechendes Ausgrenzungsaxiom. Daß dieses Ausgrenzungsaxiom an das oben formulierte anschließen muß, ist offensichtlich. Ohne weitere Erläuterungen an dieser Stelle dazu sei in bezug auf den bezeichneten Gesellschaftstyp als Ausgrenzungsaxiom festgehalten: *Eine offene und freiheitlich orientierte Politik* (in einer grundsätzlich offenen und freiheitlich orientierten Gesellschaft) *besteht aus jenen im Medium der Macht zu erbringenden und zur Herbeiführung von Lösungen gesamtgesellschaftlich bedeutsamer Sinn-, Orientierungs- und Steuerungsprobleme geeigneten* (kollektiven/individuellen) *Leistungen, die sie aufgrund der inhaltlichen Ausprägungen als Negationen zu jeden anderen Leistungen dieser Art immer im Konflikt mit anderen freiheitlich orientierten Politiken zu gestalten suchen* (welche es auch immer aus der Vielzahl solcher Politiken sein mögen).

In bezug auf dieses Ausgrenzungsaxiom erfolgt die Konstruktion der nachfolgenden Aussagen als Bestandteile der Theorie. Nicht nur deswegen, weil soziale Systeme auf der Grundlage von Sinn integriert sind,[62] sondern auch deswegen, weil der von politikwissenschaftlichen Theorien darzustellende Verursachungs- und Wirkungszusammenhang seiner inhaltlichen Ausprägung nach durch die Sinnkausalität (die im Zusammenwirken mit der Formkausalität auch als Systemkausalität zu gelten hat) bestimmt ist, wird die grundlegende systemische Aussage politikwissenschaftlicher Theorien als Sinnaussage bezeichnet.

Unter Berücksichtigung der vorstehenden Ausführungen - einschließlich der des voraufgehenden Kapitels - und unter Einbeziehung eines allgemeinen Handlungsinteresses läßt sich für den Anwendungs- bzw. Geltungsbereich der offenen und freiheitlich orientierten Gesellschaft im Anschluß an das zuletzt formulierte Ausgrenzungsaxiom folgende Sinnaussage formulieren:

Eine offene und freiheitlich orientierte Politik (in einer grundsätzlich offenen und freiheitlich orientierten Gesellschaft) *betreibt die Verwirklichung ihrer Vorstellungen von Freiheit als Auftrag zur Sicherung und zum Ausbau der Individualrechte und fördert dabei auch immer die Ausformung sozialer Rechte.*

Gegen diese Sinnaussage könnte der Einwand vorgebracht werden, sie informiere überhaupt nicht. Sie sei ebenso sinnvoll, wenn man für "offen" und "freiheitlich orientiert" andere Systembedingungen einsetzen würde. Auch wenn man die ausdrücklich bezeichnete Allgemeinheit des Systembezugs, die Zuordnung zur Herrschaftsordnung und die obige Bestimmung von Offenheit und Freiheit unberücksichtigt läßt und davon absieht, daß der Austausch nicht beliebig sein kann, wenn diese Aussage nicht als sinnlos oder unsinnig anzusehen ist, also der Einwand grundsätzlich als berechtigt anerkannt wird, kann er dennoch nicht überzeugen. Gegen diesen Einwand ist festzustellen, insbesondere für den Typ der Sinnaussagen - für die anderen Aussagentypen ebenfalls, wenn auch im eingeschränkten Maße - gilt, daß dieser Aussagentyp seine Informationsleistung *im Zusammenhang eines Aussagensystems* (einer Theorie) erbringt. - Unter einer politikwissenschaftlichen Theorie wird - das dürfte nach den bisherigen Darlegungen fast als selbstverständlich gelten - ein nach bestimmten Grundsätzen und Regeln entwickelter Aussagenzusammenhang als differenzierte Beschreibung tatsächlicher und möglicher sozialer Wirklichkeit verstanden.

Würde die obige Aussage in der vorher bezeichneten Weise verändert, so würde sie ihre *Form* beibehalten. Wenn daher einer solchen Veränderung eine Bedeutung zugemessen wird, dann muß angenommen werden, dadurch würde sich der *Inhalt* ändern. Diese Annahme genügt, um davon ausgehen zu können, daß unterschiedliche Sinnaussagen der bezeichneten Art sich durch unterschiedliche Informationsgehalte ausweisen und unterschiedliche Verursachungskapazitäten, die durch Explikationen dieser Sinnaussagen nachgewiesen werden, beschreiben.

Solche unterschiedlichen Sinnaussagen können also durchaus mit demselben Ausgrenzungsaxiom vereinbar sein. In den Fällen, in denen die Sinnaussagen nicht miteinander vereinbar sind, handelt es sich bei den danach entwickelten Theorien um alternative Theorien. Um konkurrierende Theorien handelt es sich dann, wenn sie nur aufgrund unterschiedlicher Ausprägungen von Sinnaussagen, d. h. aufgrund von unterschiedlichen, aber miteinander vereinbaren Sinnaussagen, entwickelt worden sind. Auf diese Weise wird der tatsächlichen und möglichen Vielfalt an Ausprägungen der sozialen Wirklichkeit Rechnung getragen. Dadurch wird ebenfalls dem allgemeinen Gebot der Offenheit Geltung verschafft. Die Offenheit jeder einzelnen Theorie ist sichergestellt aufgrund der - hier nicht näher bestimmten - asymmetrischen Struktur der Sinnaussage und der danach sich richtenden Explikation nach bestimmten Regeln. Die Explikations- bzw. Konstruktionsregeln sind nicht als logische Ableitungsregeln zu verstehen.

Die obige Sinnaussage ist - wie jede andere Sinnaussage auch - widersprüchlich insofern, als behauptet wird, die Ausrichtung dieser freiheitlich orientierten Politik auf Sicherung und Ausbau der Individualrechte fördere auch immer die Ausformung sozialer Rechte. Damit ist über die Frage nach einem Mehr oder Weniger an Freiheit noch nichts ausgesagt. Grundsätzlich ist jedenfalls nicht auszuschließen, daß eine Politik, die zu Recht als eine freiheitlich orientierte auftritt, nicht nur ungewollt, sondern auch gewollt ein Weniger an Freiheit bewirkt. Umgekehrt kann selbstverständlich eine an Gleichheit, Gerechtigkeit usw. orientierte und zu Recht mit diesem Anspruch auftretende Politik ein Mehr an Freiheit bewirken. Diese Feststellungen verdeutlichen, warum auf der Sekundärebene kein prinzipieller Vorrang von Freiheit gegenüber Gleichheit, Gerechtigkeit usw. behauptet werden kann.

Jede freiheitlich orientierte Politik ist jedenfalls auch eine interessengebundene Politik. Dies wird allerdings häufig nicht anerkannt, weil Freiheit ausschließlich als vorrangiges abstraktes Prinzip postuliert und akzeptiert wird.

Aufgrund einer solchen Voraussetzung wird eine konkrete Interessenzuschreibung für eine freiheitliche Politik nicht möglich, während dies für eine an Gleichheit, Gerechtigkeit usw. orientierte Politik nicht nur als möglich unterstellt, sondern auch in bestimmter Weise (jedenfalls als eine grundsätzlich gegen die Freiheit gerichtete Politik) praktiziert wird. Wenn man jedoch Freiheit (für die Sekundärebene) *an sich* als inhaltsleer vorauszusetzen hat, kann und muß sie in bezug auf konkrete Bedingungen begriffen werden. Von daher läßt sich auch nur ein jeweils *aktueller* Vorrang der Freiheit begründen. Ebensowenig wie es *die* Freiheit gibt, gibt es *die* (politikwissenschaftliche) Theorie der Freiheit.

Auf der Ebene der Primärfundierung läßt sich ein prinzipieller Vorrang der Freiheit dann rechtfertigen, wenn man dem Satz, der Mensch sei Herr der sozialen Wirklichkeit, universelle, also von Raum und Zeit unabhängige Geltung zuerkennt. Wenn man jedoch in Rücksicht auf soziale Wirklichkeit den im vorhergehenden Kapitel kurz dargestellten Zusammenhang von sozialer Evolution und politischer Steuerung als unaufhebbar betrachtet, werden dieser Satz und die darauf bezogenen Rechtfertigungen für einen empirisch behaupteten Vorrang der Freiheit zumindest fragwürdig.[63] (Dadurch wird die Forderung nach einer Ausrichtung der Politischen Wissenschaft als Wissenschaft der Freiheit nicht beeinträchtigt. Im Gegenteil, sie wird dadurch gestützt.) Weil die soziale Wirklichkeit immer nur unvollständig durch Politik gesteuert werden kann und daher die Politik auch indirekt über die soziale Evolution gesteuert wird, und dieser Zusammenhang immer nur aufgrund der jeweiligen historischen Gegebenheiten faßbar wird, muß zwischen den Ebenen der Primär- und Sekundärfundierung eine Koppelung angenommen werden. Diese Koppelung kommt - so lautet die Annahme - dadurch zum Vorschein, als die soziale Wirklichkeit sich als eine Wirklichkeit sozialer Systeme präsentiert.

Soziale Systeme stellen - bezogen auf unsere Thematik - Einrichtungen dar, die das Problem der Freiheit aufgrund der Koppelung der beiden Ebenen insofern faßbar machen, als sie es auf bestimmte historische Bedingungen hin eingrenzen und so zeitlich und inhaltlich Bestand verleihen. In diesem Sinne sind soziale Systeme Einrichtungen, die dadurch, daß sie bestimmte Bedingungen auf Dauer zu stellen versuchen, den aktuellen konkreten Vorstellungen von Freiheit eine prinzipielle Dimension geben. Aufgrund dieses Zusammenhangs ist es erlaubt, von einer freiheitlich orientierten Gesellschaft (von freiheitlich orientierten sozialen Systemen) zu sprechen. Mit anderen Worten heißt das: Von einer freiheitlich orientierten Gesellschaft kann deshalb und dann die Rede sein, weil und wenn die jeweils aktuell konkreten Vorstellungen von Freiheit in ihrer systemischen Gebundenheit verknüpft sind mit einer ganz bestimmten Vorstellung von Freiheit, nämlich über konkrete Politik zur Verwirklichung von Freiheitsvorstellungen die soziale Wirklichkeit zu steuern und dadurch insgesamt sicherzustellen, daß freiheitlich orientierte Politik in einer freiheitlich orientierten Gesellschaft *insgesamt* zumindest kein Weniger an Freiheit bewirkt.

Da auch in der jeweils am weitesten fortgeschrittenen Gesellschaft die Steuerung der sozialen Wirklichkeit durch Politik nur unvollständig gelingen kann und - in Rücksicht darauf - sehr unterschiedliche Vorstellungen von freiheitlicher Orientierung entwickelt werden können, muß man grundsätzlich anerkennen, daß sehr unterschiedliche Gesellschaften (allgemein: soziale Systeme) zu Recht für sich in Anspruch nehmen, freiheitlich orientierte Gesellschaften zu sein. Demnach sind Gesellschaften (allgemein: soziale Systeme) trotz gleicher Orientierung durch unterschiedliche Verursachungskapazitäten charakterisiert. Dennoch ist es nicht zwingend, in jedem Falle eine andere Sinnaussage zu formulieren; dies schon deswegen nicht, weil die Verursachungskapazität und die darauf bezogenen Kausalrelationen in keinem Fall exakt festgelegt und beschreibbar sind. Andererseits ist es aus demselben Grunde notwendig, daß die aufgrund von Explikationen solcher Sinnaussagen zu entwickelnden politikwissenschaftlichen Theorien jedenfalls auch spekulativ zu entwerfen sind.

Im folgenden wird nur die Explikation der obigen Sinnaussage als ein Beispiel für die Konstruktion *politikwissenschaftlicher* Theorien der Freiheit vorgeführt. Es wird also darauf verzichtet - was schon aus Raumgründen geboten ist - zu demonstrieren, daß die hier entwickelte Auffassung der Konstruktion politikwissenschaftlicher Theorien auch dann zur Anwendung kommt, wenn spezifische Ausprägungen und Präzisierungen (im Sinne der Einschränkung des Gegenstandsbereichs und der Beibehaltung der umfassenden Systembedingungen einer offenen und freiheitlich orientierten Gesellschaft) der obigen Sinnaussage oder mit ihr nicht vereinbare Sinnaussagen zugrundegelegt werden. Wegen dieses Verzichtes ist es auch nicht möglich, die Austauschbarkeit von einzelnen Theorieteilen (einzelnen Aussagen) zwischen verschiedenen Theorien zu demonstrieren. Diese Austauschbarkeit beruht - allgemein gesagt - auf der bereits erwähnten Tatsache, daß die jeweilige Verursachungskapazität und die darauf bezogenen Kausalrelationen nicht exakt festgelegt sind. Demnach können die Kausalrelationen der einzelnen Verursachungs- und Wirkungszusammenhänge trotz ihrer Einbindung in jeweilige Gesamtzusammenhänge in "relativer Eigenständigkeit", das heißt trotz ihrer Einbindungen in Systeme, die sich durch unterschiedliche Verursachungskapazitäten ausweisen, wirksam sein. Und das ist auch der Grund dafür, warum bei gleichen und gleichbleibenden allgemeinen Systembedingungen (der Gesellschaft) sich dennoch die Tiefenstrukturen von Verursachungs- und Wirkungszusammenhängen verändern. Deshalb müssen die Theorien zur Erfassung der Verursachungs- und Wirkungszusammenhänge nicht nur immer wieder neu angesetzt, sondern insbesondere in ihren Differenzierungen überprüft werden.

Wenn als erste Stufe der Explikation von Sinnaussagen die der Tendenzaussagen zu behandeln ist, so ist damit die erste Stufe der Präzisierung der Sinnaussagen als erster Schritt einer fortschreitend differenzierenden Konkretisierung gemeint, und zwar in bezug auf die Wirkungsrichtungen der in der Sinnaussage erfaßten Verursachungskapazität. Wenn also

Tendenzen einen Verursachungszusammenhang der Richtung nach differenzieren und konkretisieren, so handelt es sich dabei nicht um eine einheitliche Ausrichtung (was Dominanzen nicht ausschließt). Das wäre mit den Ausführungen zur Sinnaussage, insbesondere denen zum "asymmetrischen Widerspruch", nicht vereinbar. Es handelt sich also um die Grundstruktur eines bestimmten Verursachungs- und Wirkungszusammenhangs der von ihm erfaßten Handlungsabläufe ihrer Richtung und damit ihrer jeweils charakteristischen Eigenart nach. Das schließt - entsprechend den Ausführungen zur Sinnaussage - sogenannte gegenläufige Tendenzen ein.

In bezug auf die obige Sinnaussage müssen Tendenzaussagen Antworten geben auf die Frage, wodurch die Wirkungsrichtung angezeigt werde. Als allgemeinste Tendenzaussage könnte gelten: *Eine freiheitlich orientierte Politik* (in einer grundsätzlich offenen und freiheitlich orientierten Gesellschaft)[64] *bringt ihre Vorstellungen von Freiheit zur Wirkung, indem sie die bestehende Rechtsordnung*[65] *zur Sicherung und zum Ausbau der Individualrechte verändert* (also im Vergleich zum jeweiligen Stand jeweils neue/andere Hindernisse gegen kollektiv regulierende Zugriffe auf von einzelnen Mitgliedern der Gesellschaft selbst zu regulierenden Gütern einzurichten versucht). Als gegenläufige und ebenso allgemeine Tendenzaussage hierzu könnte gelten: *Eine freiheitlich orientierte Politik* (in einer grundsätzlich offenen und freiheitlich orientierten Gesellschaft) *bringt ihre Vorstellungen von Freiheit zur Wirkung, indem sie die bestehende Rechtsordnung zur Sicherung und zum Ausbau der sozialen Rechte verändert* (also im Vergleich zum jeweiligen Stand jeweils neue/andere Hindernisse gegen individuelle Zugriffe auf kollektiv zu regulierende Güter einzurichten versucht).[66]

Jede der beiden Tendenzaussagen ließe sich differenzieren, indem sie auf bestimmte Politikbereiche bezogen würde. Zudem könnten - durch die beiden Tendenzaussagen vorgezeichnet - auch jeweils gegenläufige Tendenzaussagen formuliert werden, indem einer dominanten individuellen Ausrichtung in bestimmten Politikbereichen kollektive Ausrichtungen (und umgekehrt) zugeordnet würden.[67] Auf diese Weise würde bereits auf dieser Stufe der Explikation aufgrund der Zuordnung der jeweils differenzierten zur undifferenzierten Tendenzaussage die Asymmetrie deutlich hervortreten. Dieser Zusammenhang kann hier nicht weiter ausgeführt werden, insbesondere deshalb nicht, weil bei unserem Beispiel keine Handlungsträger eingeführt sind. Es muß also bei dem allgemeinen Hinweis bleiben.

Schon anhand dieser beiden Tendenzaussagen läßt sich, obwohl sie sehr allgemein sind, aufzeigen, in welchem Zusammenhang Zuschreibungen wie "progressiv/konservativ" zu betrachten sind. Zunächst ist grundsätzlich festzustellen, daß solche Zuschreibungen sinnvollerweise nur in bezug auf jeweilige Systeme bzw. Systembedingungen vorzunehmen sind. Weiterhin ist festzuhalten - was hier nicht erneut erläutert werden muß -, daß solche "Entgegensetzungen" wie "progressiv/konservativ" trotz ihrer vordergründigen binären Struktur auf asymmetrische Strukturen hin anzuwenden sind und insofern aufgrund ihrer Tiefendimension selbst durch eine asymmetrische Struktur charakterisiert sind. Schließlich sind sie jeweils auf Politiken und politische Handlungsträger anzuwenden, die trotz der Widersprüchlichkeit ihrer Ausrichtungen bzw. Wirkungsrichtungen durch denselben Sinnzusammenhang (beschrieben durch die Sinnaussage) einander zugeordnet sind. Wenn nun die beiden Tendenzaussagen trotz der Widersprüchlichkeit grundsätzlich freiheitlich orientierte Politiken beschreiben, so heißt das nach den bisherigen Ausführungen dazu, daß "progressiv" und "konservativ" den durch die beiden Tendenzaussagen beschriebenen Ausrichtungen zuzuschreiben sind und diese Zuschreibungen aufgrund von Differenzierungen auf sehr unterschiedliche Ausprägungen von freiheitlich orientierten Politiken anzuwenden sind. Demnach kann es - ebensowenig wie es nur je eine freiheitlich orientierte Politik geben kann - auch keine Exklusivzuschreibungen von "progressiv" und "konservativ" für nur je eine ganz bestimmte Ausrichtung der beiden durch die obigen Tendenzaussagen (undifferenziert) beschriebenen Politiken geben. Ebenso wie eine Vielzahl - wenn auch sehr unterschiedlich ausgeprägter - freiheitlich orientierter Politiken zu unterstellen ist, ist das auch für das je einzelne Zuschreibungselement "progressiv" und "konservativ" vorauszusetzen. Zudem kann im Rahmen der vorausgesetzten allgemeinen Asymmetrie eine Vielzahl von asymmetrisch geprägten Zuschreibungen vorgenommen werden, und zwar mit "Blickrichtung" sowohl von dem einen als auch dem anderen Zuschreibungselement aus. Jedoch ist nicht von vornherein ausgemacht, z. B. welcher der beiden durch die obigen Tendenzaussagen "undifferenziert" beschriebenen Politiken "progressiv" und "konservativ" zuzuschreiben ist. Wenn jedoch klare Zuschreibungen dieser Art verlangt sind, so sind sie in Rücksicht auf den Begriff des Politischen bzw. das Ausgrenzungsaxiom vorzunehmen.

Demnach *kann* der durch die erste der beiden Tendenzaussagen (undifferenziert) beschriebenen Ausrichtung einer freiheitlich orientierten Politik die Zuschreibung "konservativ" zugewiesen werden mit der pauschalen - hier nicht weiter zu differenzierenden - Begründung, diese Politik sei - im Unterschied zu der durch die zweite Tendenzaussage beschriebenen - darauf ausgerichtet, der Politik (insgesamt) ein grundsätzlich geringeres Ausmaß an Entscheidungsmaterie zuzuerkennen. Umgekehrt wäre dann unter einer "progressiven" Politik eine Politik zu verstehen, die im Unterschied zu einer "konservativen" Politik bestrebt ist, das der Politik (insgesamt) zuzuweisende Ausmaß an Entscheidungsmaterie auszuweiten.[68] Somit wäre - unter Voraussetzung der angegebenen Bedingungen - von einer als "konservativ" zu bezeichnenden freiheitlich orientierten Politik zu sprechen, wenn sie darauf ausgerichtet ist, der Politik (insgesamt) Entscheidungsmaterie zu entziehen, jedenfalls keine zusätzlich zuzuweisen, und zwar in der bestimmten Absicht (und mit dem Willen), für das je einzelne Mitglied der Gesellschaft die Entscheidungs- und Handlungsmöglichkeiten auszuweiten, jedenfalls die vorhandenen zu erhalten. Von einer als "progressiv" zu bezeichnenden freiheitlich orientierten Politik wäre zu sprechen, wenn sie darauf ausgerichtet ist, der Politik (insgesamt) zusätzliche/neue Entscheidungsmaterien zu erschließen und zuzuweisen, jedenfalls eine Verringerung des bisher anerkannten Bestandes zu verhindern, und zwar in der bestimmten Absicht (und mit dem Willen), die individuellen Verfügungsmöglichkeiten über *öffentliche Güter* einzuschränken, jedenfalls nicht auszuweiten. - Eine differenzierende und weiterführende Betrachtung der hier nur angedeuteten Zuschreibungsproblematik müßte vorrangig die Frage untersuchen, welche Konsequenzen zu beachten sind aufgrund der Tatsache, daß politische Steuerung immer mit sozialer Evolution zu rechnen hat. So wäre unter anderem zu fragen, wann eine freiheitlich orientierte Politik zwangsläufig ihre freiheitliche Orientierung verlieren und als "systemwidrige" Politik wirksam würde, wenn sie als "konservative" oder "progressive" Politik ohne Rücksicht auf die Wirksamkeit der sozialen Evolution strikt durchgehalten werden sollte. Damit ist auch die grundsätzliche Frage nach der Leistung derartiger Zuschreibungsduale als Steuerungsmechanismen von Gesellschaft als Metasystem der Kommunikation angesprochen. - Auf die vorstehenden und damit zusammenhängenden Fragen kann hier nicht eingegangen werden.

Zurück zum Problem der Konstruktion politikwissenschaftlicher Theorien der Freiheit. Zur Verdeutlichung der Leistungsfähigkeit der Sinnaussage und der beiden Tendenzaussagen seien einige Präzisierungen bzw. Konkretisierungen der beiden Tendenzaussagen vorgestellt. Auch diese Präzisierungen bzw. Konkretisierungen müssen relativ allgemein bleiben, schon deswegen, weil keine Handlungsträger eingesetzt sind. Präzisierungen bzw. Konkretisierungen der ersten der beiden Tendenzaussagen könnten z. B. so lauten: *Eine freiheitlich orientierte Politik bringt ihre Vorstellungen von Freiheit zur Wirkung, indem sie soziale Sicherheit der Eigenverantwortung der einzelnen Mitglieder der Gesellschaft zuweist. Eine freiheitlich orientierte Politik ..., indem sie die Besteuerung* (jeglicher Art) *als Instrument zur Schaffung von*

Anreizen an Bedingungen für die Entfaltung von Eigeninitiativen bindet. - Für die zweite Tendenzaussage könnten folgende Präzisierungen bzw. Konkretisierungen formuliert werden: *Eine freiheitlich orientierte Politik bringt ihre Vorstellungen von Freiheit zur Wirkung, indem sie soziale Sicherheit der Gesamtgesellschaft als einer Solidargemeinschaft zuweist. Eine freiheitlich orientierte Politik ..., indem sie die Besteuerung* (jeglicher Art) *als Instrument zum Ausgleich für ungleiche Verteilung von individuellen Verfügungsmöglichkeiten über öffentliche Güter einsetzt.*

Die vorstehenden Präzisierungen und Konkretisierungen verdeutlichen, wie weitere auf dieser Aussagenebene vorzunehmen sind. Sie verweisen auch darauf - was durch die nachfolgenden Aussagen deutlicher erkennbar wird -, daß Zuschreibungen von "progressiv" und "konservativ" nicht nur in bezug auf gemeinsame Voraussetzungen anzuwenden sind, sondern in einer offenen und freiheitlich orientierten Gesellschaft auch auf eine Vielfalt unterschiedlicher Politiken verschiedener und derselben Handlungsträger angewandt werden können.

Da Tendenzaussagen nur die allgemeine Grundstruktur des durch die Sinnaussage erfaßten Verursachungs- und Wirkungszusammenhangs beschreiben, muß zwangsläufig nach einer weiteren Stufe der Präzisierung bzw. Konkretisierung gefragt werden.[69] Die Grundstruktur eines bestimmten Verursachungs- und Wirkungszusammenhangs bestätigt sich nur im Zusammenhang ihrer tatsächlichen Aktualisierungen. Aktualisierungen vollziehen sich unter der Bedingung der Öffentlichkeit. Öffentlichkeit ist hierfür deshalb notwendige Bedingung, weil nur dadurch der Wirkungszusammenhang in seinen jeweils tatsächlichen Ausprägungen beobachtbar und damit empirisch zugänglich wird. Insofern erfüllt Öffentlichkeit eine spezifische Funktion. Streng genommen, ist jedes beobachtete bzw. empirisch untersuchte politische Verhalten ein vergangenes und als ein solches nicht mehr aktuell; es ist insofern auch immer ein singuläres. Das ist ein Grund dafür, warum keine "politologischen" Gesetze (also Gesetze mit dem Status von naturwissenschaftlichen Gesetzen) nachweisbar sind. Wenn hier von Funktionsaussagen als Beschreibungen von Öffentlichkeit als Funktionszusammenhang die Rede ist, so wird damit - unter Einbeziehung der übrigen Aussagentypen - der Tatsache Rechnung getragen, daß es die Politische Wissenschaft mit einer grundsätzlich anderen Wirklichkeit und einem anderen Zugang zu dieser Wirklichkeit zu tun hat als die Naturwissenschaften. Insofern haben wir es auch mit einem grundsätzlich anderen Wissenschaftsverständnis zu tun.

Die Berücksichtigung von Öffentlichkeit als Funktionszusammenhang macht den scheinbar paradoxen Sachverhalt einsichtig: Öffentlichkeit ist notwendige Bedingung für Beobachtbarkeit bzw. empirischen Zugang, aber wegen der Veränderbarkeit und Manipulierbarkeit der Öffentlichkeit haben solche Beobachtungen bzw. empirischen Erhebungen - streng genommen - nur aktuellen Informationswert. Sie lassen sich bestenfalls zu *allgemeinen Hinweisen* für die Erfassung und Darstellung empirischer Relationen abstrahieren und generalisieren. Ein darüber hinausgehender Informationswert wäre - zugespitzt formuliert - nur möglich, wenn das politische Geschehen *ohne* diese Öffentlichkeit ablaufen würde. Die Ausschaltung der Öffentlichkeit käme allerdings einer Aufhebung der Bedingungen für Politik gleich. Das kann jedoch nicht bedeuten, das Politische könne zureichend erfaßt werden, wenn man es als das Öffentliche bestimme.

Öffentlichkeit als Funktionszusammenhang ist für die System/Umweltbeziehungen jedes sozialen Systems von entscheidender Bedeutung. Sofern von politischen Beziehungen die Rede ist, handelt es sich um solche, die - worauf der Begriff des Politischen aufmerksam macht - Öffentlichkeit im Medium der Macht herstellen. Somit wird über Öffentlichkeit als Funktionszusammenhang in bezug auf die Konditionierungen für jeweiliges Handeln auf die aktualisierbare Wirkungskapazität der jeweiligen Machtverhältnisse verwiesen.

Nach den bisherigen umrißhaften Darlegungen müssen - vereinfacht zusammengefaßt - Funktionsaussagen den durch die Sinnaussagen beschriebenen Wirkungszusammenhang unter der Voraussetzung der *allgemeinen* Funktionsbedingungen in Rücksicht auf die im Medium der Macht *aktualisierbare* Veränderungskapazität, die in ihrer Wirkungsrichtung bzw. in ihren beobachtbaren und empirisch zugänglichen Relationen durch die Tendenzaussagen angezeigt ist, erfassen. Damit die durch die Tendenzaussagen ihrer jeweiligen Wirkungsrichtung nach angezeigte aktualisierbare Veränderungskapazität auch faßbar wird, müssen die Bedingungen angegeben werden, unter denen Aktualisierungen stattfinden. Umformulierungen der beiden obigen Tendenzaussagen in Funktionsaussagen könnten so lauten: *Eine freiheitlich orientierte Politik nimmt anstehende Veränderungen der Rechtsordnung als Herausforderungen zur Sicherung und zum Ausbau der individuellen Rechte der einzelnen Mitglieder der Gesellschaft dann an, wenn sie sie als Verletzungen des Subsidiaritätsprinzips wahrnimmt. - Eine freiheitlich orientierte Politik nimmt anstehende Veränderungen der Rechtsordnung als Herausforderungen zur Sicherung und zum Ausbau der sozialen Rechte dann an, wenn sie sie als Verletzungen des Solidaritätsprinzips wahrnimmt.*

Präzisierungen bzw. Konkretisierungen der beiden vorstehenden Funktionsaussagen könnten (in bezug auf die weiterführenden Tendenzaussagen) so lauten: *Eine freiheitlich orientierte Politik nimmt anstehende Veränderungen der Rechtsordnung als Herausforderungen zur Sicherung und zum Ausbau der individuellen Rechte der einzelnen Mitglieder der Gesellschaft dann an, wenn sie sie als Bemühungen zur Abkopplung der Rentenbezüge von den jeweils individuell eingebrachten Versicherungsbeiträgen wahrnimmt. Eine freiheitlich orientierte Politik ..., wenn sie darin Bemühungen zur Übertragung von* (ursprünglichen) *Angelegenheiten familiärer Fürsorge auf staatliche Einrichtungen sieht. Eine freiheitlich orientierte Politik ..., wenn sie darin Bemühungen zur Besteuerung von Einkommen als Ansatz zur Angleichung der Einkommen sieht. Eine freiheitlich orientierte Politik ..., wenn sie darin Bemühungen zur staatlichen Subventionierung als Instrument zur Gestaltung der Sozial- und Gesellschaftsordnung sieht. - Eine freiheitlich orientierte Politik nimmt anstehende Veränderungen der Rechtsordnung als Herausforderungen zur Sicherung und zum Ausbau von sozialen Rechten dann an, wenn sie darin Bemühungen zur Festsetzung der jeweiligen Rentenbezüge ohne Anbindung an übliche soziale Standards erkennt. Eine freiheitlich orientierte Politik ..., wenn sie darin Bemühungen zur Zurückweisung von Zugriffsmöglichkeiten staatlicher Einrichtungen auf* (ursprüngliche) *Angelegenheiten der familiären Fürsorge erkennt. Eine freiheitlich orientierte Politik ..., wenn sie darin Bemühungen zur Besteuerung von Einkommen als Ansatz zur Ausweitung der individuellen Verfügungsmöglichkeiten nach Leistungskriterien erkennt. Eine freiheitlich orientierte Politik ..., wenn sie darin Bemühungen zur staatlichen Subventionierung als Instrument zur Beseitigung von Wettbewerb erkennt.*

Diese Funktionsaussagen sind - wie alle übrigen Aussagen des jeweiligen Typs in diesem Beitrag - als *Beispiele* zu sehen. Sie zeigen jedenfalls - das gilt auch für alle übrigen Aussagen -, daß, wenn man schon von funktionalen Äquivalenzen in bezug auf Systeme bzw. bestimmte Verursachungskapazitäten reden will, hier eine Möglichkeit eröffnet ist, sie strukturell einzuordnen und inhaltlich zu präzisieren.

Die vorstehenden Funktionsaussagen verdeutlichen - was durch die Aussagen auf den nachfolgenden Explikationsstufen verstärkt wird -, daß die üblichen Auseinandersetzungen in der alltäglichen Politik zum Problem der Freiheit in ihren pauschalen und undifferenzierten "Argumenten" nicht nur unangemessen sind (was allerdings noch verständlich erscheinen mag), sondern auch - was allerdings als ein schwerwiegender Mangel der politischen Kultur anzusehen ist -, daß diese Auseinandersetzungen zumindest teilweise auf völlig falscher kategorialer Ebene angesetzt und ausgetragen werden. Diese Auseinandersetzungen müßten, wenn sie schon unvermeidlich sind, auf der Ebene der Zuschreibungen wie z. B. "progressiv/konservativ" ablaufen. Wird jedoch versucht - was vielfach der Fall ist -, sie auf die Ebene der prinzipiellen Entgegensetzungen von Freiheit z. B. gegen Kollektivismus abzuschieben, so wird damit angezeigt, daß die Gemeinsamkeit in der Anerkennung der allgemeinen Systembedingungen nicht mehr gegeben ist - was selbstverständlich dem politischen Gegner (Feind) angelastet wird. Andeutungsweise dürfte erkennbar sein, daß über Zuschreibungen (und ihren Veränderungen) wie "progressiv/konservativ" - abgesehen davon, daß diese Zuschreibungen deutlich an Orientierungskraft verloren haben - Einwirkungen auf den systemischen Sinnzusammenhang und damit die Verursachungskapazität bei Anerkennung der allgemeinen Systembedingungen vorgenommen werden, während über solche prinzipiellen Zuschreibungen wie Freiheit/Kollektivismus Einwirkungen ohne Berücksichtigung der allgemeinen Systembedingungen versucht werden.

Wenn auch Funktionsaussagen - sehr allgemein und vereinfachend formuliert - die Funktionsfähigkeit eines sozialen Systems in Rücksicht auf die durch Öffentlichkeit aktualisierte Wirksamkeit eines durch die Sinnaussage beschriebenen Verursachungs- und Wirkungszusammenhangs darstellen, so werden dadurch zwar die *allgemeinen* Funktionsbedingungen differenziert angegeben, aber es fehlt noch die Berücksichtigung der *spezifischen* Handlungsbedingungen (*spezifischen* Funktionsbedingungen), die je eigenes Handeln zum jeweiligen Handeln veranlassen. Da in unserem Beispiel keine Handlungsträger eingeführt sind, fehlen auch für die Aussagen der Stufe der spezifischen Funktionsbedingungen die Differenzierungsmöglichkeiten in Rücksicht auf Handlungsträger. Somit fehlt auch eine Möglichkeit der Präzisierung bzw. Konkretisierung auf dieser Stufe. Aus demselben Grunde kann im Zusammenhang unserer Beispielaussagen nicht mit der notwendigen Deutlichkeit die These belegt werden, daß die üblicherweise vorgenommene Trennung zwischen Mikro- und Makropolitik, deren Zusammenhang dann nicht mehr theoretisch bewältigt wird, der sozialen Wirklichkeit nicht adäquat ist. Diese beiden Bereiche müssen politikwissenschaftliche Theorien ebenso wie die Verschiedenheit von "individuellen" und "kollektiven" Handlungsträgern *in sich* überbrücken. Das kann aus den bereits genannten Gründen im Zusammenhang unserer Beispielaussagen nur andeutungsweise demonstriert werden.[70]

Die Forderung, politikwissenschaftliche Theorien müßten - im Gegensatz zur üblichen Betrachtungsweise - die Verschiedenheit sowohl von "individuellen" und "kollektiven" Handlungsträgern als auch die von Mikro- und Makropolitik in sich überbrücken, zeigt an, daß hier ein Zusammenhang zu sehen ist. Es geht daher nicht nur darum, durch die Verknüpfung von System- und Handlungsbegriff[71] die Positionen des methodologischen Individualismus und methodologischen Kollektivismus, sondern auch die mikro- und makropolitische Betrachtungsweise zu einer Position zu integrieren. Das kann an dieser Stelle nicht aufgezeigt werden. Nach den bisherigen Darlegungen zum Problem "individuelle/kollektive Handlungsträger" sei hier nur festgestellt, auch die Überbrückung der unterschiedlichen Perspektiven der mikro- und makropolitischen Betrachtungsweise müssen im Rahmen der Konstruktion politikwissenschaftlicher Theorien die allgemeinen und spezifischen Funktionsaussagen leisten bzw. im einzelnen darstellen.

Die spezifischen Funktionsaussagen werden als Steuerungsaussagen bezeichnet. Diese Bezeichnung wurde deshalb gewählt, weil sie darauf hinweisen soll, daß diese Aussagen Relationen beschreiben, die über die allgemeinen Funktionsbedingungen hinaus den Handlungszusammenhang insofern bestimmen, als sie die Handlungsbedingungen gleichsam aus der Sicht des je einzelnen Handelns aktualisieren. Und dieses Handeln ist deshalb als ein Steuerungshandeln zu bezeichnen, weil dadurch Relationen zum Zuge kommen, über die das einzelne Handeln sein Handeln in bezug auf seine Wirkungen unmittelbar und gezielt beeinflussen, also steuern kann. Es ist insofern ein "dysfunktionales" Handeln, als es gegenüber den allgemeinen Funktionsbedingungen unter der Voraussetzung spezifischer Handlungs- bzw. Funktionsbedingungen wirksam wird.

Die Steuerungsaussagen, die dieses Handeln beschreiben, sind zwar insofern technologische Aussagen, als sie auch Antworten geben auf die Frage "Was können wir tun?". Sie gehen aber entschieden darüber hinaus insofern, als sie die technologische Ausrichtung spekulativ und normativ integrieren in bezug auf die erweiterte Fragestellung "Was sollten wir tun können?". Bei Steuerungsaussagen handelt es sich also nicht um technologische Aussagen im Sinne einer tautologischen Transformation nomologischer Aussagen.[72] Im Zusammenhang eines Aussagensystems (einer Theorie) beschreiben Steuerungsaussagen in bezug auf die erweiterte Fragestellung einen bestimmten Verursachungs- und Wirkungszusammenhang seinen Handlungsmöglichkeiten nach; nicht unter dem Gesichtspunkt einer zwangsläufigen Handlungsfolge, sondern unter dem Gesichtspunkt möglicher Orientierungen. Insofern haben - wie bereits festgestellt - politikwissenschaftliche Theorien als "konstruktive Orientierungstheorien" in letzter Konsequenz nicht nur das "wahrscheinlich Wahrscheinliche", sondern auch das "unwahrscheinlich Wahrscheinliche" zu berücksichtigen. Mit dieser Forderung ist auch auf die Frage - die im vorhergehenden Kapitel bei der Aufzählung der Anforderungen an politikwissenschaftliche Theorien postuliert wurde - verwiesen, inwiefern politikwissenschaftliche Theorien Vergangenheit und Zukunft *in sich* (und nicht über Randbedingungen in bezug auf nomologische Aussagen) überbrücken. Da hier auf Einzelheiten nicht eingegangen werden kann, möge als pauschale Antwort die Feststellung genügen: Die Grundsätze und Regeln zur Konstruktion politikwissenschaftlicher Theorien sichern Offenheit nicht nur in bezug auf jedes einzelne Aussagensystem (Theorie) in sich, sondern auch in bezug auf konkurrierende und alternative Aussagensysteme (Theorien).

Somit liegt - insgesamt gesehen - der hier vorgestellten Auffassung von politikwissenschaftlichen Theorien (und ihrer Konstruktion) auch eine Pluralismuskonzeption zugrunde. Pluralismus meint hier nicht ein Leistungssystem unter Konkurrenzbedingungen mit dem Ziel der rigorosen Ausschaltung von Konkurrenten bis auf die jeweils kleinstmögliche Zahl (evtl.

bis zur Ausschaltung des letzten Konkurrenten), sondern eine Konzeption der Freiheit (der prinzipiellen Anerkennung auch anderer Ansprüche und Möglichkeiten). Leistung und Konkurrenz werden jedoch keineswegs ausgeklammert, sondern werden orientiert an dem von der sozialen Wirklichkeit vorgeschriebenen Grundsatz der Relativierung von Begründungen und Ansprüchen. Dadurch entsteht eine grundsätzliche Diskrepanz in der Frage der Realisierung zwischen dem theoretisch dargestellten einerseits und dem tatsächlich vergangenen und dem tatsächlich zukünftigen Handeln andererseits. Hier hat auch die Frage nach der Unterscheidung zwischen politikwissenschaftlichen "Erklärungs-" und "Prognosetheorien" anzusetzen.[73] Und diese Frage verweist - im Zusammenhang mit der bereits kurz angesprochenen Frage nach der Austauschbarkeit von einzelnen Aussagen - auf die nach der empirischen Prüfbarkeit und Falsifizierbarkeit politikwissenschaftlicher Theorien. - Auch auf diese Fragen kann hier nicht eingegangen werden.

Steuerungsaussagen berücksichtigen das Problem des Verhältnisses von Mikro-/Makropolitik in der Weise, als zwischen praktischen und systemischen Steuerungsaussagen unterschieden wird. Diese Unterscheidung bedeutet, da hier alle jeweiligen Steuerungsaussagen sich auf allgemeine Funktionsaussagen desselben Aussagensystems beziehen, keinen Rückgriff auf die herkömmliche Trennung in der Betrachtungsweise. Sie berücksichtigt lediglich die unterschiedliche Zuordnung des einzelnen Handelns in Rücksicht auf die Grundstruktur des jeweiligen politischen Systems. Systemische Steuerungsaussagen sind im Unterschied zu praktischen Steuerungsaussagen dadurch gekennzeichnet, daß sie das jeweilige Handeln unter der Voraussetzung berücksichtigen, zu den charakteristischen Strukturbedingungen des politischen Systems als eines Teilsystems der Gesellschaft zu gehören. Unter dieser Voraussetzung ist die Frage, ob es sich dabei um "individuelles" oder "kollektives" Handeln handelt, nachgeordnet. Dasselbe gilt grundsätzlich auch für die praktischen Steuerungsaussagen. Das heißt jedoch nicht, deswegen sei bei der Konstruktion politikwissenschaftlicher Theorien die Frage nach dem Handlungsträger, d. h. nach der Perspektive nachgeordnet, im Gegenteil; denn die Frage, ob es sich um die Mikro- oder Makroebene handelt, bestimmt nicht durchgängig die Perspektive. Sie ist dafür jedenfalls nicht zwingend, während das umgekehrt häufig der Fall ist. Insgesamt gesehen ist es wenig sinnvoll, nicht-notwendige Festlegungen im vorhinein vorzunehmen.

Man braucht nicht die Untersuchungen zur Politikverflechtung zu bemühen, um die übliche Trennung zwischen mikro- und makropolitischer Betrachtungsweise als unhaltbar zu verwerfen. Der Hinweis auf ein Beispiel mag genügen. Wenn ein Bezirks-, Landes- oder Bundesparteitag einer Regierungspartei (insbesondere der stärksten Regierungspartei) sich mit der Rüstungspolitik befaßt, so ist vom Gegenstand her ein Zusammenhang zwischen Parteipolitik (bezogen auf die verschiedenen Gliederungen der Partei), der nationalen, der internationalen und der supranationalen Politik hergestellt, der mit dem Schema von Mikro-/Makropolitik nicht angemessen erfaßt werden kann.

Ein grundsätzlicher Einwand gegen die Unterscheidung von systemischen und praktischen Steuerungsaussagen könnte vorgebracht werden mit der Frage, ob nicht dann, wenn Politiker einerseits als einzelne Handlungsträger und andererseits als "Repräsentanten" einer bestimmten Handlungseinheit (z. B. der Regierung oder eines Parlamentsausschusses, also nicht als je einzelne Mitglieder von Regierung oder Parlament) handeln und danach betrachtet werden sollen, die herkömmliche Betrachtungsweise der Trennung von individuellen und kollektiven Handlungsträgern wieder zum Zuge komme. Darauf ist zu entgegnen, in den bezeichneten Fällen kann es sich nur um eine Konzentration der Betrachtungsperspektive in Rücksicht auf Mitgliedschaften handeln. Entscheidend ist - wie erwähnt - ihr charakteristischer Systembezug, d. h. die Zuordnung zum jeweiligen politischen System als gesellschaftlichem Teilsystem.[74]

Auch dies läßt sich in bezug auf das vorhin angesprochene

Beispiel kurz erläutern (was die weiter oben erhobene Forderung nach Integration der verschiedenen Positionen stützt). Wenn auf einem Parteitag - z. B. auf dem Landesparteitag der SPD in Hamburg - der damalige Bundeskanzler während seiner Amtszeit sich für die Rüstungspolitik der Bundesregierung eingesetzt hat, dann ist dieses Handeln wenigstens zum Teil einerseits der Person Helmut Schmidts zuschreibbar, aber andererseits ebenfalls sowohl dem Regierungschef und dem stellvertretenden Parteivorsitzenden. Dies ist im Grundsatz deshalb so zu sehen, weil sonst die soziale Wirklichkeit verkürzt würde; nämlich die Tatsache, daß die Inhaber gerade der Position und Rolle des Regierungschefs für ihr Handeln auch als Person verantwortlich gemacht werden. Darauf beruht u. a. auch zum einen die Tatsache, daß man gerade diese Person und keine andere in diese Position und Rolle bringt; zum anderen die Tatsache, daß die Abberufung (und evtl. auch der freiwillige Abgang) jedenfalls auch auf die individuellen Eigenschaften und Fähigkeiten als Bestandteile des politischen Handelns zurückgeführt wird. Man kann allgemein sagen, daß kein anderes Teilsystem der Gesellschaft so viele einmalige und einzigartige Positionen und Rollen herausgebildet hat wie das politische System (was wegen des einzigartigen gesellschaftlichen Status des politischen Systems nicht weiter überraschen sollte[75] - vgl. die Erläuterungen zum Begriff des politischen Systems). Diese Tatsache allein sollte für die Politische Wissenschaft Grund genug sein, das übliche Rollen- und Systemverständnis der Systemtheorie und auch die damit verbundene übliche Behandlung des Problems "individuelle/kollektive Handlungsträger" nicht zu übernehmen.

Als methodologische Antwort auf dieses Problem sind insbesondere die Steuerungs- bzw. spezifischen Funktionsaussagen anzusehen. Demnach ermöglicht dieser Aussagentyp z. B. auch, die von der Person her gegebenen besonderen Voraussetzungen eines Bundeskanzlers als spezifische Funktionsbedingungen miteinzubeziehen (vgl. dazu die Darlegungen im fünften Kapitel). Da Steuerungsaussagen einerseits die allgemeinen, andererseits die spezifischen Funktionsbedingungen für jeweiliges Handeln zu berücksichtigen haben, ist die dreigliedrige Form dieses Aussagentyps bereits vorgegeben. Im ersten Glied werden die allgemeinen Funktionsbedingungen beschrieben, im zweiten Glied das darauf bezogene Handeln, das durch die im dritten Glied beschriebenen spezifischen Funktionsbedingungen als jeweiliges Handeln aktualisiert wird. Weil in unserem Beispiel keine Handlungsträger von Anfang an eingeführt sind, gelten auch für die Formulierung der Steuerungsaussagen die einschränkenden Voraussetzungen, die weiter oben bereits angegeben wurden. Um überhaupt die aufgrund des charakteristischen Systembezugs gegebene Differenz zwischen praktischen und systemischen Steuerungsaussagen (da könnte wiederum die Systemtheorie behilflich sein) ansatzweise darstellen zu können, werden für die Formulierung der folgenden Steuerungsaussagen sehr allgemeine Handlungsträger eingeführt. Für die praktischen Steuerungsaussagen seien "gesellschaftlich relevante Kräfte" und für die systemischen Steuerungsaussagen "staatliche Leitungsorgane" angenommen.

In Anknüpfung an die beiden obigen allgemeinen Funktionsaussagen könnten praktische Steuerungsaussagen so lauten: *Wenn eine von gesellschaftlich relevanten Kräften getragene freiheitlich orientierte Politik anstehende Veränderungen der Rechtsordnung als Verletzungen des Subsidiaritätsprinzips wahrnimmt, nimmt sie sie als Herausforderungen zur Sicherung und zum Ausbau der individuellen Rechte der einzelnen Mitglieder der Gesellschaft dann an, wenn sie in solchen Veränderungen eine Schwächung des Leistungswillens und der Leistungsfähigkeit von jeweils kleineren Handlungseinheiten sieht. - Wenn eine von gesellschaftlich relevanten Kräften getragene freiheitlich orientierte Politik anstehende Veränderungen der Rechtsordnung als Verletzungen des Solidaritätsprinzips wahrnimmt, nimmt sie sie als Herausforderungen zur Sicherung und zum Ausbau der sozialen Rechte dann an, wenn sie in solchen Veränderungen eine Schwächung der (*allgemeinen) *sozialen Grundlagen der Gesellschaft sieht.*

Als Präzisierungen bzw. Konkretisierungen der ersten der beiden praktischen Steuerungsaussagen können gelten: *Wenn eine von gesellschaftlich relevanten Kräften getragene freiheitlich orientierte Politik anstehende Veränderungen der Rechtsordnung als Verletzungen des Subsidiaritätsprinzips wahrnimmt, nimmt sie sie als Herausforderungen zur Sicherung und zum Ausbau der individuellen Rechte der einzelnen Mitglieder der Gesellschaft dann an, wenn sie in den Auswirkungen der Abkopplung der Rentenbezüge von den jeweils individuell eingebrachten Versicherungsbeiträgen Nachteile für die Organisationsfähigkeit der von ihr vertretenen Interessen (*im Vergleich zu größeren Organisationseinheiten gleicher Art) *sieht. Wenn ..., nimmt sie ... dann an, wenn sie in den Auswirkungen der Übertragung von* (ursprünglichen) *Angelegenheiten familiärer Fürsorge auf staatliche Einrichtungen eine Schwächung der Familienbindungen sieht. Wenn ..., nimmt sie ... dann an, wenn sie in den Auswirkungen der Besteuerung der Einkommen als Ansatz zur Angleichung der Einkommen eine Benachteiligung zur Bildung von Eigentum für die eigenverantwortliche soziale Sicherheit sieht. Wenn ..., nimmt sie ... dann an, wenn sie in den Auswirkungen der staatlichen Subventionierung als Instrument zur Gestaltung der Sozial- und Gesellschaftsordnung eine Beeinträchtigung der Selbständigkeit mittelständischer Betriebe sieht.*

Diese praktischen Steuerungsaussagen lassen den zweiten Teil der ersten Funktionsaussage unverändert. Sie präzisieren bzw. konkretisieren in ihrem dritten Glied nur die spezifischen Handlungsbedingungen, und zwar in Anknüpfung an die präzisierten bzw. konkretisierten Funktionsaussagen. Jedoch können auch die Dann-Sätze weiter präzisiert werden. Ebenso ist es möglich, die zweiten Wenn-Sätze zu variieren bzw. in bezug auf die veränderten Dann-Sätze weitere Wenn-Sätze einzuführen (und auch untereinander auszutauschen). Als solche Präzisierungs- und Variationsbeispiele (ohne die Austauschbarkeit der einzelnen Aussagenglieder auch noch vorzuführen, was weitere Formulierungen zur Voraussetzung hätte) der ersten der beiden praktischen Steuerungsaussagen können gelten: *Wenn eine von gesellschaftlich relevanten Kräften getragene freiheitlich orientierte Politik anstehende Veränderungen der Rechtsordnung als Verletzungen des Subsidiaritätsprinzips wahrnimmt, nimmt sie sie als Herausforderungen zur Sicherung und zum Ausbau kommunaler Selbstverwaltungsrechte dann an, wenn sie in den Auswirkungen einer Reform der Einkommensteuer eine zunehmende Abhängigkeit von Zuwendungen übergeordneter Einrichtungen sieht. Wenn ..., nimmt sie sie als Herausforderungen zur Sicherung und zum Ausbau föderaler Kompetenzen dann an, wenn sie in den Auswirkungen einer Kompetenzverlagerung auf den Bundesstaat einen Verlust ihrer Durchsetzungskraft gegenüber staatlichen Stellen sieht.*

Als Präzisierungen bzw. Konkretisierungen der zweiten allgemeinen praktischen Steuerungsaussage können - zunächst in Anknüpfung an die präzisierten bzw. konkretisierten Funktionsaussagen - gelten: *Wenn eine von gesellschaftlich relevanten Kräften getragene freiheitlich orientierte Politik anstehende Veränderungen der Rechtsordnung als Verletzungen des Solidaritätsprinzips wahrnimmt, nimmt sie sie als Herausforderungen zur Sicherung und zum Ausbau der sozialen Rechte dann an, wenn sie in der Festsetzung der Rentenbezüge eine ungenügende Berücksichtigung der Forderungen zur Befriedigung der alltäglichen Grundbedürfnisse sieht. Wenn ..., nimmt sie ... dann an, wenn sie in den Auswirkungen der Zurückweisung von Zugriffsmöglichkeiten staatlicher Stellen auf* (ursprüngliche) *Angelegenheiten familiärer Fürsorge eine Schwächung in der Absicherung sozialer Ansprüche einzelner Familienmitglieder sieht. Wenn ..., nimmt sie ... dann an, wenn sie in den Auswirkungen einer Reform zur Besteuerung der Einkommen als Ansatz zur Ausweitung von individuellen Verfügungsmöglichkeiten eine weitere Benachteiligung der bereits Benachteiligten* (allgemein: der Leistungsgehemmten bzw. Leistungsschwächeren) *sieht. Wenn ..., nimmt sie ... dann an, wenn sie in den Auswirkungen der staatlichen Subventionierung einen Wettbewerbsvorteil für Großunternehmen sieht.*

Als weitere Präzisierungen bzw. Konkretisierungen können - unter Bezugnahme auf die beiden variierten Aussagen - gelten: *Wenn eine von gesellschaftlich relevanten Kräften getragene freiheitlich orientierte Politik anstehende Veränderungen der Rechtsordnung als Verletzungen des Solidaritätsprinzips wahrnimmt, nimmt sie sie als Herausforderungen zur Sicherung und zum Ausbau kommunaler Selbstverwaltungsrechte dann an, wenn sie in den Auswirkungen einer Reform der Einkommensteuer eine zunehmende Abhängigkeit der kommunalen Selbstverwaltungsorgane von Industriebetrieben sieht. Wenn ..., nimmt sie sie als Herausforderungen zur Sicherung und zum Ausbau föderaler Kompetenzen dann an, wenn sie in den Auswirkungen einer Kompetenzverlagerung auf den Bundesstaat einen Machtzuwachs des Staates zur Angleichung der regional sehr unterschiedlich ausgebauten Infrastruktur sieht.*

Die vorstehenden Beispiele praktischer Steuerungsaussagen sind noch relativ allgemein. Sie vermitteln einen Eindruck von der möglichen Vielfalt an Formulierungen. Das liegt zum einen Teil - wie bereits erwähnt - daran, daß keine einzelnen Handlungsträger eingeführt sind, zum anderen und wichtigeren Teil daran, daß es um eine differenzierte Betrachtung des Verursachungs- und Wirkungsgefüges von grundsätzlich freiheitlich orientierter Politik in einer grundsätzlich offenen und freiheitlich orientierten Gesellschaft geht. Diese Feststellungen gelten selbstverständlich auch für die nachfolgenden systemischen Steuerungsaussagen.

Zwar wäre es grundsätzlich möglich, wenn Handlungsträger eingeführt wären, zu zeigen, daß für die Formulierung von systemischen Steuerungsaussagen bestimmte Glieder der praktischen Steuerungsaussagen wiederverwendet werden könnten. Der allgemeine Grund hierfür ist wiederum der, der weiter oben im Zusammenhang der Äußerungen über Austauschbarkeit von einzelnen Theoriestücken (Aussagen) kurz dargestellt wurde. Hinzu kommt die gerade für offene und freiheitlich orientierte Gesellschaften charakteristische Tatsache, daß unterschiedliche soziale Systeme gleiche Funktionen wahrnehmen.

Um trotz der Nichtberücksichtigung spezifischer Handlungsträger die systemspezifischen Differenzen zwischen "gesellschaftlich relevanten Kräften" und "staatlichen Leitungsorganen" zumindest andeutungsweise vorzuführen, werden - in Anknüpfung an die beiden allgemeinen Funktionsaussagen - die systemischen Steuerungsaussagen in ihren zweiten Wenn-Sätzen in charakteristischer Weise verändert, d. h. es werden charakteristische Handlungsbedingungen für "staatliche Handlungsorgane" - wenngleich sie hierfür keineswegs ausschließlich charakteristisch sind - eingeführt. Darauf werden dann auch die nachfolgenden Präzisierungen bzw. Konkretisierungen bezogen. Als allgemeine systemische Steuerungsaussagen können gelten: *Wenn eine von staatlichen Leitungsorganen getragene freiheitlich orientierte Politik anstehende Veränderungen der Rechtsordnung als Verletzungen des Subsidiaritätsprinzips wahrnimmt, nimmt sie sie als Herausforderungen zur Sicherung und zum Ausbau der individuellen Rechte der einzelnen Mitglieder der Gesellschaft dann an, wenn sie in den Auswirkungen der Veränderungen einen Zwang zu einer unangemessenen Ausweitung der öffentlichen Verwaltung mit zusätzlichen Kontroll- und Weisungsbefugnissen sieht. - Wenn eine von staatlichen Leitungsorganen getragene freiheitlich orientierte Politik anstehende Veränderungen der Rechtsordnung als Verletzungen des Solidaritätsprinzips wahrnimmt, nimmt sie sie als Herausforderungen zur Sicherung und zum Ausbau der sozialen Rechte dann an, wenn sie in den Auswirkungen der Veränderungen eine Schwächung der Leistungsfähigkeit des Staates gegenüber privat organisierten Interessen sieht.*

Als Präzisierungen bzw. Konkretisierungen der ersten der beiden systemischen Steuerungsaussagen können - unter Bezugnahme auf die präzisierten praktischen Steuerungsaussagen - gelten: *Wenn eine von staatlichen Leitungsorganen getragene freiheitlich orientierte Politik anstehende Veränderungen der Rechtsordnung der Verletzungen des Subsidiaritätsprinzips wahrnimmt, nimmt sie sie als Herausforderungen zur Sicherung und zum Ausbau der individuellen Rechte der einzel-*

nen Mitglieder der Gesellschaft dann an, wenn sie in den Auswirkungen der Abkopplung der Rentenbezüge von den individuell eingebrachten Versicherungsbeiträgen einen Zwang zur verstärkten Kontrolle der Einkommen sieht. Wenn ..., nimmt sie ... dann an, wenn sie in den Auswirkungen der Übertragung von (ursprünglichen) *Angelegenheiten familiärer Fürsorge auf staatliche Stelleneine Ausweitung der Eingriffsmöglichkeiten der Sozialämter sieht. Wenn ..., nimmt sie ... dann an, wenn sie in den Auswirkungen der Besteuerung der Einkommen als Ansatz zur Angleichung der Einkommen eine Aushöhlung des Eigentumsrechts sieht. Wenn ..., nimmt sie ... dann an, wenn sie in den Auswirkungen staatlicher Subventionierung als Instrument zur Gestaltung der Sozial- und Gesellschaftsordnung einen Ansatz für eine Veränderung der Wirtschaftsordnung sieht.*

Was über die Möglichkeiten der Variierbarkeit und Austauschbarkeit in Rücksicht auf die praktischen Steuerungsaussagen gesagt wurde, gilt grundsätzlich insgesamt auch in Rücksicht auf die systemischen Steuerungsaussagen.

Als weitere Präzisierungen bzw. Konkretisierungen der allgemeinen systemischen Steuerungsaussage kann - in bezug auf die beiden Beispiele für praktische Steuerungsaussagen - gelten: *Wenn eine von staatlichen Führungsorganen getragene freiheitlich orientierte Politik anstehende Veränderungen der Rechtsordnung als Verletzungen des Subsidiaritätsprinzips wahrnimmt, nimmt sie sie als Herausforderungen zur Sicherung und zum Ausbau kommunaler Selbstverwaltungsrechte dann an, wenn sie in den Auswirkungen einer Reform der Einkommensteuer zunehmende Eingriffsmöglichkeiten staatlicher Stellen in das Finanzgebaren der Gemeinden sieht. Wenn ..., nimmt sie sie als Herausforderungen zur Sicherung und zum Ausbau föderaler Kompetenzen dann an, wenn sie in den Auswirkungen einer Kompetenzverlagerung auf den Bundesstaat eine mit der Verwaltungskonzentration einhergehende Bürgerferne sieht.*

Als Präzisierungen bzw. Konkretisierungen der zweiten allgemeinen Steuerungsaussage können - in bezug auf die präzisierten praktischen Steuerungsaussagen - gelten: *Wenn eine von staatlichen Leitungsorganen getragene freiheitlich orientierte Politik anstehende Veränderungen der Rechtsordnung als Verletzungen des Solidaritätsprinzips wahrnimmt, nimmt sie sie als Herausforderungen zur Sicherung und zum Ausbau der sozialen Rechte dann an, wenn sie in den Auswirkungen der Abkopplung der Rentenbezüge von den individuell eingebrachten Versicherungsbeiträgen eine Schwächung der staatlichen Lenkungsmöglichkeiten zur Regulierung des Niveaus für eine Angleichung der Versorgungsbezüge sieht. Wenn ..., nimmt sie ... dann an, wenn sie in den Auswirkungen von Zugriffsmöglichkeiten staatlicher Stellen auf* (ursprüngliche) *Angelegenheiten familiärer Fürsorge eine zunehmende Abhängigkeit insbesondere sozial schwacher Familien von gewinnorientierten Organisationen sieht. Wenn ..., nimmt sie ... dann an, wenn sie in den Auswirkungen der Reform zur Besteuerung der Einkommen als Ansatz zur Ausweitung von individuellen Verfügungsmöglichkeiten eine zunehmende Verschärfung der Ungleichheit in den Voraussetzungen der Vermögensbildung sieht. Wenn ..., nimmt sie ... dann an, wenn sie in den Auswirkungen staatlicher Subventionierung staatliche Risikoabsicherung von Unternehmerinitiativen sieht.*

Als weitere Präzisierungen bzw. Konkretisierungen der zweiten allgemeinen systemischen Steuerungsaussage können - in bezug auf die beiden Beispiele einer Variation der praktischen Steuerungsaussagen - gelten: *Wenn eine von staatlichen Leitungsorganen getragene freiheitlich orientierte Politik beabsichtigte Veränderungen der Rechtsordnung als Verletzungen des Solidaritätsprinzips wahrnimmt, nimmt sie sie als Herausforderungen zur Sicherung und zum Ausbau kommunaler Selbstverwaltungsrechte dann an, wenn sie in den Auswirkungen der Reform zur Besteuerung der Einkommen einen Anreiz zur Abwanderung höherer Einkommen von der Stadt aufs Land sieht. Wenn ..., nimmt sie sie als Herausforderungen zur Sicherung und zum Ausbau föderaler Kompetenzen dann an, wenn sie in den Auswirkungen einer Kompetenzverlagerung auf den Bundesstaat eine Ausweitung von Durchgriffsmöglichkeiten des Bundesstaates auf Landesbehörden sieht.*

Nicht so sehr wegen der Nichtberücksichtigung spezifischer Handlungsträger, sondern vor allem wegen der umfassenden Bedeutung unserer Themenstellung mußte, von den einzelnen Bezugnahmen abgesehen, darauf verzichtet werden, einen spezifischen Gegenstand als Beispiel für eine politikwissenschaftliche Theorie der Freiheit theoretisch darzustellen. Andererseits hat dieser Verzicht den Vorzug, trotz des hier relativ "eng" gefaßten Gegenstandsbereichs zumindest andeutungsweise die Erklärung dafür darzustellen, warum "widersprüchliche" Politiken von denselben und auch verschiedenen Handlungsträgern vertreten werden. Damit ist auch, ohne auf psychologische, ethische oder machtarithmetische Annahmen zurückgreifen oder Ad-hoc- bzw. Oberflächentheorien anbieten zu müssen, eine Erklärung dafür aufgezeigt, warum trotz widersprüchlicher Sichtweisen Verständigungen und Kompromisse zustande kommen. Insofern werden auch nicht nur differenzierte, die Tiefendimensionen erfassende und einen die soziale Wirklichkeit in ihrem grundsätzlichen Verursachungs- und Wirkungszusammenhang beschreibenden Kausalitätsbegriff einbeziehende informative Theorien zur Verfügung gestellt, sondern auch Orientierungen für Handeln, das auf eine Herbeiführung bestimmter Entscheidungen ausgerichtet ist. Zwar sind politikwissenschaftliche Theorien nicht als politische Strategien aufzufassen, jedoch können informative und orientierende politikwissenschaftliche Theorien über politisches Verhalten mit spezifischer Zielorientierung entwickelt werden.

Trotz der Eingrenzung des Gegenstandsbereiches dürften die relativ wenigen Beispiele für Steuerungsaussagen (politikwissenschaftlicher Theorien der Freiheit) den spekulativen Charakter politikwissenschaftlicher Theorien erkennen lassen. Da Steuerungsaussagen als Funktionsaussagen (wenn auch als spezifische) aufzufassen sind, sind sie trotz des spekulativen Charakters wie die allgemeinen Funktionsaussagen als empirische (in dem oben erläuterten Verständnis) zu behandeln.

Andererseits zeigen die Beispielaussagen offensichtlich, daß ihr Status als empirische Aussagen äußerst problematisch ist. Diese Problematik dürfte noch deutlicher hervortreten, wenn man die verschiedenen Differenzierungs- und Austauschmöglichkeiten ausnutzen wollte.

Dadurch dürfte auch und gerade in Rücksicht auf Steuerungsaussagen das Problem der "logischen Konkurrenz" und "empirischen Zuverlässigkeit" deutlicher erkennbar werden. Mit diesem Problem ist - kurz gesagt - der Umstand gemeint, daß aufgrund der Differenzierungs- und Austauschmöglichkeiten Steuerungsaussagen entstehen, die zwar in einzelnen Gliedern identisch sind, aber aufgrund der unterschiedlichen übrigen Glieder sich in dem Sinne miteinander in "logischer Konkurrenz" befinden, als logisch ausgeschlossen ist, daß ein Handlungsträger die durch die Steuerungsaussagen beschriebenen Handlungen, die ihm zugerechnet werden und grundsätzlich bleiben, *gleichzeitig* ausführen könnte. Dennoch und darüber hinaus wird allen Steuerungsaussagen, also auch denen, deren empirische Anbindung im Sinne einer Wirklichkeitsbeschreibung nur spekulativ unterstellt ist, "empirische Zuverlässigkeit" zuerkannt. Dadurch soll die Leistungsfähigkeit und damit die Orientierungskraft politikwissenschaftlicher Theorien angesichts einer hochkomplexen und widersprüchlichen sozialen Wirklichkeit gesichert werden. Zugespitzt formuliert, auch und gerade das "abnorm Unwahrscheinliche" soll systematisch ebenfalls als wahrscheinlich berücksichtigt werden wie das "normal Wahrscheinliche". Weil man das "normal Wahrscheinliche" zu erkennen glaubt (allerdings häufiger vergißt, es zu berücksichtigen und einzukalkulieren), muß das "abnorm unwahrscheinlich Wahrscheinliche" erst einmal als "etwas Wahrscheinliches" erkannt werden, um berücksichtigt werden zu können. Auch und gerade das muß systematisch betrieben werden, weil eine Nichtberücksichtigung des "unwahrscheinlich Wahrscheinlichen" zu unkontrollierbaren und äußerst verhängnisvollen Konsequenzen führen kann, wenn es sich anschickt, Realität zu werden.

Mit dem Problem der "logischen Konkurrenz" und "empirischen Zuverlässigkeit" ist auch die Frage nach dem Verhältnis von "Erklärungs-" und "Prognosetheorien" wieder angesprochen. Dazu gehört auch die Frage nach dem Wahrheitswert bzw. nach der Überprüfbarkeit politikwissenschaftlicher Theorien. Diese und eine Reihe anderer Fragen können hier nicht einmal angedeutet werden. Grundsätzlich geht es auch hier darum, der Politischen Wissenschaft als eine Art Kompensation dafür, daß sie keine politologischen Gesetzesaussagen anbieten und von sich aus keine Experimente durchführen kann, ihre Theorien also in jeder Hinsicht einen höchst unsicheren Status haben,[76] eine Möglichkeit zu eröffnen, nach der ein nach bestimmten Grundsätzen und Regeln ablaufendes systematisches und damit überprüfbares Vorgehen in Gang gesetzt werden kann, um die soziale Wirklichkeit als Gegenstand der Politischen Wissenschaft in den Griff zu bekommen und die Politische Wissenschaft als Wissenschaft deutlicher als bisher zu fundieren. Wegen der spezifischen Schwierigkeiten der Politischen Wissenschaft kann man, was den Entwurf politikwissenschaftlicher Theorien anlangt, sich nicht mit der "naiven" Vorstellung zufrieden geben, es handle sich dabei im wesentlichen um eine beachtliche Phantasieleistung, wenngleich sie nicht ignoriert werden sollte, des betreffenden Wissenschaftlers bzw. des Forschers. Die hier vorgeschlagene Vorgehensweise der Konstruktion politikwissenschaftlicher Theorien könnte auch für die empirische Sozialforschung von Nutzen sein. Auf Einzelheiten kann hier nicht eingegangen werden. Ganz allgemein läßt sich sagen, der empirischen Sozialforschung könnte dadurch nicht nur einsichtig gemacht werden, welche Relationen untersuchungsbedürftig, sondern auch, in welchen meßtheoretischen Bezugsrahmen sie einzuordnen seien. Einer so ausgerichteten empirischen Sozialforschung käme insbesondere eine entscheidende Funktion in der Frage der Unterscheidung von "Erklärungs-" und "Prognosetheorien" zu. Auch auf diese Frage kann hier nicht eingegangen werden.

Zur Vermeidung von Mißverständnissen sei abschließend klargestellt: Die in diesem Beitrag im Zusammenhang eines rudimentären, jedenfalls offenen Aussagensystems vorgestellten Aussagen sind als Beispielaussagen zu sehen in dem Sinne, als bewußt darauf verzichtet wurde, einen *inhaltlichen* Theoriefortschritt zum Problem der Freiheit zu thematisieren. Die betreffenden Aussagen sind deshalb so formuliert worden, damit der Leser sich nicht vorweg oder schwerpunktmäßig mit deren Inhalt beschäftigt und so mein Anliegen verfehlt. Durch den wiederholten Hinweis, es handle sich um Beispielaussagen, ist angezeigt, daß es mir vorrangig um die Erörterung von *Form*-Fragen geht. Dabei war es unumgänglich darzulegen, warum die betreffenden Form-Fragen in der Weise zu behandeln sind, wie das vorstehend aufgezeigt wird. Über die Begründungsdiskussion sind allerdings indirekt inhaltliche Vorstellungen eingegangen. Somit kann auch gesagt werden, allein aufgrund der Tatsache, daß die einzelnen Aussagen zu dem vorstehenden Aussagenzusammenhang zusammengefügt wurden, ist - wenn auch nur ansatzweise - eine nach Form (und Inhalt) grundsätzlich neuartige Theorie zum Problem der Freiheit vorgestellt worden.

In der Politischen Wissenschaft ist es vielfach noch immer üblich, die Diskussion von Form-Fragen als anstößig zurückzuweisen. Nach meiner Auffassung ist eine solche Diskussion dringend geboten; nicht nur deswegen, um die Politische Wissenschaft als Wissenschaft besser als bisher zu fundieren, sondern auch deswegen, weil die Politische Wissenschaft - zugespitzt formuliert - nur im Zusammenhang der Erörterung von Form-Fragen (ohne damit einer Formalisierung im Sinne der Anwendung mathematischer Formeln das Wort zu reden) die inhaltlichen Fragen wirklichkeitsadäquat behandeln und vorantreiben kann.[77]

4. "Innere Freiheit" als eine Frage nach dem Zusammenhang von Ausgrenzungsaxiom und Differenzierung politikwissenschaftlicher Theorien (erläutert am Beispiel der ökonomischen Theorie der Politik)

Die *sozialwissenschaftliche* Betrachtung politischen Verhaltens hat ihre Aufmerksamkeit - ungeachtet aller Differenzierungen in der grundsätzlichen Fragestellung und aller Unterschiede in ihren erkenntnistheoretischen, wissenschaftstheoretischen und methodologischen Grundannahmen - im wesentlichen bisher darauf gerichtet, das politische Verhalten des Bürgers bzw. des demokratischen (undemokratischen) Bürgers, speziell als Wahlbürger und allgemein als Nachfrager und Anbieter am politischen Markt zu erfassen und darzustellen. Man hat dementsprechende Verhaltenslehren und Modelle des Bürgers entwickelt, das Schema des Meinungsführers und seines folgsamen Publikums eingeführt, den Wahlbürger als Stammwähler, Wechselwähler und Nichtwähler eingeteilt und untersucht, insgesamt das politische Verhalten konstruiert als ein Verhalten von Teilnehmern am politischen Markt (sei es als Anbieter oder als Nachfrager), das durch eine am Kosten-Nutzen-Kalkül orientierte Rationalität bestimmt sei.

Von den ausschließlich normativ ausgerichteten Konstruktionen (etwa den Tugendlehren) abgesehen, die mit einer sozialwissenschaftlichen Betrachtungsweise wenig gemeinsam haben, sind die verschiedenen Entwürfe zu einer Theorie politischen Verhaltens von den Konstruktionen eines homo sociologicus und/oder homo öconomicus mehr oder weniger deutlich geprägt. Das gilt selbstverständlich vor allem für die ökonomische Theorie politischen Verhaltens. Zwar hat es auch Versuche gegeben, einen homo politicus bzw. einen political man zu entwickeln und anzubieten; derartige Versuche haben sich jedoch bisher nicht durchsetzen können, jedenfalls nicht in dem

Umfange und in der Weise, wie die beiden anderen Konstruktionen. Solche Versuche haben die Entfaltung sozialwissenschaftlicher Theorien politischen Verhaltens nicht entscheidend bestimmen können. Dies mag erstaunen oder für selbstverständlich gehalten werden; ein Anlaß, Fragen zu stellen, sollte es jedenfalls sein.

Die Tatsache, daß in Entsprechung zu den Konstruktionen des homo sociologicus und des homo öconomicus sich bisher keine Konstruktion eines homo politicus durchsetzen konnte, könnte z. B. die Frage provozieren, ob eine konsistente Konstruktion des homo politicus und ihre Ausarbeitung im Rahmen einer Theorie politischen Verhaltens bisher deshalb gescheitert seien, weil sie die weithin akzeptierten Theorien, die mit den Konstruktionen des homo sociologicus und homo öconomicus arbeiten würden, nachdrücklich als äußerst zweifelhaft hinstellen würden. Wenn sich nämlich die Konstruktion eines homo politicus durchsetzen würde, dann müßten die beiden anderen Konstruktionen in bezug auf politische Theorien entweder falsch oder einseitig, zumindest für die Theorie politischen Verhaltens nicht sonderlich geeignet sein. Die erwähnte Tatsache könnte auch die Frage herausfordern, ob die Konstruktion eines homo politicus nicht deshalb gescheitert sei und grundsätzlich scheitern mußte, weil sie die ohnehin ungemein schwierige Problematik der Bestimmung des Politikbegriffs nur erschweren würde.

Die ökonomische Theorie politischen Verhaltens hat - so scheint es - im Vergleich zu anderen Theorien eine Reihe von "Vorzügen". Diese Theorie postuliert nicht nur für *alle* Beteiligten am politischen Prozeß *dieselbe* Grundannahme, nämlich die rationale Orientierung nach dem Kosten-Nutzen-Kalkül zur Maximierung des Eigennutzes. Für sie ist auch die Frage nach dem Politikbegriff insofern kein Thema, als nach ihr das Interesse aller am politischen Markt Beteiligten auf öffentliche Güter gerichtet ist. Öffentliche Güter bedürfen - so kann man argumentieren, was aber erstaunlicherweise selten geschieht - keiner Festlegung und würden sich auch solchen Bemühungen entziehen. Öffentliche Güter würden dadurch konstituiert, daß sie am politischen Markt gehandelt würden; und der politische Markt würde durch von der Gesellschaft entwickelte und von ihr anerkannte Einrichtungen und Regelungen konstituiert; dadurch würde festgelegt, in welcher Weise und unter welchen Bedingungen die am Marktgeschehen Beteiligten ihre Interessen einbringen und so an öffentlichen Gütern partipizieren könnten.

Einen weiteren "Vorzug" der ökonomischen Theorie politischen Verhaltens könnte man darin sehen, daß sie auf eine Elitentheorie verzichten kann - was sie allerdings nicht ausschließt, in der Regel sogar implizit voraussetzt -,[78] und zwar deshalb, weil sie zum einen grundsätzlich für alle eine eigennützige und rationale Orientierung voraussetzt, zum zweiten über den politischen Markt von vornherein die wechselseitige Abhängigkeit von - pauschal formuliert - Politikern und Bürgern unterstellt, ohne dabei irgend jemandem notwendig eine herausgehobene Tätigkeit in seiner rationalen Orientierung zurechnen zu müssen.

Diesen "Vorzug" kann man noch umfassender sehen, indem man nämlich die mögliche Konsequenz miteinbezieht, die sich aus der erwähnten Grundannahme herleiten läßt, sofern man sie um eine zusätzliche erweitert. Eine Elitentheorie wäre zwingend ausgeschlossen, wenn man die Anwendung des Nutzen-Kosten-Kalküls nur den Individuen persönlich zurechnen würde in dem Sinne, daß nur - wenn überhaupt - jeder Einzelne je für sich zutreffende bzw. gültige Feststellungen über die Nutzen-Kosten-Rechnungen treffen könne. In jedem Falle, d. h. ob in bezug auf Politiker oder Wahlbürger - wenn man dieses Schema einmal übernehmen will -, würde das Ergebnis der jeweiligen Kosten-Nutzen-Rechnung einer öffentlichen und intersubjektiven bzw. objektiven Überprüfung entzogen sein. Dafür stünde dann kein Kriterium zur Verfügung. Aufgrund der zusätzlichen Annahme würde allerdings das der ökonomischen Theorie der Politik (jedenfalls der von Downs) zugrundeliegende Axiom, jeder Beteiligte würde sich rational verhalten, äußerst fragwürdig. Ebenso fragwürdig wäre dann das mit diesem Axiom verbundene Eigennutzaxiom. Die Fragwürdigkeit besteht - kurz gesagt - in der Konsequenz, daß man trotz der Geltung der beiden Axiome beliebig viele Kosten-Nutzen-Rechnungen, jedenfalls grundsätzlich so viele wie es Beteiligte gibt, voraussetzen müßte. Somit wäre letztlich eine Theorie politischen Verhaltens - erst recht eine empirisch überprüfbare - unmöglich. Da kein Kriterium zur Verfügung steht, um zu objektiven - von Exaktheit gar nicht zu reden - Feststellungen zu kommen, müßte man ein weiteres Axiom einführen, das zum einen dazu dienen müßte, sowohl das politische vom nichtpolitischen Verhalten auszugrenzen als auch das politische Verhalten differenziert erfassen und darstellen zu können. Über dieses Axiom müßte zum zweiten eine Verknüpfung zu den beiden anderen Axiomen hergestellt werden, und zwar so, daß dadurch ein empirischer Zugriff möglich würde. - Aber damit würden wir einen neuen Ansatz und in seiner Konsequenz eine neue Theorie fordern.

Wenn *von vornherein* - wie für die ökonomische Theorie der Politik - feststeht, daß jedes politische Verhalten als ein rationales Verhalten zu gelten habe und dem rationalen Verhalten stets "primär eigennützige Absichten zugrunde liegen";[79] und wenn "Rationalität letztlich Wirtschaftlichkeit bedeutet",[80] muß *jedes* politische Verhalten *grundsätzlich ebenso* rational bzw. wirtschaftlich sein wie *jedes andere* politische Verhalten. Diese Konsequenz wird nicht berührt durch die Annahme, daß "der Begriff *rational* niemals auf die Ziele, sondern stets nur auf die Mittel eines Handlungsträgers angewendet" werde. Dies folge - so wird argumentiert - aus "der Definition von *rational* als wirtschaftlich, d. h. den Output eines bestimmten Input maximierend bzw. den zur Erreichung eines bestimmten Outputs nötigen Input minimierend".[81]

Als Beleg für die Angemessenheit der Festlegung des Politikbegriffs durch den Rationalitätsbegriff der Wirtschaftswissenschaften wird ausgeführt: "Nehmen wir an, ein Mann zieht aus politischen Gründen die Partei A vor, aber seine Frau macht ihm jedesmal eine Szene, wenn er nicht für die Partei B stimmt. Von seinem *persönlichen* Standpunkt verhält sich dieser Mann vollkommen rational, wenn er seine Stimme der Partei B gibt, falls ihm die Verhinderung eines Ehekrachs wichtiger ist als der Sieg von A über B. Trotzdem gilt in unserem Modell ein solches Verhalten als irrational, weil es ein politisches Mittel in den Dienst eines nichtpolitischen Zwecks stellt."[82] Gerade dieses Beispiel demonstriert deutlich - sicherlich entgegen der Absicht von Downs - die Unbrauchbarkeit des vorausgesetzten Politikbegriffs (und damit auch Rationalitätsbegriffs). Denn für dieses Beispiel könnte man jedes x-beliebige Beispiel aus jedem beliebigen Lebensbereich einsetzen, wenn es nur die eine Bedingung erfüllt, daß jemand aus politischen Gründen die Partei A vorzieht, aber aus irgendwelchen anderen (= nichtpolitischen) Gründen die Partei B wählt. (Daß von einem politischen Mittel die Rede ist, das für einen nichtpolitischen Zweck eingesetzt werde, unterstreicht nur die Hilflosigkeit dem Gegenstand gegenüber.) Verkürzt heißt das, jemand handelt nicht politisch, weil (oder wenn) er nicht politisch handelt. Das dieser Verkürzung zugrunde liegende allgemeine Muster könnte man so umschreiben, jemand handelt nicht so (wie er sollte, müßte), weil (oder wenn) er nicht so handelt.

In dieser Zuspitzung wird erkennbar, in welchem Ausmaß das "tautologische Theorem" - wie ich es bezeichne - strapaziert wird, wenn man es "differenziert" anwendet, ohne für diese "Differenzierung" überhaupt irgendeine Anknüpfungsmöglichkeit anzubieten (vgl. dazu auch den folgenden Beitrag). Dieses Theorem dient in dem vorliegenden Falle dazu, die Anwendung eines von den Wirtschaftswissenschaften vorgegebenen Rationalitätsbegriffs (und damit eines bestimmten Wissenschaftsbegriffs) auf einen anderen Gegenstand zu rechtfertigen. Der hier vorausgesetzte Rationalitätsbegriff bietet - und das ist entscheidend - keinerlei Anknüpfungsmöglichkeit für bzw. enthält keinerlei Hinweise auf ein Verhalten, das zumindest nicht ausschließlich als ein wirtschaftliches festgelegt ist. Es ist überhaupt nicht erkennbar, wodurch ein Bezug zum Politischen (worin auch immer man es sehen mag) hergestellt wird bzw. herstellbar ist.

Da ein solcher Rationalitätsbegriff überhaupt nicht geeignet ist, politisches von nichtpolitischem Verhalten abzugrenzen - jedes in dem vorher genannten Sinne auf Wirtschaftlichkeit ausgerichtete Verhalten müßte als politisches gelten -, somit selbstverständlich auch nicht, dieses Verhalten zu differenzieren. Diese Problematik wird verständlicherweise im Rahmen der Grundlegung der ökonomischen Theorie der Politik nicht diskutiert (und auch von den Kritikern dieser Theorie in der Regel übersehen). Man umgeht sie, indem man, die behauptete Abgrenzung voraussetzend, von vornherein und ohne Begründung - wie Downs - drei verschiedene politische Entscheidungsträger einführt, nämlich "politische Parteien, einzelne Bürger (als Wähler) und Interessengruppen". (Die Kategorie der Interessengruppe umfaßt nach Downs "sowohl Individuen als auch nicht parteiartige Koalitionen wie z. B. Aktiengesellschaften, Gewerkschaften und Gewerbeverbände".)[83] Diese Festlegung schafft keine Klarheit in der Frage, nach welchen Kriterien die Träger politischen Verhaltens zu unterscheiden sind. (Solche Kriterien wären jedenfalls hier eine notwendige Voraussetzung, wenn schon eine Differenzierung nicht beim Ausgrenzungsaxiom ansetzen kann.) Von einer überzeugenden oder gar stringenten Differererenzierung politischen Verhaltens in Rücksicht auf Rationalität kann überhaupt keine Rede sein (politisches Verhalten ist und bleibt vom Ansatz her ja immer politisch und rational - und umgekehrt).

Zwar kann die Voraussetzung, Politiker würden sich verhalten, wie sie sich verhalten, weil sie gewählt bzw. wiedergewählt werden wollen, in Verknüpfung mit dem Rationalitäts- und Eigennutzaxiom erklären, aber nicht, warum es eine Vielzahl von Positionen und Rollen (ganz allgemein: institutionelle Einrichtungen) für politisches Handeln gibt und die jeweiligen Inhaber dieser Position und Rollen sie sehr unterschiedlich ausprägen. Für Bürger und Interessengruppen müßten jedoch - abgesehen von der zuletzt angesprochenen Differenzierungsfrage - zu dem Rationalitäts- und Eigennutzaxiom eine andere Voraussetzung eingeführt werden. Damit wird erneut bestätigt, daß das betreffende Ausgrenzungsaxiom, da *alle* angesprochenen Handlungsträger als *politische* Handlungsträger anzusehen sind, eben nicht geeignet ist, die ihm zugedachte Leistung zu erbringen. Das Ausgrenzungsaxiom müßte zu der bereits genannten Forderung nach Hinweisen für Anschlußmöglichkeiten auch Hinweise dafür anbieten, warum zum einen die - ganz allgemein gesagt - institutionellen Differenzierungen vorausgesetzt werden können, und zum anderen, warum bei denselben institutionellen Voraussetzungen sehr unterschiedliches Verhalten möglich ist, also dieses zuletzt angesprochene Verhalten nicht durch die institutionellen Differenzierungen erklärbar ist.

Da nach Downs eine Differenzierung politischen Verhaltens nach dem Rationalitätskriterium nicht auf die Ziele, "nicht einmal auf den Erfolg bei der Erreichung angestrebter Ziele"[84] bezogen werden kann, aber andererseits jedes politische Verhalten per Definition rational ist - sonst wäre es kein politisches -, müßte eine Differenzierung konsequenterweise auf die Mittel (des Handlungsträgers) bezogen werden. Das heißt, politisches Verhalten müßte nach seiner Wirtschaftlichkeit differenziert werden. Das ist jedoch nicht möglich, weil Rationalität bzw. Wirtschaftlichkeit als Ausgrenzungskriterium für politisches Verhalten eingesetzt wurde. Wollte man differenzieren danach, ob ein Verhalten rationaler bzw. wirtschaftlicher sei als ein anderes, könnte man - ohne Einführung eines zusätzlichen Kriteriums - nur feststellen, ein politisches Verhalten sei politischer als ein anderes. Ein solcher Differenzierungsversuch scheint also von Anfang an nicht sehr sinnvoll zu sein. Es führt nicht weiter, wenn man lediglich die nachträglich eingeführte und nicht weiter begründete formale Bedingung voraussetzen würde, Rationalität "sei kein dichotomischer Begriff, d. h. ihr möglicher Zustand ist nicht auf 100 % oder 0 % beschränkt".[85] Jedoch hätte diese Bedingung

Anlaß zur Frage sein müssen, ob man in Rücksicht auf das Eigennutz- und Rationalitätsaxiom nicht konsequenterweise eine Theorie politischen Verhaltens entwickeln müßte, die von vornherein auf eine Differenzierungsmöglichkeit auszurichten wäre, die erlaubt, politisches Verhalten in seiner Rationalität zwischen 100 % und 0 % zu erfassen und zu beschreiben. *Vom Ansatz* her hätte eine Differenzierungsmöglichkeit in Rücksicht auf die Mittel formuliert werden müssen. - Ob der Versuch, eine so ansetzende Theorie zu entwickeln, erfolgreich sein könnte, kann hier nicht diskutiert werden.

Auch wenn man nur eine ökonomische Theorie der Demokratie bzw. generalisierte Verhaltensregeln für demokratische Regierungen entwickeln will, muß man sich der beschriebenen Differenzierungsfrage stellen. Da das aber von der Axiomatik her, d. h. aufgrund der "Verknüpfung" des Eigennutz- und Rationalitätsaxioms als Axiom für *politisches* Verhalten, nicht möglich ist, kommt es - so jedenfalls bei Downs - zu eigenartigen und inkonsistenten Verknüpfungen von Handlungsträgern und Zielorientierungen. Außerdem werden bezeichnenderweise einerseits in Rücksicht auf Ungewißheit zwei spezifische Kriterien zur Differenzierung der Wähler eingeführt, andererseits wird ein charakteristisches Mittel, nämlich die Ideologie, "als Mittel zur Erlangung der Macht",[86] ausführlich behandelt. Ideologien sind nach Downs für den Wähler Mittel zur Kostenersparnis. Für die Parteien sind sie Mittel zum Zweck, Wählerstimmen zu gewinnen. Jedoch werden weder in bezug auf den Wähler noch in bezug auf politische Parteien differenzierte Rationalitätsmuster politischen Verhaltens herausgearbeitet.

Auffällig ist zunächst - was nach den bisherigen Ausführungen nicht weiter verwunderlich ist -, daß nicht einmal die vorweg eingeführte Differenzierung in politische Parteien, einzelne Bürger und Interessengruppen konsequent durchgehalten wird. Weiterhin fällt sofort auf, daß die "Grundstruktur des Modells" den Entscheidungsträger "Interessengruppen" überhaupt nicht integriert. Fragt man nach dem Entscheidungsträger "Regierung" - was nahe liegt, wenn eine Theorie generalisierter Verhaltens-

Regeln demokratischer *Regierungen* angeboten wird -, so wird man zunächst einmal auf den Terminus "regierende Partei" verwiesen. Das heißt, "Regierung" als eigener Entscheidungsträger kommt vom Ansatz her nicht vor. Dieser Festlegung könnte, sofern man die Einführung der bezeichneten drei Entscheidungsträger selbst nicht mehr infrage stellt, von der Axiomatik her ein angebbarer Sinn zugewiesen werden, wenn Rationalitätsmuster politischen Verhaltens erarbeitet werden sollten, und zwar in Rücksicht auf die Mittel. Jedoch wird "Regierung" zusätzlich zu "politische Partei" und "Bürger" (von "Interessengruppen" abgesehen) als eigenständiger Entscheidungsträger vorgestellt. Das geschieht im Zusammenhang mit der Festlegung von Zielorientierungen. Über diesen Umweg wird dann doch in bezug auf Ziele, wenn auch in bezug auf die Ziele der Handlungsträger, die Rationalität des Verhaltens der Entscheidungsträger beschrieben; jedoch nicht, um Differenzierungen zwischen 100 % und 0 % aufzuzeigen - was zu erwarten wäre -, sondern um rationales von irrationalem Verhalten abzugrenzen. Trennschärfe wird nicht erreicht, kann auch nicht erreicht werden, schon deswegen nicht, weil vorweg *politisches* Verhalten als rationales definiert wurde. Dies könnte nur dann gelingen, wenn man das Zauberstück fertigbrächte, nicht nur das rationale, sondern auch das irrationale Verhalten als politisches Verhalten darzustellen, obwohl man per definitionem das irrationale Verhalten als nichtpolitisches Verhalten ausschließt bzw. nicht als ein politisches Verhalten anerkennt.

Das läßt sich grundsätzlich auch allein in Rücksicht auf das Eigennutzaxiom feststellen. So wird "Regierung", obwohl nicht als eigener Entscheidungsträger eingeführt (erst recht nicht erklärt), "konstituiert" durch die Ausformung des Eigennutzaxioms als Zielorientierung, "daß jede Regierung das Ausmaß an Ansehen und Unterstützung, das sie beim Volke genießt, zu maximieren sucht".[87] *Demokratische* Regierungen suchen "durch rationales Handeln ihren politischen Anhang unter den Wählern zu maximieren".[88] Diese Aussagen zur "Regierung" sind, da auch für die Regierung das Eigennutz- und Rationalitätskriterium gelten, banal und zudem tautologisch, scheinen jedoch auf den ersten Blick insofern angebracht zu sein, als sie angeblich erlauben, "Regierung" der Kategorie "politische Partei" zuzuordnen und entsprechend zu behandeln. Eine solche kategoriale Zuordnung widerspricht dem Eigennutzaxiom nicht, sie ist sogar zwingend, wenn man politische Parteien in demokratischen Ordnungen durch die Zielorientierung der Stimmenmaximierung definiert.[89] Eine Regierung in demokratischen Ordnungen kann selbstverständlich nicht vom Kampf um Stimmen ausgeschlossen werden. Um dies festzustellen, braucht man jedoch das Eigennutzaxiom im Verständnis der Wirtschaftstheorie nicht als das grundlegende Axiom einzuführen. Eine Demokratietheorie, die auf jegliche Bezugnahme zur Wirtschaftstheorie verzichtet, leistet das überzeugender. Kurz: Das Eigennutzaxiom ist nicht geeignet, eine spezifische Demokratietheorie, z. B. eine ökonomische Theorie der Demokratie, auch keine spezifische Theorie *politischen* Verhaltens zu begründen. Das gilt auch, wenn man außerdem das Rationalitätsaxiom voraussetzt.

Auf die von Downs behandelte Unterscheidung zwischen rationalen Irrtümern und irrationalem Verhalten[90] brauchen wir uns hier nicht näher einzulassen. Diese Unterscheidung dient lediglich dazu, trotz der von Downs selbst vorgebrachten Bedenken seine Auffassung von Rationalität für die wissenschaftliche Behandlung des Gegenstandes zu retten. Das gilt grundsätzlich ebenfalls für den "Appendix" über "Das mögliche Auftreten einer Irrationalität im Modell".[91] Gerade dieser Anhang demonstriert besonders deutlich das Bemühen, den vorausgesetzten Rationalitätsbegriff auch für die Vorgehensweise (und damit für das Wissenschaftsverständnis) nicht korrigieren zu müssen. Dort wird ausdrücklich betont, für eine bisher benutzte Annahme "willkürlichen Charakters" eine Erklärung abzugeben. Es handelt sich insbesondere um das Postulat: "Jeder Bürger, der sich an der Wahl beteiligen will, dem aber gleichgültig ist, wer gewinnt, sucht sich durch Zufallsauswahl irgendeine Partei aus und stimmt für sie." Dieses Postualt wird eingeführt, um eine zentrale Annahme über das Verhalten von

Parteien nicht revidieren zu müssen. Einzelheiten sind hier nicht von Interesse. Wichtig ist, daß Downs abschließend, um seine eingangs des Buches eingeführte Verknüpfung vom Rationalitätsaxiom und Begriff des Politischen zu rechtfertigen - ohne das ausdrücklich zu formulieren - und der Schlußfolgerung zu entgehen, jedes beliebige Verhalten sei als rational anzusehen, feststellt: "Um dieser sterilen Schlußfolgerung zu entgehen, haben wir nur Handlungen, die auf rein *politische oder ökonomische* Zwecke gerichtet sind, als rational betrachtet."[92] - Kaum deutlicher als durch diesen Satz konnte Downs demonstrieren, wie sehr er sich entgegen den eigenen Beteuerungen in den Fallstricken des "tautologischen Theorems" verfangen hat.

Weder das Eigennutz- noch das Rationalitätsaxiom noch beide Axiome zusammen weisen - das ist im Zusammenhang unserer Überlegungen der entscheidende Kritikpunkt - Anknüpfungsmöglichkeiten für Differenzierungen aus. Positiv und verallgemeinernd heißt das - und das ist im Zusammenhang unserer Überlegungen die grundlegende These für den Entwurf von Theorien politischen Verhaltens -: Die Axiome, die zur Ausgrenzung politischen Verhaltens zugrundegelegt werden, müssen auch für Differenzierungen eingesetzt werden können (und auch tatsächlich angewandt werden).

In Rücksicht auf diese Forderung wird die Unzulänglichkeit des Eigennutzaxioms verstärkt durch das ebenfalls unzulängliche Rationalitätsaxiom. Das läßt sich - wie angedeutet - deutlich ablesen an der Definition von "Regierung" und "politische Partei". "Politische Partei" wird so definiert: "Eine politische Partei ist eine Gruppe von Personen, die die Kontrolle über den Regierungsapparat dadurch in ihre Hand zu bekommen suchen, daß sie in einer ordnungsgemäß abgehaltenen Wahl ein Amt erhalten."[93] Für diese Definition braucht man das Rationalitätsaxiom nicht. Es ist jedoch notwendig, wenn man das Eigennutzaxiom retten will. Dabei geht es nicht darum, "Partei" als "*politische* Partei" zu bestimmen. Das Rationalitätsaxiom ist notwendig, um *Gruppe* definieren zu können als "eine Koalition, deren Mitglieder über *alle* von ihnen verfolgten *Ziele einer Meinung* sind und nicht nur über einen Teil".[94] Das heißt, die Voraussetzung, *alle* Mitglieder seien rational, ist notwendig, damit sich "ihre Ziele als einheitliche, widerspruchsfreie Präferenzordnung auffassen" lassen. Abgesehen davon, daß das Rationalitätsaxiom ursprünglich eingeführt wurde, um "politisch" von "nicht-politisch" abzugrenzen, wäre "Regierung", da sie nur ein Unterfall des Entscheidungsträgers "politische Partei" sein soll, konsequenterweise zunächst zu definieren als politische Partei, die die Kontrolle über den Regierungsapparat in der Hand hat. Eine solche Definition bestätigt nur, daß "Regierung" kein Unterfall der "politischen Partei" ist. Wenn man aber "Regierung" als Unterfall der "politischen Partei" retten will, indem man das Verhalten der Regierung gemäß ihrem definierten Eigennutzen orientiert, bestätigt man nur erneut die kategoriale Verschiedenheit von "Regierung" und "politische Partei"; auch dann, wenn man für beide Stimmenmaximierung als Eigennutzorientierung festlegt.

Bezeichnenderweise bietet Downs sogar selbst sehr verschiedene Definitionen für "Regierung" an. So wird z. B. eine Definition durch Festlegung von spezifischen Mitteln in bezug auf die Zielorientierung eingeführt, nämlich die stimmenmaximierende Regierung als die Partei, die an der Regierung ist und die "*die politischen Konzepte und Axiome des Staates*" immer so "manipuliert", "wie es in ihren Augen notwendig ist, um die Mehrheit der Stimmen zu gewinnen".[95] Eine andere Definition führt zusätzlich zu den angeführten Bedingungen eine weitere Zielorientierung - ohne sie von der Axiomatik her zu begründen - ein, die sich aus der gesellschaftlichen Arbeitsteilung ergibt. Danach ist "die *Regierung* als jenes spezialisierte Organ der gesellschaftlichen Arbeitsteilung" bestimmt, "das in der Lage ist, seine Entscheidungen allen anderen Organisationen und Individuen in dem betreffenden Gebiet aufzuzwingen".[96] Sollte darunter keine weitere Zielorientierung für das Handeln der Regierung verstanden werden, sondern ihre instrumentelle Fähigkeit gemeint sein, kann "Regierung" wiederum nicht als Unterfall der "politischen Partei" begriffen werden. Will man auf die gemeinsame Zielorientierung der Stimmenmaximierung zurückgreifen, so sind das Rationalitäts- und Eigennutzaxiom überflüssig, weil sie eine Differenz von "Regierung" und "politische Partei" nicht begründen und erst recht nicht tragen.

Was in Rücksicht auf die Differenzierung von "politische Partei" und "Regierung" festgestellt wurde, gilt grundsätzlich auch - ohne an dieser Stelle dafür den Nachweis zu erbringen - in Rücksicht auf alle weiteren Differenzierungen. So werden die "Wähler" in acht Typen (in zwei mal vier) differenziert durch die auf Ungewißheit bezogenen zwei Kategorien: "die Zuversicht, mit der ein Wähler zu seiner Parteipräferenz steht, und die Intensität, mit der er seine - wie auch immer gearteten - Ansichten nach außen vertritt."[97] Die Differenzierung der "Führer" in politische Parteien, Interessengruppen und Gefälligkeitskäufer erfolgt - ebenfalls in bezug auf Ungewißheit - nach dem Kriterium der Fähigkeit, "Wähler so zu beeinflussen, daß sie bestimmte Ansichten als Ausdruck ihres eigenen Willens annehmen".[98] Unter Bezugnahme auf Ungewißheit wird auch die Notwendigkeit von nichtstaatlichen Vermittlern bzw. repräsentativen Lobbyisten begründet. Jedoch versagt offenbar in diesem Falle Ungewißheit als Anknüpfung zur Formulierung eines Differenzierungskriteriums; jedenfalls wird dafür kein Differenzierungskriterium eingeführt bzw. keine Differenzierung des Handlungsträgers "nichtstaatliche Vermittler" bzw. "repräsentative Lobbyisten" vorgenommen.

Wenn auch das zugrundegelegte Rationalitätsaxiom eine Bezugnahme auf die Mittel vorgibt, wird bezeichnenderweise Ideologie als Mittel zur Bewältigung von Ungewißheit durch die *Parteien* im Rahmen eines eigenen Kapitels näher behandelt. Zwar wird zugestanden, daß Ideologien auch für die *Wähler* nützliche Mittel seien, aber nicht näher ausgeführt, insbesondere nicht bei der Typisierung des Wählerverhaltens berücksichtigt. Bevor überhaupt dieses Mittel und sein Einsatz näher diskutiert werden können, müssen nach Downs die Begriffe "Verläßlichkeit", "Integrität" und "Verantwortlichkeit" in bezug auf *Parteien* untersucht werden zur "Erfassung bestimmter Merkmale des Parteiverhaltens".[99] Das heißt jedoch nichts anderes, als daß Parteien, obwohl sie aufgrund ihrer Zielorientierung von vornherein in ihrem Verhalten als rational festgelegt sind, zusätzliche Verhaltensmerkmale aufweisen müssen, um sie als rationale Entscheidungsträger beim Einsatz der Mittel (der Ideologien) behandeln zu können. Bei der Behandlung des Verhaltens der Wähler in Rücksicht auf die Bewältigung von Unsicherheit durch die Beschaffung von Informationen wird insofern umgekehrt vorgegangen, als die bereits erwähnte Typologie des Wählers nicht mehr berücksichtigt, sondern letztlich eine neue Typologie eingeführt wird, nämlich die Differenzierung des rationalen Bürgers in Wähler und Nichtwähler.

Daß die Differenzierung von der Axiomatik her nicht überzeugt, ließe sich zusätzlich zu den bisherigen Darlegungen verdeutlichen, wenn man die Fragen näher untersuchen würde, wie jeweils versucht wird, den individuellen Handlungs- und Entscheidungsträger - sei er Politiker oder Bürger - im Zusammenhang mit den "kollektiven" Handlungs- und Entscheidungsträgern darzustellen bzw. sie voneinander abzugrenzen. Auch wenn man die fragwürdige exclusive Festlegung der Politiker als Parteipolitiker bzw. als Mitglieder der politischen Parteien nicht infrage stellt, auch die Frage der Zuordnung zu den anderen kollektiven Handlungs- und Entscheidungsträgern übergeht, wird die Unauflösbarkeit der angesprochenen Problematik bereits im Ansatz erkennbar;[100] insbesondere wenn man zusätzlich berücksichtigt, daß "Mitgliedschaft" in einer Partei keine irgendwie geartete institutionelle Bindung meint.

Nach Downs handeln Parteimitglieder nur, "um das Einkommen, das Prestige und die Macht zu erlangen, die mit öffentlichen Ämtern verbunden sind". Die Politiker würden deshalb "niemals ein öffentliches Amt" anstreben, "weil es ihnen ermöglicht, bestimmte politische Konzepte zu verwirklichen". Ihr "einziges Ziel" sei, "die Vorteile zu genießen, die ein öffentliches

Amt an sich biete".[101] Wenn es zur Verdeutlichung weiter heißt, Politiker würden *politische* Konzepte und Aktionen einzig und allein als *Mittel* zur Verfolgung dieser privaten Ziele verwenden, so ist zu fragen, wieso überhaupt von *politischen* Konzepten und Aktionen als Mittel die Rede sein könne, da ja von vornherein das Handeln durch die Verwendung der Mittel als politisches und damit rationales (oder umgekehrt) festgelegt sei. Die Antwort auf die Frage, wodurch ein Mitglied einer Partei als Politiker sich ausweise bzw. identifizierbar wäre - von Differenzierungen gar nicht zu reden -, kann aufgrund der Festlegungen von Downs nur lauten: dadurch, daß er Mitglied einer Partei ist. Die Antwort auf die entsprechende Frage in Rücksicht auf den rationalen Bürger, nämlich wodurch sich der rationale Bürger als Wähler politisch ausweise bzw. identifizierbar werde, muß lauten: dadurch, daß er Wähler (Nicht-Wähler = negativer Wähler)[102] ist. Die Frage, ob und inwieweit die vom Wähler verwendeten Mittel politisch sind, ist, wenn diese Frage überhaupt als zulässig akzeptiert werden sollte, so zu beantworten: *Alle* vom Wähler verwendeten Mittel sind *gleichermaßen* politische; denn *alle* Wähler sind *gleichermaßen* rational, d. h. als rationale Bürger verwenden die Wähler ohnehin nur politische Mittel. Die Zielorientierung des rationalen Bürgers als eines Wählers, für die Partei zu stimmen, "von der er glaubt, daß sie ihm während der kommenden Wahlperiode ein höheres Nutzeneinkommen liefern wird als irgendeine andere Partei,"[103] besagt nichts in Rücksicht auf die oben erwähnte Typologie. Diese Typologie könnte z. B. auch im Rahmen einer Entscheidungstheorie entwickelt werden, deren Gegenstand durch die Frage "Mit welchen Mitteln versuchen Wähler, bei ihrer Wahlentscheidung mit dem Problem der Ungewißheit fertig zu werden?" umschrieben werden könnte. Die entsprechende Fragestellung in bezug auf die Politiker würde lauten: "Mit welchen Mitteln versuchen die Politiker, die Wähler zu überreden (die Ungewißheit der Wähler auszunutzen), um deren Stimme zu erhalten?" Oder: "Mit welchen Mitteln versuchen die Politiker, mit dem Problem der Ungewißheit über das Abstimmungsverhalten der Wähler fertig zu werden, um deren Stimmen zu erhalten?"

Eine Theorie, die von diesen Fragestellungen her entwickelt würde, hätte den Vorteil, in der Tat von vornherein auf die Mittel verwiesen zu werden, ohne fragwürdige Axiome vorauszusetzen. Auch eine solche Theorie, sofern mit ihr der Anspruch verknüpft würde, eine *politikwissenschaftliche* Theorie zu sein, müßte sich dem Ausgrenzungsaxiom stellen. Das heißt, eine solche Theorie müßte ihren Anspruch auf den Status einer politikwissenschaftlichen Theorie daran überprüfen lassen müssen, ob sich ihre Kriterien zur Differenzierung des Verhaltens in bezug auf die verwendeten Mittel vom Ausgrenzungsaxiom herleiten ließen. Das gilt z. B. auch für die von Olson entwickelte Gruppentheorie. Nach Olson ist von vornherein zumindest für die großen bzw. latenten Gruppen die Annahme auszuschließen, Mitglieder dieser Gruppen würden in jedem Falle dann, wenn sie rational danach streben würden, ihre persönliche Wohlfahrt zu maximieren, so handeln, daß ihre gemeinsamen oder Gruppenziele erreicht würden. Diese Annahme wäre nur unter der Voraussetzung von Zwang oder des Angebots besonderer zusätzlicher Anreize der Fall. So gilt nach Olson:
"Die Darstellung großer latenter Gruppen setzt (also) nicht unbedingt eigennütziges Verhalten voraus, obwohl ein solches Verhalten durchaus damit vereinbar wäre. Die einzige Bedingung ist, daß das Verhalten der Individuen in den hier betrachteten großen Gruppen oder Organisationen im allgemeinen rational sein sollte, und zwar in dem Sinne, daß sie ihre eigennützigen *und* uneigennützigen Ziele mit geeigneten und wirksamen Mitteln verfolgen."[104]

Wenn auch zwischen den Theorien von Downs und Olson - andere und zusätzliche ließen sich heranziehen - in Rücksicht auf die Frage von Anknüpfungsmöglichkeiten für Differenzierungen in Anbindung an die zugrundeliegenden und als Ausgrenzungskriterien dienenden Axiome keinerlei Unterschied besteht, so doch in Rücksicht auf die Möglichkeit einer Umformulierung, um der weiter oben genannten Anforderung zu genügen. - Dies kann hier nicht geleistet werden.

Grundsätzlich gilt für Theorien wie die von Downs und Olson, die mit dem Anspruch vorgetragen werden, nicht-normative Theorien zu sein (insbesondere beansprucht Downs, seine Theorie bestehe aus empirisch überprüfbaren Sätzen, die stringente Ableitungen des Rationalitäts- und Eigennutzaxioms seien),[105] daß sie doch eine ganze Reihe normativer Annahmen implizieren. Diese normativen Implikationen (oder Inhalte von Politik) werden nicht diskutiert. Man entzieht sich ihrer Erörterung, indem man sich zum einen z. B. auf eine Diskussion über Ziele der Demokratie nicht einläßt, zum anderen den verschiedenen Handlungs- und Entscheidungsträgern je einzelne Zielorientierungen vorgibt. Dabei wird nicht einmal die Frage behandelt - von den einzelnen Zielorientierungen abgesehen -, ob man nicht nur deshalb von Anfang an und von den verschiedenen Handlungs- und Entscheidungsträgern sprechen könne, weil normative Annahmen zugrundeliegen. Ganz allgemein ist festzustellen, daß Theorien dieser Art in ihren Annahmen über Handlungs- und Entscheidungsträger normative - wenn auch nicht unbedingt explizierte - Annahmen voraussetzen. Das gilt insbesondere - abgesehen von der Frage, ob "politisch" und "demokratisch" zusammenfallen - für die ökonomische Theorie der Demokratie von Downs. Die Vermutung, die auch von Downs für seine Theorie in Anspruch genommen wird, die angeblich nichtnormativen Theorien - wie die erwähnten - ließen sich in überzeugender Weise mit normativen Theorien verknüpfen, scheint wenig aussichtsreich zu sein. Der allgemeine Grund besteht in dem folgenden Dilemma: Diese Theorien sind - so paradox das zunächst erscheinen mag - einerseits nicht formal genug. Andererseits werden diese Theorien mit fortschreitender Formalisierung in zunehmendem Maße beliebig, d. h. sie sind dann bestenfalls noch als "Meta-Theorien" anzusehen, deren Anwendbarkeit auf spezifische Gegenstände, z. B. auf Gegenstände der Politischen Wissenschaft nicht überzeugend nachgewiesen werden kann und die daher hierfür auch keine Anbindungsmöglichkeiten für Differenzierungen von ihrer Axiomatik her anbieten.

Der entscheidende Fehler solcher Theorien wie der von Downs besteht nicht nur im Ableitungsverfahren (und der damit verknüpften Rationalitäts- und Wissenschaftauffassung), sondern vorrangig in der vorausgesetzten Axiomatik. Das heißt, die Festlegung der vorausgesetzten Axiome (und der darauf bezogenen Ableitungsverfahren) sind nicht oder nicht genügend an der Frage der Wirklichkeitsadäquanz orientiert. Nach meiner Auffassung geht es dabei zum einen um die Festlegung des Begriffs des Politischen im Zusammenhang mit dem Begriff des politischen Systems (ohne daß beide Begriffe als identisch angesehen werden können), zum zweiten um die Betrachtung des Zusammenhangs von sozialer Evolution und politischer Steuerung. Die Klärung dieser beiden Aspekte der Frage nach der Wirklichkeitsadäquanz hat nicht nur aufzuzeigen, den Zusammenhang zwischen dem Ausgrenzungsaxiom und der grundlegenden Aussage (der Sinnaussage) der jeweiligen Theorie (des jeweiligen Aussagensystems), sondern auch die Grundstruktur des Ableitungs- bzw. Konstruktionsverfahrens.

Bezeichnenderweise beansprucht auch Downs für seinen Ansatz und seine Vorgehensweise Wirklichkeitsnähe. So wird einerseits die Analogie des von ihm eingeführten homo politicus zum homo öconomicus der Wirtschaftstheorie ausdrücklich anerkannt (das ist zwingend aufgrund der "Definition" von "politisch"). Andererseits unterstellt er aber, sein homo politicus sei "der Durchschnittsmensch" innerhalb der Wählerschaft, der "'rationale Bürger' unserer Modelldemokratie". Damit soll offenbar die Wirklichkeitsnähe hergestellt werden (vgl. z. B. auch seine Äußerungen über die Annahmen zum "Prozeß des Sich-Informierens" (S. 202)). Von den Voraussetzungen her gelingt das jedoch nicht. Daß dadurch der "Durchschnittsmensch" eingefangen worden sei, ist jedenfalls mehr als zweifelhaft. Wenn auch den am Schluß seiner Arbeit aufgeführten Sätzen, die als "aus der Theorie abgeleitete überprüfbare Sätze" vorgestellt werden, eine gewisse empirische Plausibilität nicht abzusprechen ist, so nicht wegen, sondern trotz der Axiomatik. Die empirische Plausibilität ist nach meiner Einschätzung darauf zurückzuführen, daß entgegen der vorausgesetzten Axiomatik und dem vorausgesetzten Anspruch Annahmen implizit unterstellt und immer wieder zusätzliche eingeführt wurden, ohne sie von der explizit vorausgesetzten Axiomatik her zu untersuchen. Insgesamt gesehen, ist die Arbeit von Downs nach meiner Einschätzung ein exemplarisches Beispiel dafür, wie man die Grundlagenfragen der Politischen Wissenschaft auf hohem Niveau verfehlen kann.

Kritik an der ökonomischen Theorie der Politik (und den mit ihr vergleichbaren Theorien) ist nicht neu; sie ist vielfältig und verbreitet. Erstaunlich daran ist, warum sie bisher nicht soweit vorangetrieben wurde, insbesondere die grundsätzlichen Einwände systematisch zu erfassen und daraufhin zu untersuchen, welche Anforderungen sich davon herleiten lassen. Damit sind Anforderungen gemeint, denen eine Theorie, speziell: politikwissenschaftliche Theorie, genügen muß, um überhaupt als solche - unabhängig von ihrem jeweiligen Gegenstandsbereich und ihrem Inhalt (daß es sich dabei in diesem Falle um einen Gegenstand der Politischen Wissenschaft handelt, versteht sich von selbst) - Anerkennung zu finden. Es handelt sich dabei nicht um die Anforderungen, die von der allgemeinen Wissenschaftstheorie, die ohnehin in dieser Hinsicht wenig hilfreich, sondern eher hinderlich ist, aufgestellt werden, sondern um jene Anforderungen, die eine Theorie als eine gültige *politikwissenschaftliche* Theorie ausweist. Das heißt mit anderen Worten, es wären Regeln zu formulieren, nach denen politikwissenschaftliche Theorien zu entwickeln wären. Damit wären auch Kriterien genannt, nach denen politikwissenschaftliche Theorien auf ihre Gültigkeit hin, nämlich welchen Anforderungen sie genügen müßten, überprüft werden könnten. Nach den bisherigen Darlegungen wären folgende Punkte - die hier nur kurz umrissen werden können, jedoch an anderer Stelle ausführlicher behandelt sind - zu beachten:

1. Die Axiome, die als Ausgrenzungskriterium dienen sollen,

dürfen nicht in dem Sinne auf individuelle und/oder kollektive Handlungs- und Entscheidungsträger (die auch nicht einfach vorauszusetzen oder bestenfalls nachträglich mit dem Hinweis auf Arbeitsteilung zu begründen wären) bezogen werden, daß von diesen Axiomen Motivationen hergeleitet werden, um danach die Zielorientierungen der betreffenden Handlungs- und Entscheidungsträger festzulegen. Daher ist auch die Auffassung von Downs zurückzuweisen, die lautet: "Aus dem Eigennutzaxiom ergibt sich unsere Auffassung von den Motivationen, denen die *politischen* Aktionen der *Parteimitglieder* entspringen."[106] (Die Zurückweisung gilt entsprechend auch in bezug auf die übrigen Handlungs- und Entscheidungsträger.)

2. Ausgrenzungsaxiome, von denen her politikwissenschaftliche Theorien politischen Verhaltens entwickelt werden sollen, müssen von vornherein den jeweils gesamten Handlungs- und Entscheidungsraum ausgrenzen (was begründete Korrekturen der Axiome nicht ausschließt, sondern erst ermöglicht). Das heißt, Ausgrenzungsaxiome müssen sich von vornherein auf die Einheit beziehen, die durch die Gesamtheit aller jener Handlungen konstituiert werden, die von der Theorie erfaßt und dargestellt werden sollen. Solche Ausgrenzungsaxiome sind zwangsläufig sehr allgemein und hochabstrakt. Dadurch können sie ihre "Leitfunktionen" erfüllen, Konsistenz und Stringenz der Theorie zu sichern in dem Sinne, daß der von der Theorie zu erfassende Gegenstand nicht zunehmend "zerfasert" und "zerfranst" wird (indem man z. B. immer weitere Axiome einführt, die als "Annahmen" "getarnt" werden), so daß schließlich nicht mehr klar ist, um welchen Gegenstand und welche Theorie es sich handelt. Der Bezug zwischen dem allgemeinsten Ausgrenzungsaxiom (dem Begriff des Politischen) und dem Ausgrenzungsaxiom, woraufhin eine bestimmte Theorie entwickelt werden soll, kann durch Ausgrenzungsaxiome von Stufen unterschiedlicher Allgemeinheit hergestellt werden bzw. gewahrt bleiben.

3. Auch wenn die Ausgrenzungsaxiome zwangsläufig allgemein und hochabstrakt sind, so müssen sie doch Hinweise enthalten, die anzeigen, welche Differenzierungsmöglichkeiten gegeben sind. Das heißt, die Ausgrenzungsaxiome müssen Hinweise darüber enthalten, woraufhin Differenzierungen vorgenommen werden können. Wenn schon Rationalität von Verhalten in bezug auf Handlungs- und Entscheidungsträger beschrieben werden soll, dann muß man Ausgrenzungsaxiome zugrundelegen, die ermöglichen, nicht nur die Differenzierung der Verhaltensmuster der einzelnen Handlungsträger, sondern auch die Differenzierung der Handlungsträger selbst nach Kriterien rationaler Orientierung zu erklären. Allgemein heißt das, jede Differenzierung muß mit den Axiomen, die die zu betrachtenden Gegenstände konstituieren, vereinbar bzw. darauf beziehbar sein.

4. Nicht nur deswegen, weil durch Ausgrenzung immer zwischen dem Eingegrenzten und Ausgegrenzten eine Beziehung hergestellt wird, sondern insbesondere deswegen, weil die Ausgrenzungsaxiome eine für die Entfaltung der darauf aufbauenden Theorien entscheidende Leitfunktion zu leisten haben, muß man sich Klarheit über ihre allgemeine Leistungsfähigkeit verschaffen. Das heißt, man muß die an sie zu stellenden formalen und inhaltlichen Anforderungen kennen. Während die formalen Anforderungen im Prinzip die gleichen sind, werden die inhaltlichen jeweils davon bestimmt, welchen Gegenstandsbereich die Axiome ausgrenzen und welche Beziehungen sie demzufolge herstellen sollen (ich verweise auf meine Ausführungen zum Zusammenhang von Sinn- und Formkausalität). Da man in der inhaltlichen Festlegung - was offensichtlich ist - nicht beliebig vorgehen darf, muß man sich darüber Klarheit verschaffen, welche Inhalte mit welcher "Qualität" und welcher Präzision zur Verfügung stehen und welche für die Festlegung der Axiome heranzuziehen sind. Will man etwa - um ein relativ leicht verständliches Beispiel zu wählen - Axiome für Theorien des Wählerverhaltens

formulieren, so muß man Inhalte heranziehen, die - evtl. durch wissenschaftliche Bemühungen bereits präzisiert - die Bedingungen, unter denen Wählerverhalten beschrieben werden soll, erfassen, also das vorausgesetzte politische System in seiner "Qualität" als Demokratie. Zwar muß man dabei nicht - was in diesem Falle aus offensichtlichen Gründen auch nicht notwendig wäre - unbedingt auf ausgearbeitete Demokratietheorien zurückgreifen, aber dennoch muß in den Ausgrenzungsaxiomen eine bestimmte Grundvorstellung von Demokratie enthalten sein, eine - wenn man so will - Demokratietheorie in ihrer äußersten "Verkürzung". Der in diesem Falle vorausgesetzte Zusammenhang (zwischen Demokratie und Wählerverhalten) kann - wie unter Punkt 2. angedeutet - über Ausgrenzungsaxiome von Stufen unterschiedlicher Allgemeinheit hergestellt werden. Universalaxiome wie Rationalität als Wirtschaftlichkeitspostulat und Maximierung des Eigennutzes als Zielorientierung haben den "Vorteil", von *jeder* sozialwissenschaftlichen Theorie in Anspruch genommen zu werden. Aber aufgrund solcher Axiome können keine Ausgrenzungen vorgenommen (und damit auch keine Differenzierungen) bzw. keine spezifischen Gegenstände konstituiert werden. Solche "Ausgrenzungsaxiome" können zur Grundlegung von generellen, d. h. formalen Theorien dienen, deren Bezug zur Wirklichkeit jedenfalls durch sie nicht mitvorgegeben ist. Sofern sie zur Grundlegung bereichsspezifischer Theorien herangezogen werden, produzieren sie - konsequent angewandt - entgegen den üblichen Beteuerungen nur normative Theorien. Universalaxiome wie die beiden angesprochenen können - so paradox das auch erscheinen mag - erst dann angewandt werden, wenn entwickelte bereichsspezifische Theorien vorliegen. Erst dann können sie universell, d. h. unabhängig von einzelnen bereichsspezifischen Theorien angewandt werden; allerdings nicht zur Vervollständigung (oder dergleichen) der vorliegenden Theorien, sondern zu einer möglichen kategorialen Erfassung und Einordnung ihrer differenzierten Ausprägungen.

Verallgemeinernd und auf eine einfache Formel gebracht, kann man vielleicht sagen: Ausgrenzungsaxiome haben die Vertikaldifferenzierungen zu steuern, zu einer daran anschließenden kategorialen Einordnung (der horizontalen Differenzierung) sind Axiome heranzuziehen, die universell anwendbar sind.

5. Wie unter dem vorhergehenden Punkt bereits angedeutet, ist es nicht besonders zweckmäßig, von *Ausgrenzungsaxiomen* zu sprechen, weil die Frage ihrer *formalen logischen* Ableitbarkeit bzw. Nichtableitbarkeit in diesem Zusammenhang keine bedeutsame Rolle spielt und weil es keine allgemeinverbindlichen Kriterien für die jeweilige Ausgrenzung gibt. Da es sich um Festlegungen handelt, die den von der Theorie zu erfassenden Gegenstandsbereich konstituieren, wäre es sinnvoller, z. B. von gegenstandskonstituierenden oder theoriespezifischen, auf Anfangsentscheidungen basierenden (aber keineswegs notwendig theorieunabhängigen) Grundlagenaussagen zu reden. Das jeweils Spezifische dieser Festlegungen besteht zwar im Inhalt, jedoch nicht ausschließlich. Ihre spezifischen Ausprägungen erhalten die Inhalte im Zusammenhang mit der Form. Wenn auch - wie oben erwähnt - von der Form her eine Universalität gegeben ist, so heißt das nicht, daß von der Form her keine Variationsmöglichkeiten gegeben seien. Für diese Aussagen gibt es eine vielfach variierbare, universelle Grundform der Asymmetrie. Die jeweils spezifische Kombination von Inhalt und Form bestimmt die Explikationskapazität der grundlegenden Eingangsaussagen.[107]

In diesem Beitrag geht es - das ist hoffentlich deutlich geworden - nicht darum, die bisherige Kritik an der ökonomischen Theorie der Politik fortzusetzen. Es geht vielmehr darum, an einem Einzelproblem aufzuzeigen, welche Konsequenzen aus der Kritik zu ziehen sind, um die Politische Wissenschaft auf die Frage nach ihren Grundlagen zu verweisen, d. h. hier: auf die

Frage nach den Voraussetzungen und Bedingungen der Konstruktion *politikwissenschaftlicher* Theorien. Darüber hinaus soll ganz allgemein die Auffassung begründet werden, daß die Politische Wissenschaft herausgefordert ist, sich den vielfältigen Angeboten, die ihr von anderen Disziplinen angedient werden, zu stellen; nicht in der Weise, wie das üblicherweise der Fall ist, indem sie bei einer mehr oder weniger plausiblen Kritik (sei sie pauschal oder zu Einzelpunkten vorgetragen) stehen bleibt oder sie mehr oder weniger unkritisch übernimmt, sondern indem sie diesen Andienungen mit einem eigenen wissenschaftstheoretischen Konzept begegnet und auf dieser Grundlage ihrerseits für andere Disziplinen eine Herausforderung darstellt. Erst wenn diese Voraussetzungen gegeben sind, wird die vielfach nur als Alibiformel für das Fehlen eigener Anstrengungen vorgebrachte Forderung nach interdisziplinärer Zusammenarbeit oder gar einer Einheitswissenschaft zumindest für die Politische Wissenschaft überzeugend begründbar. Anders und überspitzt ausgedrückt: Der beste Rat, den man der Politischen Wissenschaft geben kann, ist der, gegenwärtig einer solchen Forderung mit eigenen Anstrengungen entgegenzutreten.

Zur Vermeidung von Mißverständnissen sei kurz klargestellt: Für das in der vorliegenden und anderen Arbeiten von mir bisher dargestellte Wissenschaftskonzept der Politischen Wissenschaft stellt sich - ohne Kausalzusammenhänge und empirische Prüfbarkeit auszuschließen - nicht die häufig diskutierte Alternative zwischen einer nach strengen logischen Ableitungen ausgerichteten Wissenschaftsauffassung und einer Ausrichtung als empirischer Gesetzeswissenschaft.

5. *Ausgrenzungsaxiom und Differenzierung politikwissenschaftlicher Theorien (erläutert am Beispiel einer Theorie des Handelns+) von Politikern)*

Im alltäglichen Sprachgebrauch wird der "Begriff" des Politikers - so kann man beobachten - problemlos verwendet. Ein Politiker ist jemand, der Politik betreibt. Darüber besteht offenbar Einverständnis. Nicht die Schlichtheit, sondern der tautologische Charakter einer solchen Formulierung ist kennzeichnend. Das heißt, man weiß im Grunde gar nicht, was Politik überhaupt bezeichnen soll. Demzufolge weiß man auch nicht, wodurch sich jemand als Politiker ausweist und wen man daher als Politiker bezeichnen soll. Offensichtlich legt man auch keinen besonderen Wert darauf, darüber näheres zu erfahren. Man kann, da ein grundsätzliches Einvernehmen darüber vorausgesetzt wird, sich gleichermaßen über Politik und über das Handeln von Politikern auslassen. Aus demselben Grunde kann man sich - die eigene Überzeugung für fundiert und eine weit-

---

+) In diesem Beitrag ist mit Absicht nur vom *Handeln* von Politikern die Rede, *nicht* von ihrem *Verhalten*. Damit soll von Anfang an klargestellt werden, daß keine behavioristischen Auffassungen übernommen werden. Ansonsten wird der Unterscheidung zwischen Handeln und Verhalten keine große Bedeutung zugemessen, weil jedenfalls jedes *politische* Verhalten als Handeln zu begreifen ist. Zu unterstellen, es gäbe zumindest auch ein grundsätzlich absichtsloses politisches Verhalten, ist widersinnig. In diesem Punkt besteht vielfach keine Klarheit - obwohl das vom Ansatz her geboten ist - bei den ökonomischen Theorien der Politik, von denen eine im vorhergehenden Beitrag vorgestellt wurde.

gehende Zustimmung dafür für gewiß halten - von allem Politischen fernhalten oder abwenden. In beiden Fällen erübrigt sich eine Diskussion über die grundlegenden Voraussetzungen; sie wird verdrängt. Man hat ja zu allem und jedem eine grundsätzliche und nicht weiter diskussionsbedürftige und -fähige Einstellung.

Sobald es um einzelne Personen und Gruppen oder um einzelne Themen und Politikfelder geht, ist eine verwirrende Vielzahl an Meinungen, Überzeugungen, Einstellungen und Wertungen auszumachen. Das ist insbesondere in ausdifferenzierten Gesellschaften mit einem Pluralismus ihrer Orientierungs- und Bewertungsschemata nicht weiter verwunderlich. Dies weist darauf hin, daß institutionelle Ausdifferenzierung und ideologischer Pluralismus durchweg nur als Oberflächenphänomene wahrgenommen und angenommen werden. So werden Politiker erkannt und betrachtet als Mitglieder von Parteien, Verbänden, Interessengruppen, Regierungen; als Handelnde auf kommunaler, Landes-, Bundes- oder internationaler Ebene; als "Experten" für bestimmte Politiken (z. B. für Sozial-, Wirtschafts-, Finanz-, Verteidigungs-, Rechts-, Bildungs-, Außenpolitik usw.); sie werden eingeordnet und qualifiziert z. B. als Macht-, Eindämmungs- oder Entspannungspolitiker, als Falken und Tauben, als Europäer und Atlantiker, als Rechte und Linke (als Konservative und Progressive usw.), als Technokraten (Macher) und Ideologen, als Hinterbänkler und Spitzenpolitiker usw.

Diese Aufzählung ließe sich fortsetzen. Sie liefert zwar Hinweise dafür, welche Betätigungsfelder für politische Aktivitäten zur Verfügung stehen und welche Orientierungs- und Bewertungsschemata für politisches Handeln angewandt werden. Darüber, wodurch sich jemand als Politiker ausweist, und zwar über solche oberflächenhaften Differenzierungen hinweg, wird man so keine Informationen erhalten. Vor allem erfährt man so trotz der Vielzahl der Unterscheidungen relativ wenig über Handlungsmuster und Handlungsabläufe und ihre jeweiligen Wirkungszusammenhänge.

Moderne Gesellschaften, die sich unter vielfältigen Fragestellungen selbst zum Gegenstand der Betrachtung gemacht haben, und die unter der Voraussetzung jedenfalls der relativen Unabhängigkeit der Medien eine funktionierende Öffentlichkeit nachweisen, bemühen sich zwangsläufig auch darum, das Handeln von Politikern zum Gegenstand zu machen und der öffentlichen Diskussion zu unterwerfen. Soweit man sich dabei nicht auf Vorgegebenheiten - wie die aufgezählten - bezieht bzw. die Diskussion auf sie beschränkt, kommt notwendigerweise eine Betrachtungsweise zum Zuge, die zumindest auch andere, tieferliegende Dimensionen berücksichtigt. Man kann zwar nicht sagen, die allgemeine öffentliche Diskussion habe dabei den unmittelbar alltäglichen Sprachgebrauch schon weit zurückgedrängt oder habe ein hohes Maß an genauer Beobachtungsgabe oder an Phantasie und Einfallsreichtum gezeigt. Andererseits darf man da auch nicht zuviel erwarten. Die Öffentlichkeit kann in ihrer Diskussionsbereitschaft und Diskussionsfähigkeit nicht weit über das hinausgehen, was von der Gesellschaft im allgemeinen gefordert und nachgefragt wird.

Welches Niveau dabei tatsächlich erreicht wird, ist in den modernen, durch Wissenschaft geprägten Gesellschaften jedenfalls nicht unabhängig von den jeweiligen wissenschaftlichen Erkenntnissen bzw. der Bereitschaft und Fähigkeit der Wissenschaft, von sich aus Orientierungsangebote zur Verfügung zu stellen. Damit ist auf ein spezifisches Problem der modernen Gesellschaften und ihrer wissenschaftlichen Erfassung und Darstellung verwiesen. Die Alltagssprache ist in einem solchen Ausmaße von der wissenschaftlichen, insbesondere der sozialwissenschaftlichen Begrifflichkeit geprägt, daß es zunehmend schwieriger und problematischer wird herauszufinden, welche Erfahrungen und Erkenntnisse in ihr mitgeteilt werden. Dies ist nicht nur ein Problem für die Wissenschaft, sondern auch für die allgemeine öffentliche Diskussion. Letztere sieht sich wegen dieser Problematik sowohl herausgefordert als auch befähigt, in einer Art Konkurrenzverhältnis zu den Sozialwissenschaften z. B. in der Betrachtung des Handelns von Politikern mit einem jedenfalls vergleichbaren Anspruch aufzutreten. So fragwürdig ein solcher Anspruch im einzelnen auch sein mag, man wird ihn nicht pauschal zurückweisen können. Das kann man schon deswegen nicht, weil über die Verwendung der Sprache der Wissenschaft auch für die allgemeine öffentliche Diskussion eine Distanzierungsmöglichkeit zur Alltagswelt erreichbar ist, die zumindest dazu veranlassen kann, von der Oberflächenbetrachtung wegzukommen, tiefer anzusetzen und systematisch vorzugehen.

Um einen Ausschnitt der sozialen Wirklichkeit überhaupt als Gegenstand in den Griff zu bekommen, ist eine - wenn auch noch so vage - Ausgrenzung erforderlich. Das ist auch von der Öffentlichkeit als allgemeinem Diskussionszusammenhang gefordert. Dieser Forderung stellt sie sich auch. Das Problem der Ausgrenzung des Politikers (bzw. seines Handelns) hat sie z. B. so "gelöst", indem sie den Politiker einerseits vom Bürger und andererseits vom Staatsmann unterscheidet. Soll diese Ausgrenzung "deutlicher" ausfallen, so ist einerseits vom "Bürger draußen im Lande" und andererseits vom "elder statesman" die Rede. Eine solche "Verdeutlichung" ist ein Hinweis dafür, daß offenbar keine weitere Ausgrenzung zur Verfügung steht oder erkannt wird. Zur Differenzierung des so ausgegrenzten Gegenstandsbereichs wird ein "Konzept" angewandt, das man "politischer Stil" nennt und das im wesentlichen durch das - teils deskriptiv, teils normativ angewandte - Schema "guter/schlechter" politischer Stil charakterisiert ist. Die Anwendung dieses "Konzeptes" gibt allerdings keinen Aufschluß darüber, was als das spezifisch Politische anzusehen sei.

Ein anderer Versuch der Öffentlichkeit, den Gegenstand in den Griff zu bekommen, besteht in der Anwendung von "Konzepten", die mit dem durch die Wissenschaft geprägten "Begriff" der Elite operieren. Da dieser "Begriff" nicht ausschließlich für einen ganz bestimmten Bereich reklamiert werden kann, muß eine spezifische Ausgrenzung vorgenommen werden. Diese Ausgrenzung muß über das Adjektiv "politisch" geleistet werden. Wenn schon der "Begriff" der Elite für eine "konkrete" Anwendung erhebliche Schwierigkeiten bietet, so der der *politischen*

Elite erst recht. Er ist völlig unbrauchbar, sofern mit dem Adjektiv "politisch" keine Präzisierung erreicht wird, die ermöglicht, den Gegenstandsbereich, der mit "politischer Elite" bezeichnet werden soll, gegenüber anderen Gegenstandsbereichen, für die ebenfalls der "Begriff" der Elite angewandt wird, abzusetzen. Man wird also - wie beim "Konzept" des Stils - auf die Frage verwiesen, was unter "politisch" zu verstehen sei bzw. wodurch sich das "Politische" von anderen Tatsachen der Gesellschaft unterscheide. Will oder kann man sich auf diese Frage nicht einlassen, so bleibt der "Ausweg", ein Einverständnis darüber vorauszusetzen, das nicht mehr zur Diskussion gestellt oder einer mehr oder weniger beliebigen Diskussion überlassen wird. Will man jedoch auf das "Konzept" der politischen Elite nicht verzichten, aber nicht auf eine "institutionalistische" Betrachtungsweise (indem man z. B. einfach die Inhaber von sogenannten Führungspositionen zur Elite zählt) ausweichen - von ausschließlich normativen Vorstellungen ganz abgesehen -, verfällt man auf eine funktionalistische Betrachtungsweise (z. B. orientiert an der Kanalisierung des "politischen" Willens der Bevölkerung oder der Organisation der Herbeiführung "politischer" Entscheidungen).

Diese "Lösung" ist charakteristisch. Sie zeigt die Unfähigkeit an, solche Differenzierungen, von denen eingangs dieses Beitrages kurz die Rede war, im Zusammenhang zu sehen. Diese Differenzierungen werden als Einzelphänomene wahrgenommen; entweder werden sie normativ eingeordnet oder nach zufälligen Kriterien katalogisiert. Ein besonders "leistungsfähiges" und daher häufig angewandtes Verfahren besteht darin, sich auf das "tautologische Theorem" zurückzuziehen, das eingangs kurz vorgestellt wurde. Dieses "Theorem" könnte man so zusammenfassen: Der Zusammenhang zwischen den einzelnen, mit dem Merkmal "politisch" versehenen Phänomenen ist darin zu sehen, daß alle Einzelphänomene sich durch das Merkmal "politisch" ausweisen. Auch die funktionalistische Betrachtungsweise setzt in letzter Konsequenz dieses "Theorem" voraus, wenn für sie - bezogen auf das politische System als gesellschaftliches Teilsystem - die grundlegende Frage, bei der sie ansetzt, lautet, ob und wie das politische System die Funktion von Politik erfülle (vgl. dazu die Ausführungen im sechsten Kapitel).

Dies gilt auch für jede ökonomische Theorie der Politik, die so ansetzt, wie die im vorhergehenden Beitrag untersuchte. Eine solche Betrachtungsweise unterscheidet sich im Ansatz von der funktionalistischen nur dadurch, daß sich statt der Verknüpfung von System und Funktion eine Verknüpfung von Motiv und Rationalität herstellt. Wie auch immer die Bemühungen ansetzen, sich von dem erwähnten "Theorem" abzusetzen, die wissenschaftliche Betrachtungsweise unterscheidet sich von der, wie sie in der öffentlichen Diskussion praktiziert wird, allgemein durch ihre Stringenz, ihre Genauigkeit und die Transparenz des Vorgehens, kurz: durch die *Methode*. Implizit ist damit gesagt, daß die Wissenschaft, wenn sie sich mit der Frage beschäftigt, was als "politisch" zu gelten habe, im Vergleich zur allgemeinen Diskussion der Öffentlichkeit vielfach kaum Überzeugenderes zum Inhalt anzubieten hat. Die Versuche der Wissenschaft, mit dieser Frage fertig zu werden, unterscheiden sich also vom Ansatz her nicht von denen der allgemeinen Diskussion der Öffentlichkeit. Beide sehen sich gezwungen, grundlegende Annahmen vorauszusetzen. Sie unterscheiden sich jedoch darin, welche Annahmen sie voraussetzen und wie sie sie begründen. Sehr vereinfachend kann man vielleicht sagen, während die allgemeine Öffentlichkeit sich jeweils von parteilichen Gesichtspunkten leiten läßt, die bestimmten politischen Grundorientierungen untergeordnet sind, richtet sich die Wissenschaft dabei nach Kriterien, die das jeweilige Untersuchungsziel durch die Methode sichern sollen.

Aufgrund dieser Ausrichtung ist die Wissenschaft - gemeint ist immer nur die Politische Wissenschaft, sofern nicht ausdrücklich etwas anderes gesagt ist - gezwungen, bei der Entwicklung von Theorien eine ausgesprochen "konstruktivistische" Betrachtungsweise anzuwenden. Das Erstaunlichste daran ist, daß die Wissenschaft bisher dafür keine allgemein akzeptierten *Regeln* entwickelt hat und auch kein besonderes Interesse zeigt, sich mit dieser Problematik zu beschäftigen. Darauf ist auch zurückzuführen, warum gerade die Politische Wissenschaft sich dadurch auszeichnet, mit einer Vielzahl von Theorien - auch für denselben Gegenstandsbereich - aufzuwarten. Teilweise wird zwar versucht, die Regeln, die bei dem Entwurf der Theorien angewendet werden bzw. wurden, offenzulegen, jedoch sind solche Versuche nicht weiter vorangetrieben worden mit dem Ziel, *Konstruktionsregeln* zu entwickeln, die über die jeweiligen Theoriekonstrukte hinausführen, d. h. sie als universelle wirklichkeitsbezogene Instrumente für politikwissenschaftliche Theoriebildung zu begründen.

Eine in diesem Zusammenhang entscheidende Frage ist die nach der Prüfbarkeit politikwissenschaftlicher Theorien und insbesondere der Prüfbarkeit durch den Einsatz von Experimenten. Obwohl man dieser Frage bisher ausgewichen ist,[108] hat man indirekt und "instinktiv" darauf eine Antwort gegeben. Man hat sie, wenn auch erkenntnis- und wissenschaftstheoretisch nicht begründet und in einzelnen Anwendungsfällen nur ansatzweise dargelegt, in einer - wie erwähnt - "konstruktivistischen" Betrachtungs- und Vorgehensweise gefunden.

Zu den ausgeprägtesten der auf diese Weise entwickelten Theorien gehört die ökonomische Theorie der Politik. Theorien dieser Art "profitieren" von der Analogie zur wirtschaftswissenschaftlichen Theoriebildung; sie vermitteln den Eindruck, kompakt und geschlossen zu sein. Dieser Eindruck ist nur teilweise richtig; er läßt sich nicht bestätigen, wenn man z. B. - wie im vorhergehenden Kapitel dargelegt - die Frage der Differenzierung näher untersucht. Die grundsätzliche Schwierigkeit dieser Theorie besteht - das gilt analog auch für andere - darin, eine sinnvolle und tragfähige Verknüpfung zwischen dem Ausgrenzungsaxiom und den Axiomen herzustellen, die von anderen Disziplinen (hier: der Wirtschaftswissenschaft) übertragen werden. Es geht um die Frage, wie man das Ausgrenzungsaxiom, das ein Handeln als ein *politisches* festlegt, mit dem Ausgrenzungsaxiom, das ein Handeln z. B. als ein *wirtschaftliches* festlegt, aufeinander zu beziehen hat.

Die Ausgrenzungen sind schon je für sich besonders schwierig und immer problematisch; erst recht, wenn man sie miteinander kombinieren will. Entscheidender Gesichtspunkt für solche Kombinationen muß sein, einen Zusammenhang herzustellen, der so umfassend ist, daß er geeignet erscheint, als Grundannahme - wie in unserem Falle - sowohl für politisches als auch wirtschaftliches Handeln zu dienen. Eine Reduktion auf eine einheitliche Motivlage leistet dies jedenfalls nicht.

Nach Downs streben - bezogen auf die politische Ordnung der Demokratie - "die Politiker niemals ein öffentliches Amt an, weil es ihnen ermöglicht, bestimmte politische Konzepte zu verwirklichen; ihr einziges Ziel ist, die Vorteile zu genießen, die ein öffentliches Amt an sich bietet. Die Politiker verwenden politische Konzepte und Aktionen einzig und allein als Mittel zur Verfolgung ihrer privaten Ziele, die sie nur dadurch erreichen können, daß sie gewählt werden."[109] Diese Auffassung über die Motive von Politikern - für Bürger als Wähler gilt Entsprechendes[110] - läßt sich zwar vereinbaren mit einer Auffassung über die Motive von Personen, die sich am Wirtschaftsleben beteiligen. Sie ermöglicht aber nicht - wie unterstellt wird - eine Verknüpfung des Rationalitäts- und Eigennutzaxioms, die eine Ausgrenzung des Handelns der *Politiker* leistet. Damit kann vielleicht ein Handeln erfaßt werden, das durch Klein-Gruppen organisiert ist (vgl. dazu die Ausführungen von Olson). Letztlich läuft eine solche Betrachtungsweise auf die Absicht hinaus, so etwas wie universelle Voraussetzungen und Merkmale von Handeln zu unterstellen und von daher eine Logik des Handelns mit universellem Anspruch zu begründen. Jedoch kann auf diese Weise kein faßbarer Erkenntnisfortschritt erzielt werden (das kann hier nicht näher erläutert werden).

Ebensowenig kann sich die Politische Wissenschaft - wie in einem der voraufgehenden Kapitel im Grundsatz dargelegt - auf den Grundlagenstreit zwischen dem sogenannten methodologischen Individualismus und methodologischen Kollektivismus einlassen in der Absicht, sich für den einen oder anderen Ansatz zu entscheiden. Wenn insbesondere das Handeln von Politikern zum Gegenstand der Betrachtung gemacht werden soll, kann sie nicht von der Annahme ausgehen, dieses Handeln sei ausschließlich als "soziale Tatsache" im Sinne kollektiver Handlungsträger, noch von der Annahme, dieses Handeln sei ausschließlich als "personale Tatsache" im Sinne individueller Handlungsträger zu behandeln (s. dazu auch weiter unten).

Die Zurückweisung eines ausschließlichen Anspruchs jeder der beiden Ansätze, die implizit die Zurückweisung einer Reduktion auf Motive einschließt, besagt positiv, daß ein Zusammenhang zwischen ihnen herzustellen ist, der allerdings wie in unserem Falle den Gegenstand als "personale Tatsache" in den Vordergrund rückt. Zwar kann man auch den Gegenstand als "soziale Tatsache" nach vorn rücken, aber das ist hier nicht angebracht. Jedenfalls ist durch das Ausgrenzungsaxiom sicherzustellen, daß auch die andere Perspektive in den Vordergrund rücken *kann, ohne* grundsätzlich neu ansetzen zu müssen. Grundsätzlich ist auch nicht ausgeschlossen, den Gegenstand nur als "soziale Tatsache" zu berücksichtigen. Dies kann jedoch nicht heißen, diese Perspektive auf alle Handlungsgegenstände der Politischen Wissenschaft auszudehnen. Dies kann nur heißen, eine bestimmte Perspektive intensiv untersuchen zu wollen.

Wenn hier die Perspektive der "personalen Tatsache" in den Vordergrund rücken soll, so folgt daraus nicht, die andere Perspektive könne unberücksichtigt bleiben. Die Perspektive der "sozialen Tatsache" muß aus spezifischen Gründen - also ungeachtet aller sonstigen Implikationen und Forderungen auf Berücksichtigung - explizit bei den spezifischen Funktionsaussagen, den Steuerungsaussagen, eingebracht werden. Aus zwei sehr unterschiedlichen Gründen erfolgt in diesem Beitrag die (allerdings auch nur sehr allgemein gehaltene) Ausrichtung in der Perspektive der "personalen Tatsache". Zum einen soll damit die bereits im dritten Kapitel behandelte System/Umweltproblematik unter dem Gesichtspunkt von soziales System/Personen weiter vertieft werden. Zum anderen soll vermieden werden, dieses Kapitel in Rücksicht auf die Formulierung der einzelnen Aussagen durchgehend mit beiden Perspektiven zu betrachten. Eine solche Beschränkung läßt sich rechtfertigen, weil dadurch keine grundsätzlichen Probleme ausgeklammert werden.

Die Betonung der Perspektive der "personalen Tatsache" kann nicht bedeuten, als ob hier ein Handeln dargestellt werden sollte, das als ein individuelles zu erklären sei. Jedoch sollen, anknüpfend an die Darlegungen zur System/Umweltproblematik im dritten Kapitel und damit in Absetzung von der dort beschriebenen Systemtheorie, Phänomene berücksichtigt werden, die man als "Personalisierung" und "Internalisierung" bezeichnet.

Was auch immer man im einzelnen unter Personalisierung verstehen und wie auch immer man sie bewerten mag, unbestreitbar dürfte sein, daß sie als ein charakteristisches Merkmal im Zusammenhang politischer Diskussionen und Auseinandersetzungen festzustellen ist. Dies ist deshalb der Fall, weil - wie im dritten Kapitel bereits erwähnt - kein anderes Teilsystem der Gesellschaft so viele einmalige und einzigartige Positionen und Rollen herausgebildet hat wie das politische System. Diese Einmaligkeit und Einzigartigkeit der Personen und Rollen ermöglichen den jeweiligen Inhabern, individuelle Ausprägungen zu erreichen, die für das Publikum (dem bezeichnenderweise im Grundsatz nur die Rolle des Staatsbürgers zukommt) die Grundlage für Personalisierungen abgeben. Diese individuellen Ausprägungen können, da sie immer nur im Zusammenhang der jeweiligen Positionen und Rollen vorkommen, nicht isoliert werden, um aufgrund einer solchen Voraussetzung politisches Handeln zu erklären.

Andererseits kann man insbesondere für politisches Handeln auch nicht voraussetzen - was eine oberflächliche Betrachtungsweise allerdings nicht akzeptieren will -, individuelle Ausprägungen seien nicht möglich. Die häufig mit dieser Voraussetzung verknüpfte Annahme, gerade für politisches Handeln gelte, als ausschließlich gesellschaftlich bestimmtes Handeln begriffen zu werden, ist nicht haltbar. Zwar kann man nicht umhin, gerade für politisches Handeln die Internalisierung von "Gesellschaft" vorauszusetzen (anders ausgedrückt: daß die Gesellschaft durch den Politiker hindurchgeht), aber diese Annahme hat nur deshalb einen Sinn, weil diese Art von Internalisierung das Handeln von Personen nicht ausschließlich bestimmt. Daher ist es auch möglich, z. B. die Tatsache zu berücksichtigen, daß es die Verantwortbarkeit und Verantwortung des Politikers für sein Handeln gibt (und sie auch tatsächlich sowohl von den einzelnen Politikern als auch vom Publikum - wenn auch häufig sehr unterschiedlich - reklamiert werden).

Die bisher nur kurz und sehr allgemein behandelte Problematik zum Verhältnis von politischem Handeln und Personen muß wegen der grundlegenden Voraussetzung, der Zugriff auf die soziale Wirklichkeit sei von der Annahme einer Wirklichkeit sozialer Systeme zu organisieren, systemtheoretisch eingebracht werden. Im Zusammenhang der Erörterungen zur System/Umweltproblematik wurde bereits festgestellt (vgl. dazu das dritte Kapitel), man müsse nicht nur Personen als Umwelt sozialer Systeme, sondern auch soziale Systeme als Umwelt von Personen (was nicht dasselbe ist) begreifen. Wie auch immer unter diesem Aspekt das System/Umweltverhältnis sich im einzelnen ausbilden und darstellen mag, es muß grundsätzlich als ein "privilegiertes" Verhältnis betrachtet werden, nämlich - gemäß der Voraussetzung, die Beziehungen zwischen System und Umwelt seien als kommunikative vorzustellen - als ein "privilegiertes" Verhältnis der Kommunikation. Erst die Voraussetzung eines solchen "privilegierten" Verhältnisses läßt verständlich erscheinen, warum sinnvollerweise systemtheoretisch von "Selbstthematisierungen" im Zusammenhang politischen Handelns die Rede sein kann.

Solche "Selbstthematisierungen" sind nicht nur in bezug auf das Verhältnis soziales System/Person, sondern auch in bezug auf das Verhältnis soziales System/soziales System anzusetzen. Und daher ist nicht nur eine "personale - individuelle", sondern auch eine "soziale - kollektive Identität" vorauszusetzen (wie auch immer man sie sich im einzelnen vorstellen mag). Bedingung für ihre beobachtbare Erkennbarkeit ist in beiden Fällen Öffentlichkeit. Trotz dieser gemeinsamen Bedingung besteht ein entscheidender Unterschied. Die angesprochene "Privilegierung" des kommunikativ gestalteten Verhältnisses von sozialem System/Person ist eine Konsequenz der unterschiedlichen Bedingungen für und der Gestaltungsmöglichkeiten von Öffentlichkeit.[111] Dieser Unterschied manifestiert sich - sehr vereinfacht gesagt - darin, daß in Rücksicht auf das hier interessierende "privilegierte" Kommunikationsverhältnis Öffentlichkeit immer *auch* eine - gerade für politisches Handeln häufig entscheidende - Angelegenheit der "personalen - individuellen Identität" ist, in allen anderen Fällen eine Angelegenheit von "sozial - kollektiven Identitäten". Dennoch gilt für *alle* Fälle, daß ein Rückgriff auf Motive (und Personen-Individuen) bzw. allgemein eine Reduktion auf Psychologie nicht notwendig ist.

Eine andere Art der "Privilegierung" des Kommunikationsverhältnisses ist für jedes Handeln zu unterstellen, sofern es ein *politisches* ist. Diese Art von "Privilegierung" ist im Zusammenhang der Bestimmung des Begriffs des Politischen in Rücksicht auf den Begriff des politischen Systems (und in weiterer Konsequenz der Festlegung des allgemeinen Ausgrenzungsaxioms) zu sehen (vgl. dazu die Ausführungen im dritten Kapitel). Diese "Privilegierung" ist - kurz gesagt - darauf zurückzuführen, daß das politische Handeln als solches am "privilegierten" Status des politischen Systems zumindest indirekt partizipiert. Da diese Art der "Privilegierung" prinzipiell unabhängig ist (was aktuelle Abhängigkeit einschließt) von der, die vorher kurz vorgestellt wurde (weil sie unabhängig von der Identitätsfrage ist), bestätigt sie die Auffassung (die im dritten Kapitel bereits kurz begründet wurde), nach der das Problem "individuelle - kollektive" Handlungsträger der Frage von "Mikro-/Makropolitik" nachgeordnet ist.

Wenn nun in diesem Kapitel die - allerdings sehr allgemein gehaltene - Perspektive der "personalen Tatsache" in den Vordergrund rücken soll, dann kann das nach den bisherigen Darlegungen nur bedeuten, die Konstruktion der Theorie solle nicht von Anfang an vorbelastet werden mit spezifischen Ausgrenzungsfragen, deren Antworten in ihren Konsequenzen durchgehend mitzuberücksichtigen wären. Wenn also allgemein von "Politiker" und - darauf bezogen - von der Perspektive der "personalen Tatsache" die Rede ist, so wird damit nur einem "pragmatisch-technischen" Gesichtspunkt Rechnung getragen. Es geht also darum, das Handeln von Politikern vom Ausgrenzungsaxiom her unabhängig von Differenzierungen in Rücksicht auf "individuelle" und "kollektive" Handlungsträger und "mikro-/makropolitische" Zusammenhänge theoretisch darzustellen. Jedoch handelt es sich wegen der vom politischen System herausgebildeten großen Anzahl einmaliger und einzigartiger Positionen und Rollen um eine von der Sache her sich anbietende Betonung der Perspektive der "personalen Tatsache". Damit ist aber nicht ausgeschlossen, daß unter bestimmten Voraussetzungen vom Ausgrenzungsaxiom her eine Betonung der Perspektive der "kollektiven Tatsache" angebracht wäre.

Wie auch immer man in Rücksicht auf diese Differenzierungsfragen vom Ausgrenzungsaxiom her ansetzen mag, notwendig ist aufgrund der bisherigen Überlegungen insgesamt, eine Verknüpfung zwischen "Politiker" und "Gesellschaft" herzustellen (die jeweilige Ausformulierung zeigt an, mit welcher Perspektive wir es in Rücksicht auf die angesprochenen Differenzierungen zu tun haben). Da hier *politisches* Handeln als Gegenstand ansteht, muß zwangsläufig diese im Rahmen eines Ausgrenzungsaxioms hergestellte Verknüpfung mit angeben, inwiefern damit auch das Politische eingefangen ist.

Hier wird darauf verzichtet, noch einmal den Begriff des Politischen im Zusammenhang mit dem Begriff des politischen Systems vorzuführen und zu begründen (vgl. dazu das dritte Kapitel). Ebenso wird darauf verzichtet, verschiedene Stufen der Allgemeinheit des Ausgrenzungsaxioms vorzustellen. Entscheidend ist, daß das verwendete Ausgrenzungsaxiom, sofern die Einheitlichkeit des Ansatzes gewahrt bleiben soll, an den im dritten Kapitel formulierten Begriff des Politischen anschließbar bzw. damit vereinbar sein muß. Dies voraussetzend, sei hier als Ausgrenzungsaxiom formuliert: *Politiker sind jene Mitglieder der Gesellschaft, die bei der Wahrnehmung der von der Gesellschaft zuerkannten Kompetenz der Interessenvertretung an der im Medium der Macht zu erbringenden (*kollektiven/individuellen) *Leistungen zur Lösung gesamtgesellschaftlich bedeutsamer Sinn-, Orientierungs- und Steuerungsprobleme mitwirken.*

Dieses Ausgrenzungsaxiom (grundsätzlich sind andere denkbar) ist Voraussetzung für die Konstruktion einer Theorie des Handelns von Politikern. Ohne ein Axiom dieser Art würde die Theorie beziehungslos und damit zufällig sein. Außerdem stünde auch keine Anknüpfungsmöglichkeit für andere politikwissenschaftliche Theorien zur Verfügung, d. h. für Theorien über andere Gegenstandsbereiche, für die aber dasselbe Ausgrenzungskriterium Voraussetzung sein soll.

Das vorstehende Axiom ist zwar Voraussetzung für die Konstruktion, aber als solches nicht Bestandteil der Theorie. Es bestätigt seinen Voraussetzungscharakter dadurch, daß darüber die historische Ausgrenzung hergestellt wird. Mit diesem Schritt setzt der eigentliche Entwurf der Theorie ein. An den Anfang ist also ein Ausgrenzungsaxiom im aufgezeigten Verständnis zu setzen. Und der erste Schritt der eigentlichen Theoriekonstruktion ist ihre Konkretisierung in bezug auf einen historischen Kontext. Diese Konkretisierung muß dennoch umfassend sein in dem Sinne, daß sie eine systemische Aussage sein muß; und zwar in der Weise, als sie die historischen Systembedingungen angibt, unter denen die zu entwickelnde Theorie Geltung haben soll. Mit anderen Worten: Die durch das Grundlagenaxiom erfolgte "historische" ("historisch" meint hier den allgemeinen Bezug zur sozialen Wirklichkeit, also noch keine spezifische Konkretisierung) und abstrakte Ausgrenzung der sozialen Wirklichkeit muß in bezug auf ihren eingrenzbaren tatsächlichen Anwendungsbereich durch Erfassung der Systembedingungen als Beschreibung des Geltungsbereichs konkretisiert werden. Insofern eine solche Konkretisierung bzw. Eingrenzung als systemische Aussage - wie erwähnt - umfassend sein muß, ist sie zwangsläufig - wenn auch in bezug auf die tatsächliche Eingrenzung - allgemein und abstrakt; zu ihrer weiteren Konkretisierung muß sie expliziert werden.

Die Forderung nach Überführung des Ausgrenzungsaxioms in eine systemische Aussage beruht - wie weiter oben und unten dargelegt - auf der Auffassung, die soziale Wirklichkeit sei nur dann einer politiktheoretischen Erfassung adäquat zugänglich, wenn man sie sich als eine Wirklichkeit sozialer Systeme vorstelle. Damit ist nicht gesagt, die Theorie sozialer Systeme sei als Grundlagentheorie der Politischen Wissenschaft aufzufassen. Eine solche Theorie erbringt jedoch für die Konstruktion politikwissenschaftlicher Theorien grundlegende Vorleistungen; sie kann als eine die politikwissenschaftliche Theorie vorstrukturierende Theorie aufgefaßt werden.[112]

Für die Forderung nach Überführung des Ausgrenzungsaxioms in eine systemische Aussage gilt grundsätzlich auch, was im dritten Kapitel vorgebracht wurde. Somit gilt grundsätzlich auch, was über die Anforderungen an eine solche Aussage gesagt wurde. Das braucht hier nicht wiederholt zu werden.

In bezug auf unseren Gegenstand muß die Sinnaussage über die Beschreibung der allgemeinen Systembedingungen hinaus insbesondere die durch das Ausgrenzungsaxiom hergestellte Verknüpfung zwischen "Politiker" und "Gesellschaft" präzisieren. Diese Präzisierung steht unter der Forderung, ein Verknüpfungselement einzuführen, das man sowohl dem "Politiker" als auch der "Gesellschaft" zuordnen kann. Während die allgemeinen Systembedingungen vorgegeben sind, also deren Beschreibungen (je nach Anwendungs- bzw. Geltungsbereich) die Sinnaussage sozusagen nur zu übernehmen braucht,[113] muß sie als eigene Leistung das *Spezifische dieser Verknüpfung* besonders herausstellen. Dadurch wird der Bezug zum Ausgrenzungsaxiom hergestellt und gewährleistet. Die spezifische Bezugnahme zu diesem Axiom hat klarzustellen, wodurch die in der Ausgrenzungsaussage festgestellte Kompetenz unter Einbindung eines - neben anderen möglichen - für den Handlungsträger spezifischen Handlungsinteresses als Verknüpfung von "Politiker" und "Gesellschaft" bestimmt ist. Dabei geht es nicht um eine logisch zwingende Ableitung. (Es wurde bereits auf die grundsätzliche Möglichkeit hingewiesen, andere Axiome vorauszusetzen.) Insofern wird der möglichen Vielfalt an Ausprägungen der sozialen Wirklichkeit Rechnung getragen. Die Konsequenz für die Theorienkonstruktion besteht in der Möglichkeit, konkurrierende und alternative Theorien (bzw. Theoriensysteme) zu entwickeln. (Zur Erinnerung: Unter konkurrierenden Theorien werden solche politikwissenschaftlichen Theorien verstanden, die sich auf dasselbe Ausgrenzungsaxiom beziehen, sich aber dennoch von der Sinnaussage her, und zwar in bezug auf die Ausprägungen derselben Sinnaussage, unterscheiden. Unter alternativen Theorien werden solche politikwissenschaftlichen Theorien verstanden, die sich auf dasselbe Ausgrenzungsaxiom beziehen, deren Sinnaussagen aber aufgrund der jeweils verschiedenen Verknüpfungen nicht kompatibel sind.)[114]

Wenn wir nun im folgenden eine (auch hier gilt: nur rudimentäre) Theorie des Handelns von Politikern entwickeln wollen unter der Voraussetzung des Anwendungs- und Geltungsbereichs einer offenen und freiheitlich orientierten Gesellschaft und uns dabei auf das oben formulierte Ausgrenzungsaxiom beziehen, so wird dieses Axiom nur unter einer von mehreren möglichen Voraussetzungen in Anspruch genommen. Damit ist ein Hinweis auf die Leistungsfähigkeit dieses Axioms gegeben. Insofern ist auch angezeigt, daß die folgende Sinnaussage nicht nur eine spezifische Anwendung des Ausgrenzungsaxioms darstellt, sondern sie auch der Konkretisierung und Präzisierung bedarf und daher auf die Einbeziehung anderer politikwissenschaftlicher Theorien verweist. Damit ist - allgemein gesagt - unterstellt, daß eine politikwissenschaftliche Theorie deshalb möglich ist, weil es andere Theorien in bezug auf andere Ausgrenzungsaxiome gibt. Das heißt in unserem Falle, die Entwicklung einer politikwissenschaftlichen Theorie des Handelns von Politikern unter der Voraussetzung einer offenen und freiheitlich orientierten Gesellschaft muß auf Theorien zurückgreifen können (sofern sie nicht vorhanden sind, jedenfalls implizit mitdenken), die über diese Voraussetzung etwas aussagen und die, soweit sie in der Sinnaussage Berücksichtigung finden, mit dem auf diese Sinnaussage bezogenen Ausgrenzungsaxiom vereinbar bzw. daran anschließbar sind.

Die entscheidende Frage ist, wie ein solcher Zusammenhang zu betrachten und zu berücksichtigen sei. Zunächst kann man vorab grundsätzlich festhalten, daß es durchaus üblich und häufig der Fall ist, für wissenschaftliche Zwecke Theorien in ihrer äußersten "Verkürzung" anzuwenden. Dies praktiziert man z. B. dann, wenn man Theorien zur Überprüfung ihres Informationsgehaltes miteinander konfrontiert. Die uns hier interessierende Frage lautet, ob solche "Verkürzungen" über das Ausgrenzungsaxiom oder die Sinnaussage zu integrieren sind. Darauf gibt es keine einfache Antwort. Sie ist jeweils auszurichten an der weiteren Frage, ob die Sinnaussage auch dann unmittelbar an das vorausgesetzte Ausgrenzungsaxiom anschließbar ist, wenn sie die durch die "verkürzte" Theorie beschriebenen Systembedingungen miterfassen soll. Was nun den Fall der nachfolgenden Sinnaussage anlangt, so ist ihre unmittelbare Anschließbarkeit deshalb gegeben, weil weder spezifische Handlungsträger noch über die unspezifischen (offene und freiheitlich orientierte Gesellschaft) hinausgehende besondere Systembedingungen eingeführt werden. Andererseits müssen auch solche unspezifischen Systembedingungen - wenn sie schon eingeführt sind - auch durch die Theorie berücksichtigt werden. Und dies geschieht - undkann unter den vorstehenden Voraussetzungen nur geschehen - durch die allgemeinen und in weiterer Konsequenz durch die spezifischen Funktionsaussagen (siehe dort). Angenommen, wir wollten eine Theorie des Handelns von Politikern entwickeln, deren Anwendungs- bzw. Geltungsbereich die offene und freiheitlich orientierte Gesellschaft sein sollte, könnte die Sinnaussage - bezogen auf das obige Ausgrenzungsaxiom - so lauten: *Politiker betreiben* (in einer offenen und freiheitlich orientierten Gesellschaft) *die Interessenvertretung als Angelegenheit zum Ausbau und zur Sicherung ihres sozialen Aufstiegs und vertreten dabei auch immer Interessen der Gesellschaft.* (Zur Klarstellung sei festgehalten: "Interessen" meint erkennbare Hinweise für andere, daß man - ob "individueller" oder "kollektiver" Handlungsträger und ob in "mikro-" oder "makropolitischen" Zusammenhängen - sich mit einer bestimmten Sache in einer bestimmten Absicht befassen will. Ein Bezug auf Motive findet nicht statt.)

Zu dieser Sinnaussage sind einige Bemerkungen angebracht. Zunächst gilt grundsätzlich auch für sie, was im voraufgehenden dritten Kapitel zur Formulierung von Sinnaussagen gesagt wurde. Ergänzend dazu sei hier kurz auf einen im voraufgehenden vierten Kapitel aufgezeigten Zusammenhang eingegangen, nämlich die Frage der Anschließbarkeit der Sinnaussage an das Ausgrenzungsaxiom in Rücksicht auf die vorausgesetzte institutionelle Differenzierung und unterschiedlichen Ausprägungsmöglichkeiten dieser Differenzierung. In unserem Falle ist - was unter einem anderen Gesichtspunkt bereits deutlich wurde - bei der der Kompetenz zugeordneten Mitwirkung anzusetzen. Das heißt, aufgrund dieser Bestimmung kann erklärt werden, warum es eine Vielzahl - allgemein formuliert - unterschiedlicher institutioneller Einrichtungen für das Handeln von "Politikern" gibt, nämlich wegen der unterschiedlichen Leistungsanordnungen der Gesellschaft unterschiedliche Mitwirkungsmöglichkeiten für politisches Handeln herausbilden zu müssen. Daran anknüpfend, kann aufgrund der Bestimmung der Sinnaussage, "Politiker" würden bei der Verfolgung ihres spezifischen Handlungsinteresses auch bei der Lösung der genannten Probleme mitwirken, erklärt werden, warum sie als ("individuelle" oder "kollektive", in "mikro-" oder "makropolitischen" Zusammenhängen zu betrachtende) Handlungsträger in unterschiedlicher Weise die vorgegebene institutionelle Differenzierung prägen, nämlich bei der jeweils spezifischen Interessenvertretung auch immer die Kompetenz zur Mitwirkung mitauszuüben. Die beiden Erklärungen stützen die weiter oben angeführten Darlegungen zu den beiden Arten der "Privilegierung" politischen Handelns. Auch dieser

Zusammenhang findet wegen der erwähnten unspezifischen Systembedingungen seine differenzierte Ausprägung erst durch die Funktionsaussagen (siehe dort). Damit ist auch ein Hinweis gegeben dazu, wo angesetzt werden könnte, wenn unter spezifischen Voraussetzungen der hier behandelte Zusammenhang von Ausgrenzungsaxiom und Sinnaussage zu sichern wäre.

Die vorstehende Aussage ist insofern widersprüchlich, als behauptet wird, Politiker würden in ihrem Handeln, wenn sie ihre eigenen Interessen zur Geltung bringen würden, zwangsläufig immer auch Interessen der Gesellschaft zur Wirkung verhelfen. Das Widersprüchliche ist allgemein darin zu sehen, daß, wenn Politiker durch ihr Handeln eigene Interessen, d. h. Interessen, die sie als je einzelne (oder kollektive) Handlungsträger vorbringen, zur Geltung bringen sollen, sie dabei immer wieder wegen der in der Gesellschaft virulent entgegenstehenden Interessen, die das Handeln von Politikern - wollen sie Politiker sein - bestimmen, ihre eigenen Interessen immer wieder zurücknehmen müssen. Politiker müssen also immer wieder auch das tun, was ihren Interessen als je einzelne (oder kollektive) Handlungsträger zuwiderläuft. Der "Widerspruch", der durch eine solche Aussage darzustellen ist, muß sehr allgemein formuliert sein, weil er umfassende Geltung hat; er kann nicht als ein symmetrischer Widerspruch, d. h. als ein ausschließender Widerspruch formuliert werden, weil sonst der vorausgesetzte Zusammenhang bzw. die vorausgesetzte Verknüpfung aufgegeben werden müßte. Der hier gemeinte Widerspruch ist als ein "asymmetrischer Widerspruch" aufzufassen.[115] Die jeweilige Ausprägung dieses Widerspruchs muß durch die Theorie dargestellt werden. Auch an dieser Stelle mag der Hinweis genügen, daß grundsätzlich alles das gilt, was in den voraufgehenden Kapiteln dazu gesagt wurde.

Auch hier gilt, was im dritten Kapitel grundsätzlich zum Informationsgehalt von Sinnaussagen gesagt wurde. Dazu sei eine weitere Bemerkung angefügt. Ziel wissenschaftlicher Bemühungen ist es üblicherweise, Theorien mit einem hohen Informationsgehalt zu entwickeln. Die Höhe des Informationsgehalts wird danach bemessen, wieviel sie über Wirklichkeit berichtet. Das heißt mit anderen Worten, durch eine Theorie mit hohem Informationsgehalt werden viele denkbare Möglichkeiten ausgeschlossen. Man sagt auch, der Informationsgehalt einer Aussage (Theorie) gleiche der Menge der in ihr enthaltenen potentiellen Falsifikatoren. Im Unterschied zu dieser Auffassung wird hier von vornherein ein Zusammenhang zwischen Informationsgehalt und Orientierungskraft (und auch ihrer Anwendbarkeit) gesehen. Es geht - kurz gesagt - nicht darum, viele denkbare Möglichkeiten auszuschalten, sondern sie zu erhalten. Das heißt natürlich nicht, in jedem Fall so umfassend wie überhaupt möglich anzusetzen, sondern nur in bezug auf den jeweiligen Objektbereich. Daher ist es sinnvoll, von Ausgrenzungsaxiomen mit unterschiedlichen Stufen der Allgemeinheit auszugehen (wenngleich in jedem Falle das betreffende Ausgrenzungsaxiom auf das allgemeinste, im Zusammenhang mit dem Begriff des Politischen formulierte Ausgrenzungsaxiom beziehbar bleiben muß).

Die obige Sinnaussage beschreibt Offenheit insofern, als sie in Rücksicht auf den dargestellten "asymmetrischen Widerspruch" die Ausprägung des Zusammenhangs zwischen "Politiker" und "Gesellschaft" nicht exakt festlegt. Welche Ausprägung tatsächlich jeweils zum Zuge kommt, muß durch eine Explikation der Sinnaussage - verstanden als deren inhaltliche Präzisierung bzw. Konkretisierung nach bestimmten Regeln - aufgezeigt werden. Die Offenheit wird dadurch gewährleistet, als solche Explikationen nicht nach dem Muster linearer und eindimensionaler Ableitungen verlaufen. Demnach sind die Explikationsregeln auch nicht als Regeln logischer Ableitung zu verstehen.[116]

Die durch eine Sinnaussage darzustellende Offenheit ist nicht nur - wie implizit angedeutet - in Rücksicht auf die Explikation einer bestimmten Ausprägung der Sinnaussage, sondern auch in Rücksicht darauf zu sehen, daß grundsätzlich auch andere Ausprägungen als mögliche vorauszusetzen sind. Das würde - um bei unserem Beispiel zu bleiben - bedeuten, daß die Verknüpfung zwischen "Politiker" und "Gesellschaft" trotz gleicher Voraussetzungen und Anforderungen anders, als in der obigen Sinnaussage dargestellt, formulierbar wäre. Allgemein gilt - was im Zusammenhang der Kennzeichnung von "konkurrierenden" und "alternativen Theorien" bereits deutlich wurde -, daß grundsätzlich in bezug auf denselben Gegenstandsbereich bei Anwendung derselben Explikations- bzw. Konstruktionsregeln eine Mehrzahl von politikwissenschaftlichen Theorien entwickelt werden kann (und entwickelt werden sollte);[117] auch dann, wenn dasselbe Ausgrenzungsaxiom und dieselben Systembedingungen vorausgesetzt werden.[118]

Diese Feststellung schließt die oben erwähnte Möglichkeit ein, nach denselben Explikations- bzw. Konstruktionsregeln für denselben Gegenstandsbereich (z. B. die Verknüpfung von "Politiker" und "Gesellschaft") und unter Voraussetzung desselben Ausgrenzungs- bzw. Grundlagenaxioms und derselben allgemeinen Systembedingungen Theorien zu entwickeln, die die Perspektive der "sozialen Tatsache" in den Vordergrund rücken. Dies kann angezeigt sein, wenn z. B. spezifische Ausprägungen der allgemeinen Systembedingungen gegeben sind oder wenn primär interessiert, wie "kollektive" Handlungsträger (z. B. Parteien) das Handeln ihrer Mitglieder prägen und deren Aufstieg bestimmen. Die Möglichkeit des Perspektivenwechsels läßt nicht nur - wie erwähnt - die Konfrontation zwischen den Verfechtern des methodologischen Individualismus einerseits und des methodologischen Kollektivismus andererseits wenig sinnvoll erscheinen; sie belegt das ebenfalls für die Konfrontation in der Frage nach dem Verhältnis von Personen und sozialen Systemen.

Wie für die Formulierung der Sinnaussage die Präzisierung der charakteristischen Verknüpfung des Ausgrenzungsaxioms entscheidend ist, so für die Formulierung der Tendenzaussagen die Präzisierung der Verknüpfung der Sinnaussagen - allerdings mit dem entscheidenden Unterschied der Differenzierung. Allgemein ist auch hier über Tendenzaussagen - was grundsätzlich auch für die übrigen, nachfolgend noch zu behandelnden Aussagentypen gilt - zu sagen, daß in diesen Aussagen der in der Sinnaussage erfaßte Sinnzusammenhang als Handlungs- und Wirkungszusammenhang differenziert (verstanden als Präzisierung bzw. Konkretisierung) entfaltet wird.

In bezug auf die obige Sinnaussage müssen Tendenzaussagen Antwort geben auf die Frage: Aufgrund welcher charakteristischen Verknüpfung wird die Wirkungsrichtung angezeigt, wenn "Politiker" ihre Interessen (und die der "Gesellschaft") zur Geltung bringen? - Als allgemeinste Tendenzaussage könnte gelten: *Politiker betreiben ihre Interessenvertretung, indem sie ihre Interessen der Gesellschaft aufdrängen.* Als ebenso allgemeine Tendenzaussage hierzu könnte gelten: *Politiker betreiben Interessenvertretung, indem sie sich von der Gesellschaft deren Interessen aufdrängen lassen.*[119] (Diese zweite Tendenzaussage verweist auf die Frage nach einem Perspektivenwechsel.)

Die beiden vorstehenden Tendenzaussagen sind wegen ihrer Allgemeinheit nicht besonders informativ. Präzisierungen bzw. Konkretisierungen der ersten könnten z. B. so lauten: *Politiker betreiben ihre Interessenvertretung, indem sie ihre Kompetenz als Experten* (erworben z. B. aufgrund langjähriger Mitgliedschaft in Partei, Verband, Regierung) *als Instrument zur Einwirkung auf die Gesellschaft einsetzen. Politiker ..., indem sie ihren sozialen Status* (Besitz, Beruf, Position) *als Instrument zur Einwirkung auf die Gesellschaft einsetzen. Politiker ..., indem sie ihre Popularität als Instrument zur Einwirkung auf die Gesellschaft einsetzen.* - Als ebenso konkretisierte Tendenzaussagen hierzu könnten gelten: *Politiker betreiben ihre Interessenvertretung, indem sie sie an die Mehrheitsmeinungen in der Gesellschaft* (z. B. aufgrund von Abstimmungs- und Umfrageergebnissen) *ausrichten. Politiker ..., indem sie sie an die Interessen von gesellschaftlichen Organisationen* (Verbänden, Parteien, Standesorganisationen) *ausrichten. Politiker ..., indem sie sie an die Interessen staatlicher Institutionen* (Parlamente, Regierungen, Behörden) *ausrichten.*

Weitere Differenzierungen bzw. Konkretisierungen wären möglich; sie müssen sich auf den Begriff des Interesses beziehen, d. h. die vorangehende grundlegende Verknüpfung von "Politiker" und "Gesellschaft" der Sinnaussage muß gewahrt bleiben. Solche Differenzierungen bzw. Konkretisierungen brauchen sich nicht nur - wie vorgeführt - auf den einen Teil der Verknüpfung ("Gesellschaft") zu beschränken, sondern sie können auch den anderen Teil ("Politiker") zum Gegenstand haben (z. B. als Parteimitglied, als Mitglied von Verbänden, als Parlamentsmitglied, als Regierungsmitglied).

Solche Differenzierungen beeinträchtigen nicht die von der betreffenden Sinnaussage her begründete Perspektive, wenngleich dadurch die Frage nach "mikro-/makropolitischen" Zusammenhängen wieder auftaucht. Diese Frage stellt jedoch hier kein spezifisches Problem dar; sie gilt durchgehend für alle politikwissenschaftlichen Aussagen. Dies gilt hier insbesondere deshalb, weil - wie bereits festgestellt - "Politiker" zumindest indirekt am "privilegierten" Status des politischen Systems partizipieren. Wenn dies alles grundsätzlich auch für die Funktionsaussagen gilt, so muß dennoch eine Ergänzung angebracht werden. Sie betrifft die Differenz zwischen den allgemeinen Funktionsaussagen (und deren Differenzierungen) und den spezifischen Funktionsaussagen, den Steuerungsaussagen (und deren Differenzierungen). Die allgemeinen Funktionsaussagen beschränken sich in unserem Falle - kurz gesagt - auf die Erfassung der Bedingungen, unter denen "Politiker" in bestimmter Weise handeln; unabhängig davon, ob sie als "individuelle" oder "kollektive" Handlungsträger handeln und ob es sich um "mikro-" oder "makropolitische" Zusammenhänge handelt. Die durch die Sinnaussage begründete Perspektive kann also hier durchgehalten werden. Das gilt zwar grundsätzlich auch für die spezifischen Funktionsaussagen, die Steuerungsaussagen, dennoch muß dabei die vorhin angesprochene Problematik berücksichtigt werden (die Wenn/Dann/Wenn-Form dieses Aussagentyps schafft dafür die Voraussetzung). Dies ist deshalb gefordert, weil - in einem Satz gesagt - "Politiker" in sehr *unterschiedlichem Ausmaß* am "privilegierten" Status des politischen

Systems partizipieren.

Nach den bisherigen Darlegungen (unter Einbeziehung insbesondere des dritten Kapitels) müssen - kurz zusammengefaßt - allgemeine Funktionsaussagen den durch die Sinnaussagen beschriebenen Wirkungszusammenhang unter der Voraussetzung der *allgemeinen* Funktionsbedingungen (die Teil der gesamtgesellschaftlichen Systembedingungen sind) in Rücksicht auf die *aktualisierbare* Veränderungskapazität insgesamt, die in ihren Wirkungsrichtungen durch die Tendenzaussagen angezeigt ist, differenziert erfassen und darstellen. Umformulierungen der beiden undifferenzierten Tendenzaussagen zu allgemeinen Funktionsaussagen unter Beibehalten der Perspektive könnten so lauten: *Politiker drängen ihre Interessen der Gesellschaft dann auf, wenn sie Veränderungen ihrer sozialen Umwelt als Handlungszwang ansehen. - Politiker lassen sich Interessen der Gesellschaft dann aufdrängen, wenn sie Veränderungen ihrer sozialen Umwelt als eine Herausforderung an ihr politisches Selbstverständnis auffassen.*

Diese beiden undifferenzierten allgemeinen Funktionsaussagen verweisen - wenn auch hier nicht sehr deutlich - auf die durch die Sinnaussage berücksichtigten allgemeinen Systembedingungen. Dieser Bezug wird nicht nur durch die nachfolgenden differenzierten allgemeinen Funktionsaussagen konkretisiert und differenziert. Grundsätzlich bleibt festzuhalten, daß durch die beiden allgemeinen Funktionsaussagen die Möglichkeiten nicht ausgeschöpft sind. Präzisierungen bzw. Konkretisierungen (also Differenzierungen) der beiden undifferenzierten allgemeinen Funktionsaussagen könnten (in bezug auf die weiterführenden bzw. differenzierten Tendenzaussagen) lauten: *Politiker drängen der Gesellschaft ihre Interessen dann auf, wenn sie ihre Kompetenz als Experten herausgefordert sehen. Politiker ..., wenn sie ihren sozialen Status zur Disposition gestellt sehen. Politiker ..., wenn sie Popularität als Gradmesser für politische Zuständigkeit ansehen. Politiker lassen sich Interessen der Gesellschaft dann aufdrängen, wenn sie Mehrheitsmeinungen als Handlungsaufträge anse-*

hen. Politiker ..., wenn sie ihren Zuständigkeitsbereich als Mitglieder gesellschaftlicher Organisationen für betroffen halten. Politiker ..., wenn sie ihre Verantwortlichkeit als Mitglieder staatlicher Institutionen für betroffen halten.[120]

Wenn auch im Anschluß an die vorstehenden (undifferenzierten und differenzierten) allgemeinen Funktionsaussagen für die folgenden spezifischen Funktionsaussagen, die Steuerungsaussagen, die Perspektive der "personalen Tatsache" im Grundsatz weiter geführt werden soll, so ist zunächst unabhängig davon bei der Formulierung der "praktischen" und "systemischen" (vielleicht lassen sich bessere Bezeichnungen finden und wahrscheinlich läßt sich die Typisierung weiter differenzieren) Funktionsaussagen bzw. Steuerungsaussagen die Problematik "Mikro-/Makropolitik" in einer *besonderen* Weise zu berücksichtigen. Die Besonderheit dieser Problematik entsteht dadurch, daß - allgemein gesagt - über die Festlegung des Ausgrenzungsaxioms in bezug auf den Begriff des Politischen und damit den Begriff des politischen Systems das System/Umweltverhältnis in besonderer Weise begriffen wird. Diese Thematik wurde wiederholt angesprochen. Es handelt sich darum, daß einerseits von einem ausgegrenzten und "privilegierten" politischen System, aber andererseits von einer wie auch immer ausgebildeten Umwelt des politischen Systems auszugehen ist, die ebenfalls aufgrund von Kommunikationsleistungen mit dem politischen System wie das politische System am Politischen teilhat, ohne mit dem "Privileg" des politischen Systems ausgestattet zu sein. Diese grundlegende Differenz soll mit der Unterscheidung von "systemischen" und "praktischen" Steuerungsaussagen eingefangen werden. Es geht also nicht nur um eine unterschiedliche Partizipation am "privilegierten" Status des politischen Systems, sondern auch um eine unterschiedliche Herkunft der Teilhabe am Politischen.

Daß die kurz umrissene Problematik des System/Umweltverhältnisses bzw. der "Mikro-/Makropolitik" sich in bezug auf die Steuerungsaussagen stellt, ist darauf zurückzuführen, daß nur durch sie die jeweils spezifischen Handlungsbedingungen (Funktionsbedingungen) berücksichtigt werden können. Durch die Steuerungsaussagen wird die durch die Begriffe des Politischen und des politischen Systems in Zusammenhang mit dem Ausgrenzungsaxiom und der Sinnaussage festgelegte Eingrenzung unter spezifischen Bedingungen sozusagen wieder "entgrenzt" und somit als Offenheit offeriert. Auf diesen Zusammenhang ist wiederum zu verweisen, wenn solche "Entgrenzungen" zum Gegenstand von "Eingrenzungen" gemacht, d. h. für die Konstruktion anderer Theorien herangezogen werden sollen.

Bei der Einteilung der Steuerungsaussagen sollte der Begriff der "systemischen" Steuerungsaussagen nicht irritieren. Diese Bezeichnung dient - wie wiederholt betont - lediglich dazu, für die Handlungsträger die *direkte* "Privilegierung" durch das politische System anzuzeigen. Wenn nun bei den folgenden praktischen Aussagen allgemein von "Politikern" die Rede ist, so ist also vorausgesetzt, daß diese Aussagen ein Handeln von "Politikern" meinen, das nicht als direkt vom politischen System "privilegiertes" Handeln auftritt. Das reduziert selbstverständlich keineswegs die Möglichkeiten der Formulierung für "systemische" Steuerungsaussagen. Im Gegenteil, wegen der großen Anzahl einmaliger und einzigartiger politischer Positionen und Rollen gibt es für den Gegenstand des Handelns von "Politikern" vergleichsweise viele Anknüpfungsmöglichkeiten für die Formulierung "systemischer" Steuerungsaussagen.

Da - wie weiter oben ausgeführt (vgl. auch das dritte Kapitel) - Steuerungsaussagen einerseits die allgemeinen, andererseits die spezifischen Funktionsbedingungen für jeweiliges Handeln zu berücksichtigen haben, ist die dreigliedrige Form dieses Aussagentyps anzuwenden. In Anknüpfung an die beiden ersten allgemeinen Funktionsaussagen könnten praktische Steuerungsaussagen lauten (weitere wären grundsätzlich möglich):[121]
Wenn Politiker Veränderungen ihrer sozialen Umwelt als Handlungszwang auffassen, drängen sie der Gesellschaft (den Adressaten ihrer Interessen) *mit ihren Interessen auch ihre* (bzw. die von ihnen für richtig gehaltenen) *Handlungsmuster dann auf, wenn sie den Handlungszwang für besonders belastend hal-*

ten. - *Wenn Politiker Veränderungen ihrer sozialen Umwelt als eine Herausforderung an ihr politisches Selbstverständnis auffassen, lassen sie sich von der Gesellschaft* (den Adressaten ihrer Interessen) *deren Handlungsmuster dann aufdrängen, wenn sie ihre Erfolgsaussichten für diffus halten.*

Als Präzisierungen bzw. Konkretisierungen (und damit Differenzierungen) der beiden praktischen Steuerungsaussagen können gelten: *Wenn Politiker Veränderungen ihrer sozialen Umwelt als Handlungszwang auffassen, drängen sie der Gesellschaft Handlungsmuster der Solidarität dann auf, wenn sie ihre Sachargumente nicht mehr für überzeugungskräftig halten. Wenn ..., drängen sie der Gesellschaft Handlungsmuster des Abwartens dann auf, wenn sie in der Einschätzung der Handlungssituation unsicher sind. Wenn ..., drängen sie der Gesellschaft Handlungsmuster des Mitleids dann auf, wenn sie ihr Verhalten als eigenes Versagen einschätzen. - Wenn Politiker Veränderungen ihrer sozialen Umwelt als eine Herausforderung an ihr politisches Selbstverständnis auffassen, lassen sie sich von der Gesellschaft Handlungsmuster des Stolzes dann aufdrängen, wenn sie die weitaus überwiegende Mehrzahl der Wähler für selbstzufrieden halten. Wenn ..., lassen sie sich Handlungsmuster der Diskussion dann aufdrängen, wenn sie die Gruppe der Wechselwähler für ihre Wahlaussichten für ausschlaggebend halten. Wenn ..., lassen sie sich von der Gesellschaft Handlungsmuster aggressiver Anwürfe dann aufdrängen, wenn sie die Wahlparolen ihrer Gegner für disqualifizierend halten.*

Diese wenigen Beispiele für praktische Steuerungsaussagen ließen sich ohne zusätzliche Annahmen sowohl differenzieren, und zwar von dem Dann-Satz ausgehend, als auch durch weitere fortsetzen. (Das gilt grundsätzlich auch für die nachfolgenden systemischen Steuerungsaussagen.) Es ließe sich weiter zeigen, daß unter bestimmten Voraussetzungen einzelne Glieder untereinander austauschbar wären. Zudem ließe sich zeigen, daß nur die ersten Wenn-Sätze der praktischen Steuerungsaussagen verändert zu werden bräuchten, um systemische Steuerungsaussagen zu erhalten. Das heißt nicht, das sei in jedem Falle möglich. Die hier nur angesprochenen Möglichkeiten der Veränderung und des Austauschs von einzelnen Aussagen verweisen auf die Tatsache, daß trotz des grundsätzlichen Unterschieds in der "Privilegierung" viele Gemeinsamkeiten bestehen. Darüber hinaus machen sie darauf aufmerksam, daß trotz dieses grundsätzlichen Unterschieds über die indirekte "Privilegierung" der Anteil an systemischen Leistungen außerordentlich hoch sein kann. Dies ist zunehmend der Fall. Das ist auch systemtheoretisch ohne weiteres einsichtig. Aufgrund der zunehmenden Kommunikation der Umwelt mit dem politischen System und den wechselseitigen Rückwirkungen auf Umwelt und politisches System kommt es über die Grenzen hinweg zu charakteristischen Verschränkungen der Leistungsbereiche (Funktionsbereiche). Sie verändern auch Öffentlichkeit als Funktionszusammenhang und damit insbesondere die spezifischen Handlungsbedingungen (Funktionsbedingungen) für System und Umwelt, u. a. mit der Konsequenz der Angleichung. Dies ist sicherlich nicht für den Gesamtzusammenhang von politischem System/Umwelt in gleicher Weise zu unterstellen. Hier ist zunächst das Verhältnis "politisches System/Umwelt als soziale Systeme" gemeint. Auch hierfür sind erhebliche Unterschiede anzusetzen. Ohne auf Einzelfragen einzugehen, kann man allgemein feststellen, welche Bereiche der Leistungsverschränkungen aufgrund welcher Voraussetzungen auch immer (ob in der sachlichen, zeitlichen oder sozialen Dimension) sich herausgebildet haben bzw. herausbilden werden, die Tatsache solcher Leistungsverschränkungen ist grundsätzlich vorauszusetzen. Ihr ist von Anfang an Rechnung zu tragen insofern, als der Begriff des Politischen zwar im Zusammenhang mit dem Begriff des politischen Systems bestimmt wird, aber nicht als identisch mit ihm. Damit ist auch die Voraussetzung dafür gegeben, daß weder die Kommunikation zwischen dem politischen System und seiner Umwelt noch die systeminterne Kommunikation (des politischen Systems) auf den Begriff des politischen Systems reduziert werden muß. Weiterhin ist so die Möglichkeit gegeben, durch den Bezug auf den einen Begriff des Politischen eine Vielzahl unterschiedlicher Politikbegriffe einzuführen (darauf kann hier nicht weiter eingegangen werden).

Um die mögliche Vielfalt der Steuerungsaussagen anzuzeigen, werden unter Beibehaltung der Perspektive hier nicht einfache Umwandlungen von praktischen in systemische Steuerungsaussagen durch Veränderung der ersten Wenn-Sätze vorgestellt, sondern in Anknüpfung an die obigen Funktionsaussagen als Beispiele für systemische Steuerungsaussagen formuliert: *Wenn Regierungschefs*[122] *Veränderungen ihrer sozialen Umwelt als Handlungszwang ansehen, drängen sie der Gesellschaft sehr vereinfachte Handlungsmuster dann auf, wenn sie die Regierbarkeit erheblich beeinträchtigt sehen. - Wenn Regierungschefs Veränderungen ihrer sozialen Umwelt als eine Herausforderung an ihr politisches Selbstverständnis auffassen, lassen sie sich von der Gesellschaft Handlungsmuster dann aufdrängen, wenn sie ihre bisherigen Leistungen in der Öffentlichkeit nicht genügend gewürdigt sehen.*

Als Präzisierungen bzw. Konkretisierungen (und damit Differenzierungen) der beiden systemischen Steuerungsaussagen können gelten: *Wenn Regierungschefs Veränderungen ihrer sozialen Umwelt als Handlungszwang ansehen, drängen sie der Gesellschaft Handlungsmuster des pauschalen Vertrauens dann auf, wenn sie ihre eigene Handlungsfähigkeit wegen der Gegnerschaft von mächtigen Interessenverbänden für bedroht halten. Wenn ..., drängen sie der Gesellschaft Handlungsmuster wohlwollender Duldung dann auf, wenn sie ihre eigenen Handlungen selbst für äußerst bedenklich halten. Wenn ..., drängen sie der Gesellschaft Handlungsmuster begrenzten Widerspruchs dann auf, wenn sie ihre eigenen Maßnahmen selbst für wenig erfolgreich halten. - Wenn Regierungschefs Veränderungen ihrer sozialen Umwelt als eine Herausforderung an ihr politisches Selbstverständnis auffassen, lassen sie sich von der Gesellschaft Handlungsmuster der Propaganda dann aufdrängen, wenn sie in den Medien* (Presse, Rundfunk, Fernsehen) *ihre Gegner sehen. Wenn ..., lassen sie sich von der Gesellschaft Handlungsmuster verächtlicher Herabwürdigung dann aufdrängen, wenn sie die Kompetenz ihrer Konkurrenten um die Regierungsmacht in der Öffentlichkeit viel zu hoch eingeschätzt sehen. Wenn ..., lassen sie sich von der Gesellschaft Handlungsmuster der Konfrontation dann aufdrängen, wenn sie in der Öffentlichkeit ihre Leistungen zu weitgehend als Funktion der Opposition interpretiert sehen.*[123]

Zur Vermeidung von Unklarheiten, die sich leicht wegen der Besonderheit des System/Umweltverhältnisses bei der Formulierung von Steuerungsaussagen einstellen können, seien einige Bemerkungen zur Klarstellung angefügt. So könnte man z. B. fragen, wie es überhaupt möglich sein sollte, praktische Steuerungsaussagen zu formulieren, wenn von vornherein ein "systemischer" Handlungsträger (z. B. "Regierungschefs") eingeführt wäre. Darauf ist grundsätzlich zu erwidern, daß es keineswegs zwingend ist, in jedem Falle sowohl zu "systemischen" als auch "praktischen" Steuerungsaussagen zu kommen. Davon abgesehen wäre dazu festzustellen, auch für "Regierungschefs" gelte, sie könnten wie andere Politiker auch z. B. als Wahlkreisbewerber auftreten. Andererseits könnte man fragen, wie man überhaupt zu "systemischen" Steuerungsaussagen kommen könne, wenn von vornherein ein "nicht-systemischer" Handlungsträger (z. B. "Verbandspolitiker") eingeführt wäre. Von der grundsätzlichen Antwort abgesehen ist dazu festzustellen, auch "Verbandspolitiker" können wie andere Politiker z. B. als Ausschußvorsitzende des Bundestages auftreten. Weiterhin ist darauf zu antworten, daß insbesondere für "Verbandspolitiker" gilt, was bereits oben festgestellt wurde, wegen der Verschränkung von Leistungsbereichen (Funktionsbereichen) können sie über die indirekte "Privilegierung" ihrer Positionen und Rollen - im Unterschied zur Position und Rolle des Wahlbürgers - in hohem Maße am "privilegierten" Status des politischen Systems partizipieren.

Diese wenigen Bemerkungen zeigen an, daß die Unterscheidung zwischen "praktischen" und "systemischen" Steuerungsaussagen einer vorgegebenen grundsätzlichen Differenz in der Funktionszuweisung folgt. Insofern handelt es sich um eine pragmatische Unterscheidung. Damit ist auch gesagt, die Wenn/Dann/Wenn-Form der Steuerungsaussagen ermöglicht zwar die Darstellung dieser Differenz, sie ist aber wegen dieser Differenz nicht notwendig. Somit würden von der Form her grundsätzlich auch andere Einteilungen erfaßbar sein.

Die Betonung der Perspektive der "individuellen Tatsache" im Zusammenhang der Behandlung unseres Gegenstandes (Handeln von "Politikern") folgt ebenfalls pragmatisch einer Vorgegebenheit, nämlich dem Umstand, daß es eine vergleichsweise große Anzahl einmaliger und einzigartiger Positionen und Rollen für politisches Handeln gibt. Dennoch bleibt festzuhalten, daß die grundsätzlichen Ausführungen zur Theoriebildung auch dann gelten, wenn politisches Handeln in der Perspektive der "sozialen Tatsache" erfaßt und dargestellt werden soll. Damit wird - insgesamt gesehen - wiederum darauf verwiesen, daß im Unterschied zur üblichen Betrachtungsweise das Problem "individuelle/kollektive Handlungsträger" von der Theoriebildung her sich als ein nachgeordnetes Problem darstellt. Gegen diese Auffassung könnte eingewandt werden, gerade was das System/Umweltverhältnis anlange, sei das bereits erwähnte "Privileg" für das Verhältnis von sozialem System/Person besonders zu berücksichtigen. Diese "Privilegierung" habe solche Auswirkungen auf Öffentlichkeit als Funktionszusammenhang, daß ihretwegen auch das System/Umweltverhältnis von sozialem System/Person grundsätzlich anders zu betrachten sei als das von sozialem System/sozialem System. So sei das System/Umweltverhältnis von sozialem System/Person in seiner Ausgestaltung als Öffentlichkeit nur indirekt zugänglich, während das für soziales System/soziales System nicht der Fall sei. An diesem Argument ist nur richtig, daß die "Privilegierung" des Verhältnisses von sozialem System/Person zwar spezifische Handlungsbedingungen begründet, aber deswegen Öffentlichkeit als Funktionszusammenhang grundsätzlich nicht anders bestimmt. Diese spezifischen Handlungsbedingungen können (ohne psychologische Annahmen einführen zu müssen) von den spezifischen Funktionsaussagen, den Steuerungsaussagen, aufgrund ihrer Wenn/Dann/Wenn-Form eingefangen werden. Die Wenn/Dann/Wenn-Form der Steuerungsaussagen ermöglicht also die Berücksichtigung zweier sehr unterschiedlicher Arten der "Privilegierung" ("Privilegierung" in bezug auf den Status des politischen Systems und "Privilegierung" in bezug auf das System/Umweltverhältnis von sozialem System/Person). Da auch die zweite Art der "Privilegierung" für Öffentlichkeit als Funktionszusammenhang keine allgemeinen Unterschiede begründet, entstehen auch keine Konsequenzen für die Form der allgemeinen Funktionsaussagen. Entscheidend im Zusammenhang unserer Überlegungen ist, ob bei der Theoriebildung eine Möglichkeit eröffnet ist, ein politisches Handeln zu berücksichtigen, von dem unterstellt wird, daß es durch individuelle Ausprägungen bestimmt ist,[124] und die Theorie diese individuellen Ausprägungen als spezifische Handlungsbedingungen ausweist. Ansonsten gilt - was eine triviale Feststellung zu sein scheint -, ob ein Handeln beobachtbar ist oder nicht. Daß mit dieser Feststellung hier keinem üblichen Positivismus, auch keiner strikt szientistisch ausgerichteten Wissenschaftsauffassung das Wort geredet wird, braucht nicht weiter begründet zu werden.

Zum Schluß sei hier noch einmal auf die grundsätzlichen Ausführungen zu den einzelnen Aussagen im dritten Kapitel verwiesen. Dazu gehören auch die abschließenden Bemerkungen jenes Beitrages.

6. Zum Verhältnis von Politischer Wissenschaft und Politik - Zum Problem des Zusammenhangs von "innerer" und "äußerer Freiheit" unter dem Aspekt der Anwendungsorientierung der Politischen Wissenschaft

In dem Kapitel über die Konstruktion spezifischer politikwissenschaftlicher Theorien der Freiheit wurde die paradox anmutende Feststellung formuliert: Die Frage nach dem Wissenschaftsverständnis der Politischen Wissenschaft ist eine Frage nach ihrer "politischen" Orientierung. Die Frage nach dem Begriff des Politischen ist eine Frage nach ihrer "wissenschaftlichen" Orientierung.

Den ersten Teil dieser Feststellung könnte man zu belegen versuchen, indem man Untersuchungen z. B. darüber anstellt, warum in autoritären und totalitären Systemen die Politische Wissenschaft (das gilt im wesentlichen auch für die Soziologie) entweder im Rahmen erheblicher Beschränkungen bestenfalls nur geduldet oder überhaupt nicht zugelassen wurde und wird. Eine solche Fragestellung hätte auch die immer wieder - wenn auch in den letzten Jahren immer seltener - zur Charakterisierung der Politischen Wissenschaft herangezogene Feststellung einzubeziehen, nach der diese Disziplin (wie auch die Soziologie) als Oppositionswissenschaft angetreten und als solche immer noch auf dem Wege sei.[125] Sofern und soweit die Politische Wissenschaft den Charakter einer Oppositionswissenschaft grundsätzlich verloren oder aufgegeben habe, habe sie - so wäre dann zu argumentieren - auch ihr Wissenschaftsverständnis grundsätzlich verändert. Als "angepaßte" Wissenschaft sei sie zwar immer noch eine Disziplin mit einer bestimmten "politischen" Orientierung, aber eine Wissenschaft, die am Ende ihres Trivialisierungsprozesses angelangt und die nicht mehr am Bedeutungs-, sondern ausschließlich am Nutzungswert ihrer Erkenntnisse interessiert sei. Und dieses Wissen sei - so kann man dann weiter argumentieren - auch nur für die jeweils Herrschenden von Nutzen, zumindest insofern, als nur sie es verwerten könnten.

Wenn man die Politische Wissenschaft als eine Wissenschaft der Freiheit zu begreifen hat, als eine Wissenschaft, die ihr Wissenschaftsverständnis aufgrund einer "politischen" Entscheidung in Rücksicht auf den Zusammenhang von Freiheit und Notwendigkeit (wie weiter oben erläutert) zu klären hat, bekommt sie für *jedes* Gesellschaftssystem, auch und insbesondere für die modernen entwickelten Gesellschaften eine entscheidende Bedeutung. Für Gesellschaften im Entwicklungsstadium, den Gesellschaften in den sogenannten Entwicklungsländern, ist die Problematik mit einer erheblichen Zeitraffung von grundsätzlicher Bedeutung aufgrund der Fragen, ob, in welchem Ausmaße und in bezug auf welche der entwickelten modernen Gesellschaften sie ihre Entwicklung orientieren könnten und sollten. Gerade wegen der Abhängigkeit jener Gesellschaften von den modernen entwickelten Gesellschaften ist - so könnte man zugespitzt feststellen - in jenen Gesellschaften nicht nur allgemein eine Politische Wissenschaft, sondern eine "unabhängige", auch und gerade von dem in den modernen entwickelten Gesellschaften vorherrschenden Wissenschaftsverständnis "unabhängige" Politische Wissenschaft dringender als anderswo geboten. Auch diese Gesellschaften müssen das Problem des Verhältnisses von Freiheit und Notwendigkeit, von politischer Steuerung und sozialer Evolution [126] - wie man auch formulieren könnte -, aufgrund ihrer eigenen Voraussetzungen bewältigen. Eine "unabhängige" Politische Wissenschaft könnte, wenn sie sich von den eigenen gesellschaftlichen Voraussetzungen her begreift, ein in bezug auf die modernen entwickelten Gesellschaften "unabhängiges" Sinn-, Orientierungs- und Steuerungswissen anbieten.

Diese "Unabhängigkeit" der Disziplin und des von ihr angebotenen Wissens ist nicht notwendig auf die Verfahren zur Gewinnung dieses Wissens zu beziehen. Insofern sind bei Anerkennung der verschiedenen gesellschaftlichen Voraussetzungen einerseits und der Anerkennung und Übernahme von Verfahren zur Gewinnung von Wissen Kooperationen über die Grenzen der verschiedenen Gesellschaftssysteme nicht nur möglich und wünschenswert, sondern auch geboten. "Unabhängigkeit" in Rücksicht auf die verschiedenen Gesellschaftssysteme bezieht sich auch nicht auf die Zugehörigkeit der Wissenschaftler zu diesem oder jenem Gesellschaftssystem (wenngleich sie nicht ohne Einfluß ist). Vielmehr handelt es sich darum, daß sich das von einer "unabhängigen" Politischen Wissenschaft angebotene Wissen als ein "historisches" Wissen präsentiert (daß die Politische Wissenschaft keine Gesetzeswissenschaft und das von ihr angebotene Wissen kein Gesetzeswissen sein kann, sei hier nur erwähnt). "Historisches" Wissen meint - kurz gegesagt - ein Orientierungs- und Steuerungswissen, das in Rücksicht auf die Geschichte des jeweiligen Gesellschaftssystems eine hierfür spezifische Bedeutung hat. In diesem Zusammenhang ist auch die Forderung zu sehen, die Forschungslage der Politischen Wissenschaft sei in Abhängigkeit von ihrer Bedeutungslage zu klären.[127]

Aufgrund ihrer Orientierung als Wissenschaft der Freiheit leistet die Politische Wissenschaft über die Wissensorientierung hinaus eine Sinnorientierung. Wegen dieser Sinnorientierung kann man ihre bisher eher diffus beschriebene Eigenschaft als "Oppositionswissenschaft" genauer fassen und bestimmen, und zwar sowohl universell (in Rücksicht auf alle politisch gesteuerten Gesellschaftssysteme) als auch speziell (in Rücksicht auf je einzelne Gesellschaftssysteme oder auch auf Teilsysteme davon).

Ein für das Selbstverständnis der Politischen Wissenschaft und die Voraussetzungen politischer Forschung deutlicher und bedeutungsvoller Umstand ist gegeben, wenn in jeweiligen Gesellschaftsformationen versucht wird, eine von höchster Autorität proklamierte und mit höchster Autorität ausgestattete Auffassung über das Verhältnis von Freiheit und Notwendigkeit (als Verhältnis von Freiheit und Notwendigkeit des Eingreifens in die soziale Wirklichkeit zur Steuerung dieser Wirklichkeit) und in weiterer Konsequenz für das Verhältnis von Freiheit und Zwang (als Verhältnis von Freiheit und Zwang der Steuerungsmaßnahmen) für die gesamte Gesellschaft als verbindlich durchzusetzen. Bereits Versuche, schon für die Primärebene (also für das Verhältnis von Freiheit und Notwendigkeit) bestimmen zu wollen, was unter Freiheit zu verstehen sei, können für Wissenschaft und Gesellschaft verhängnisvoll sein. Festlegungen wie z. B., Freiheit sei Einsicht in die Notwendigkeit, sind für sich genommen bedeutungs- und folgenlos. Sobald sie jedoch als Aufforderungen oder gar Gebote begriffen werden, an denen politisches Handeln sich zu orientieren habe, werden sie zumindest problematisch. Wird ihnen zudem höchste Verbindlichkeit zuerkannt und werden sie außerdem mit der Gewißheit vorgebracht, exakt und ausschließlich zu wissen, worin auch inhaltlich z. B. die Einsicht in die Notwendigkeit bestehe, sind die Voraussetzungen geschaffen, die eine Politische Wissenschaft nicht nur behindern, sondern in letzter Konsequenz verhindern.

Kaum nachdrücklicher als durch die Tatsache, daß in autoritären und totalitären Gesellschaftssystemen eine Politische Wissenschaft nur unter erheblichen Einschränkungen geduldet oder von vornherein nicht zugelassen wurde und wird, kann man belegen, warum die Politische Wissenschaft als eine Wissenschaft der Freiheit begriffen werden muß. Dies ist für sie von existentieller Bedeutung.[128] Und insofern ist jede Politische Wissenschaft eine gesellschaftsbezogene Disziplin. Dieses Grundverständnis von Politischer Wissenschaft würde auch dann bestätigt, wenn in einem totalitären Gesellschaftssystem so etwas wie eine "systemkonforme Politische Wissenschaft" zugestanden würde. Auch eine "systemkonforme Politische Wissenschaft" könnte - wollte sie den Anspruch auf Wissenschaftlichkeit einlösen wollen - gar nicht anders, als sich mit der grundsätzlichen Frage zu beschäftigen, was man über Freiheit und Notwendigkeit von Eingriffen in die soziale Wirklichkeit (um sie zu steuern) wissen könne bzw. können sollte. Mit dieser Fragestellung wäre jedenfalls aufgrund der Wahrnehmung ihrer Verantwortlichkeit als Wissenschaft eine grundsätzliche Bedingung für ihre Unabhängigkeit akzeptiert. Wie auch immer sie diese Frage angehen und beantworten würde, sie würde mit ihrer Antwort zwangsläufig in Widerspruch zur Autorität und Selbstgewißheit der autoritären oder totalitären Systemführung geraten. Die Thematisierung dieser Frage würde notwendig von der Primär- auf die Sekundärebene verweisen und auf sie übergreifen. Bei der konkreten Beantwortung jener Frage würden dann zwangsläufig unterschiedliche Wissensbestände und Beurteilungskriterien auftreten. Und auch eine "systemkonforme Politische Wissenschaft" müßte - wollte sie ihren Anspruch auf Wissenschaftlichkeit mit einem Mindestmaße an Berechtigung vorbringen - von der Systemführung nicht akzeptierbare Antworten (was noch nicht von vornherein notwendig systemtranszendierende Antworten sein müßten) anbieten.

Wenn auch die Existenz einer Politischen Wissenschaft Freiheit und Unabhängigkeit einer Gesellschaft anzeigt, so ist jedoch darüber, wieviel Freiheit und Unabhängigkeit realisiert sind, noch nichts mitgeteilt. Diese Frage ist auf das Verhältnis von Politischer Wissenschaft und politischer Steuerung in einer jeweiligen Gesellschaft zu beziehen. Es kommt nämlich auch darauf an, ob sie sich auch tatsächlich als Wissenschaft der Freiheit begreift und wie sie dieses Wissenschaftsverständnis in Wissen umsetzt. Dabei geht es letztlich um die grundsätzliche Frage, ob auch in einer offenen und freiheitlich orientierten Gesellschaft die Politische Wissenschaft ihrerseits vor allem auf Freiheit und Unabhängigkeit orientiert ist und bleibt, sie sich also auch dann als "Oppositionswissenschaft" behauptet. In den in dieser Hinsicht am weitesten fortgeschrittenen und entwickelten Gesellschaften ist sie vielleicht wichtiger als anderswo. Denn dort besteht für sie kein unmittelbarer "Zwang", sich als "Oppositionswissenschaft" bewähren zu müssen. Zudem besteht dort die Neigung der Politik, sie als lästige "Konkurrenz" anzusehen oder einfach zu ignorieren.

Einen Ausweg aus diesem "Dilemma" sieht man - nicht selten in einem merkwürdigen Verbund von Wissenschaft und Politik propagiert - typischerweise in einer Umorientierung des Wissenschaftsverständnisses, die vom Nutzungswert des Wissens für die verschiedenen Politikfelder her bestimmt wird. Die Politische Wissenschaft wird so zu einer "Systemwissenschaft", die, obgleich sie institutionell in ihrer Freiheit und Unabhängigkeit prinzipiell nicht infragegestellt ist, sich entweder Aufträge erteilen läßt, oder solche Projekte durchführt, von denen sie annimmt, daß deren Ergebnisse der Politik zumindest erwünscht sind oder von ihr nachgefragt werden (z. B. zur besseren Durchsetzung ihrer Ziele). Eine solche Forschungslage ist jedenfalls dann fragwürdig, wenn sie sich nicht oder nicht mehr um Zukunftsorientierungen über die speziellen Aufträge hinaus bemüht. Wenn die Politische Wissenschaft diese Orientierungen aufgibt, gewinnt sie an fragwürdiger Autorität in der Gesellschaft. Daher ist das, was Feyerabend zum Verhältnis von Staat und Wissenschaft (insgesamt) sagt, jedenfalls in Rücksicht auf die Politische Wissenschaft keineswegs so abwegig, wie es zunächst erscheinen mag. Nach ihm ist die *theoretische* Autorität der Wissenschaft einerseits viel geringer als angenommen werde. Ihre *gesellschaftliche* Autorität dagegen sei inzwischen so übermächtig geworden, daß politische Eingriffe notwendig seien, um eine ausgewogene Entwicklung wiederherzustellen.[129]

Die jeweilige Ausprägung der wechselseitigen Abhängigkeit zwischen theoretischer und gesellschaftlicher Autorität der Politischen Wissenschaft ist in der Tat Ausdruck des Wissenschaftsverständnisses aufgrund ihrer "politischen" Orientierung, die wiederum von der jeweiligen Gesellschaftsformation und den durch sie und in ihr herrschenden Orientierungen abhängt.[130] Für eine bestimmte Wissenschaftsausrichtung besteht dieses Problem der Abhängigkeit nicht. Für sie hat sich - eingefügt in eine Vorstellung von der Einheit der Wissenschaft, oder bescheidener, der Einheit der Sozialwissenschaften - auch die Politische Wissenschaft am Erkenntnis- und

Forschungsprogramm der Naturwissenschaften auszurichten und aufgrund der Wertneutralität des Wissens (eines nomologischen Wissens) die Unabhängigkeit in der Frage des Wissenschaftsverständnisses zu begründen und zu bewähren. Dieses Wissenschaftsverständnis bestreitet die Geltung von historischen Gesetzen, also die Möglichkeit der Gewinnung von nomologischem Wissen über die Entwicklung der Gesellschaft(en). In *dieser* Hinsicht ist diese Auffassung ohne weiteres vereinbar mit der, für die die Entwicklung der Gesellschaft(en) durch die Gestaltung des Verhältnisses von Freiheit und Notwendigkeit (des Eingreifens in die soziale Wirklichkeit zu deren Steuerung), von politischer Steuerung und sozialer Evolution, bestimmt ist. Eine Politische Wissenschaft als eine Wissenschaft der Freiheit kann andererseits - wie erwähnt - überhaupt kein nomologisches, sondern muß ein "historisches" Wissen anbieten. Schon aus diesem Grunde muß die Politische Wissenschaft in Absetzung von einem nomothetischen Wissenschaftsverständnis zwischen Erklärungs- und Prognoseleistungen ihrer Theorien unterscheiden.[131] Zwar läßt sich allgemein auch für das Erkenntnis- und Forschungsprogramm einer Politischen Wissenschaft, die auf "historisches" Wissen ausgerichtet ist, wie für das Forschungsprogramm einer auf ein nomologisches Wissen ausgerichteten Wissenschaft feststellen, daß - um Popper anzuführen - "die Verwendung einer Theorie zur *Vorhersage* eines spezifischen Ereignisses nur ein anderer Aspekt ihrer Verwendung zur *Erklärung* eines solchen Ereignisses ist".[132] Jedoch kann für die Bereitstellung "historischen" Wissens nicht gelten, mit den prinzipiell gleichen Schritten und ohne zusätzliche Annahmen könnten Erklärungen und Prognosen aufgestellt werden.

Unabhängig von der "politischen" Orientierung der Politischen Wissenschaft, nämlich "historisches" Wissen anzubieten, könnte man die grundsätzliche Frage stellen, ob es überhaupt "politologische Gesetze" geben bzw. solche Gesetze nachgewiesen werden könnten. Die schon vorweggenommene Antwort, die ich an anderer Stelle bereits ausführlich begründet habe,[133] sei hier zusammengefaßt in den Feststellungen:

1. Was bisher als "politologische Gesetze" angeboten wurde, ist - gemessen an den eigenen Standards dieses Wissenschaftsverständnisses - entweder bereits falsifiziert oder nicht falsifizierbar.

2. Wenn die Existenz historischer Gesetzesaussagen (gemeint sind Gesetzesaussagen der Veränderung - siehe unten) grundsätzlich nicht nachweisbar ist bzw. bestritten werden muß, dann auch die von "politologischen Gesetzen" - und umgekehrt.

Befassen wir uns noch kurz mit den technologischen Aussagen (so wie sie von der nomologischen Wissenschaftslehre verstanden werden). Eine Beschäftigung damit ist bereits dann überflüssig, wenn man die erste der beiden Feststellungen akzeptiert. Denn nach Albert[134] handelt es sich bei technologischen Aussagen nur um tautologische Transformationen theoretischer Aussagen, wozu man keine zusätzlichen, insbesondere keine normativen Prämissen einführen müsse. Angenommen, es gäbe politologische Gesetze, so müßte zunächst begründet werden, *warum* überhaupt tautologische Transformationen vorgenommen werden müßten, *obwohl* sie doch keine zusätzlichen Informationen liefern. Dann müßte gezeigt werden, *wie* diese logischen Operationen in Rücksicht auf die genannte Voraussetzung durchzuführen wären. Schließlich müßte dargelegt werden, wie unter Berücksichtigung von "Entscheidungen über Zielsetzungen und Mittelverwendungen" "das betreffende technologische System aus der deskriptiven in die präskriptive Sprache" zu überführen wäre.

Eine kurze Auseinandersetzung mit diesem vorgeblichen Typ[135] von Aussagen scheint deshalb angebracht zu sein, weil über technologische Aussagen der Bezug zur praktischen Politik hergestellt werden soll. Zudem wird ausdrücklich festgestellt, daß es sich - um mit Albert zu reden - innerhalb des technologischen Denkens "ausschließlich um Prognoseprobleme" handle, (um "die Vorhersage von Wirkungen alternativer Maßnahmen zur Realisierung der Verhaltensmodelle und von Auswirkungen des Funktionierens der betreffenden Insitutionen auf andere Faktoren des Lebens").[136] Insofern wird zumindest in bezug auf das in technologische Aussagen transformierte theoretische Wissen die Zukunftsorientierung der Politischen Wissenschaft als unabweisbare Bedingung anerkannt.

An einem Beispiel soll - jetzt sozusagen in der Perspektive der Anwendungsorientierung - dieses (das nomothetische) Erkenntnis- und Forschungsprogramm einer Politischen Wissenschaft kurz diskutiert werden. In einer für Studienzwecke häufig verwendeten Arbeit werden technologische Aussagen als eine (neben Erklärung und Prognose) dritte, logisch abgeleitete Anwendungsform von Theorien bezeichnet, die angeben würden, "*welche Maßnahmen (Techniken) zu realisieren sind, um bestimmte Ziele zu erreichen*".[137] Zur Verdeutlichung - wie es heißt - wird angenommen, die Bundesregierung habe sich eine Verringerung der Zahl der Abtreibungen zum Ziel gesetzt. Eine Entscheidung über die Zielsetzungen wird also vorausgesetzt. Als Gesetzesaussage bzw. bewährte Hypothese wird eingeführt:

"Je früher und umfassender die Jugendlichen über Empfängnisverhütung aufgeklärt werden, desto geringer ist die Zahl der Abtreibungen in einer Gesellschaft."[138]

Auf die selbst gestellte Frage, welcher Rat den Politikern erteilt werden könne und wie er zu formulieren sei, wird unmittelbar darauffolgend die Antwort gegeben:

"Wenn Sie die Zahl der Abtreibungen senken wollen (Ziel - Explanandum), dann sollten Sie eine frühzeitige und umfassende Aufklärung der Jugendlichen über Empfängnisverhütungsmittel institutionalisieren (Maßnahmen - Randbedingungen), weil nach einem bewährten *Gesetz* die Zahl der Abtreibungen umso niedriger ist, je früher und umfassender die Jugend über Empfängnisverhütungsmittel aufgeklärt wird."[139]

Dazu wird festgestellt, daß, falls die geforderten Randbedingungen von den Politikern tatsächlich realisiert würden und das angestrebte Ziel nicht eintrete, also die Zahl der Abtreibungen nach "einer angemessenen Zeit" (was immer das heißen mag) nicht eintrete, sei die Gesetzesaussage bzw. Hypothese falsifiziert.

Ohne auf Einzelheiten zur vorstehenden Feststellung einzugehen, sei kurz ein Hinweis dafür gegeben, warum der oben bezeichnete Zusammenhang anzunehmen ist, wenn man die Geltung von politologischen Gesetzen voraussetzt. Zur Klarstellung sei vorausgeschickt, der unterstellte Zusammenhang bezieht sich nicht auf historische Gesetzesaussagen im Sinne von historischen Entwicklungsgesetzen (d. h. Gesetzesaussagen über den Ablauf der Geschichte in Rücksicht auf Epochen und/oder Gesellschaftsformationen), sondern allgemein auf Gesetzesaussagen der Veränderung. Solche Gesetzesaussagen sind vorauszusetzen, wenn man z. B. den Politikern den vorhin zitierten Rat erteilt, sie aber nicht sich selbst überlassen will (und nach dem betreffenden Wissenschaftsverständnis auch nicht überlassen darf), wie sie die geforderten Randbedingungen realisieren. Das heißt, als Grundlage für das (rationale) Handeln zur Realisierung der Randbedingungen braucht man wiederum eine Gesetzesaussage. Um in bezug auf diese Gesetzesaussage (rational) handeln zu können, ist man erneut auf die Realisierung von Randbedingungen verwiesen usw. Will man diesem unendlichen Regress entgehen, muß man - kurz gesagt - Gesetzesaussagen der Veränderung einführen. Dieser Konsequenz sucht man sich zu entziehen, indem man z. B. formuliert: "Welche Randbedingungen sich nun in einer bestimmten Gesellschaft oder in bestimmten Gesellschaften in *voraussagbarer* Weise ändern, kann nur durch empirische Untersuchungen ermittelt werden. Erstaunlicherweise gibt es solche Untersuchungen unseres Wissens nicht."[140] Abgesehen davon, daß es nach Einschätzung von Opp die erwähnten Untersuchungen nicht gibt (diese Feststellung ist in mehrfacher Hinsicht bezeichnend), ist der Verweis auf sie erstaunlich. Wenn es sich - wie von Opp ausdrücklich ausgeführt - um *vorhersagbare* Randbedingungen handeln muß, dann müßte nach dem betreffenden Wissenschaftsverständnis doch wohl gefordert sein, daß solche *Vorhersagen* in bezug auf eine Gesetzesaussage vorzunehmen sind. Die Unterscheidung zwischen uneingeschränkten und eingeschränkten Prognosen berührt diese Folgerung nicht. Die Unterscheidung umschreibt allerdings das Eingeständnis, daß man bei der *Vorhersage* von Randbedingungen nicht auf eine Gesetzesaussage zurückgreifen kann. Die beiden grundsätzlichen Fragen, die sich stellen, lauten: Warum ist man in dem einen Falle bei der *Vorhersage* auf Gesetzesaussagen, in dem anderen Falle auf empirische Untersuchungen verwiesen, obwohl es in beiden Fällen um die Vorhersage von politischem Handeln geht? Welche Konsequenzen ergeben sich aufgrund der Antwort auf diese Frage für das Wissenschaftsverständnis der Politischen Wissenschaft? Nach meiner Auffassung müßte man, wollte man den skizzierten Wissenschaftsansatz auf die Politische Wissenschaft übertragen, konsequenterweise - wie erwähnt - die Geltung von Gesetzen der Veränderung voraussetzen. Da diese Voraussetzung nicht gemacht werden kann, kann man auch nicht die Geltung von politologischen Gesetzen voraussetzen. Selbst wenn man sich auf die Voraussetzung der Existenz von politologischen Gesetzen einlassen wollte und für die Vorhersage der Randbedingungen den Verweis auf empirische Untersuchungen akzeptiert, müßte man - wie die Erläuterungen von Opp zu seiner Unterscheidung von uneingeschränkten und eingeschränkten Prognosen belegen - zu dem Ergebnis kommen, daß in letzter Konsequenz die vorausgesetzten Gesetzesaussagen nach den Maßstäben des betreffenden Wissenschaftsverständnisses als nicht falsifizierbar oder als falsifiziert anzusehen, also als "Gesetzesaussagen" sinnlos sind. Daraus ergibt sich nach meiner Auffassung jedenfalls für die Politische Wissenschaft - wie in voraufgehenden Kapiteln wiederholt betont - die Folgerung, politikwissenschaftliche Theorien müssen die nach dem nomothetischen Wissenschaftsverständnis bezeichneten Randbedingungen integrieren und unter dieser Voraussetzung grundsätzlich als Theorien der Veränderung entwickelt und begriffen werden.

Zurück zu unserem Beispiel: Fragen wir zunächst, wie die Aussagen einzuordnen sind, die als technologische bezeichnet werden. Nach Albert muß man - wenngleich er selbst hierfür kein vollständiges Beispiel liefert - unterscheiden zwischen den theoretischen Aussagen bzw. Gesetzesaussagen, den durch tautologische Transformationen entstandenen technologischen Aussagen und den unter Berücksichtigung von Entscheidungen über Zielsetzungen entstandenen Umformulierungen der technologischen Aussagen in präskriptive Aussagen. Eine nähere Diskussion der vorhin zitierten Aussagen erübrigt sich, um festzustellen, daß nach der Voraussetzung jedenfalls die drei verschiedenen Aussagentypen auftauchen müßten. Die (von Prim/Tilmann) als technologische Aussage bezeichnete ist weder eine tautologische Transformation der Gesetzesaussage, also keine rein logische Ableitung davon, noch eine Umsetzung einer solchen Ableitung in die präskriptive Sprache.

Betrachten wir die vorgeführten Aussagen noch kurz unter einem anderen Gesichtspunkt. Nehmen wir an, die betreffende Gesetzesaussage sei als bewährt anzusehen (jedenfalls scheint sie plausibel zu sein). Wir können - ohne auf spezifische empirische Untersuchungen zu verweisen - grundsätzlich mit derselben Berechtigung auch folgende Gesetzesaussagen als bewährt ansehen:

"Je früher und intensiver den Jugendlichen Abtreibungen als moralisch verwerflich und sozialschädlich hingestellt werden, desto geringer ist die Zahl der Abtreibungen in einer Gesellschaft."

oder

"Je niedriger das Heiratsalter gesetzlich festgelegt ist, desto geringer ist die Zahl der Abtreibungen in einer Gesellschaft."

oder

"Je umfassender die Sozialgesetzgebung die materielle Versorgung von Kindern absichert, desto geringer ist die Zahl der Abtreibungen in einer Gesellschaft." -
Weitere Aussagen dieser Art ließen sich anführen.

Wenn diesen Aussagen grundsätzlich die gleiche Bewährung zuerkannt werden muß (was unterschiedliche Gewichtungen, die auf eine unterschiedliche Wirksamkeit in Rücksicht auf die Senkung der Zahl der Abtreibungen zu beziehen wären, keineswegs ausschließt, sondern sehr sinnvoll erscheinen läßt), muß man, will man nicht alle verfügbaren Hypothesen bzw. Gesetzesaussagen heranziehen, bereits auf dieser Stufe Kriterien einführen, um einzelne (oder evtl. mehrere) der verfügbaren Hypothesen bzw. Gesetzesaussagen auswählen zu können, die dann zunächst in technologische und weiter in präskriptive Aussagen zu überführen wären. Damit ist zwar nicht gesagt, daß es demnach zwingend sei, für die tautologische Transformation der Gesetzesaussagen in technologische Aussagen zusätzliche Prämissen einzuführen. Jedoch ist damit gesagt, daß die Rationalität der jeweils ergriffenen Maßnahmen höchst zweifelhaft ist. Dies widerspricht aber der Kernthese, nach der auch die Politische Wissenschaft als eine Gesetzeswissenschaft bzw. theoretische Wissenschaft zu begründen und zu entwickeln sei und bis in ihre Umsetzungen in die präskriptive Sprache denselben Rationalitätskriterien zu folgen habe.

Will man sich nicht mit dem bezeichneten Auswahlproblem herumplagen und fordert man einfach die insgesamt wirksamsten Maßnahmen (natürlich als Ableitungen von Gesetzesaussagen), so wird man schließlich auf eine "Gesetzesaussage" stoßen, die, obwohl sie von der Form her die Bedingung einer Gesetzesaussage erfüllt (nämlich Verknüpfung von zwei unabhängig voneinander gegebenen Tatbeständen: Maßnahmen gegen Abtreibung/ Veränderung der Zahl der Abtreibungen), logisch zwingend ist bzw. als eine tautologische Aussage zu betrachten ist, etwa der Art: "Je wirksamer die Maßnahmen gegen die Abtreibung sind, desto geringer ist die Zahl der Abtreibungen in einer Gesellschaft." Zu dem gleichen Ergebnis, nämlich einer logisch zwingenden bzw. tautologischen Aussage, kommt man, wenn man Auskunft darüber verlangt, welche einzelnen, auf eine Gesetzesaussage bezogenen Maßnahmen zur Verwirklichung eines bestimmten Ziels (z. B. Herabsetzung der Zahl der Abtreibungen) zu ergreifen seien. Aufgrund der Voraussetzung, für diese Empfehlungen nur *eine* Gesetzesaussage als bewährt heranziehen zu dürfen,[141] also nur eine Theorie bzw. Hypothese mit einer einlinigen Kausalität - so möchte ich sie einmal bezeichnen - infrage kommt, werden die davon logisch abgeleitete technologische Aussage und deren Umformulierung unter Berücksichtigung der Zielsetzung in eine präskriptive Aussage logisch zwingend. Dies aus einem allgemeinen und einem speziellen Grunde.

Wenn es für eine rationale Politik zwingend ist, will sie das Prädikat "rational" verdienen,[142] die betreffende Sozialtechnologie und damit das betreffende theoretische Wissen bzw. die betreffende Gesetzesaussage zur Grundlage zu machen, und wenn die logische Transformation in die technologische Aussage und deren Umformulierung gültig sind, kann schließlich nur *eine*, zwingend abgeleitete präskriptive Aussage formuliert werden. Diese Schlußfolgerung wird in spezifischer Weise gestützt. Wenn nämlich diese Schlußfolgerung nicht gültig wäre, würde auch die oben zitierte Schlußfolgerung, nach der unter den angegebenen Voraussetzungen die Hypothese bzw. Gesetzesaussage und damit auch die technologische Aussage falsifiziert wären, nicht gültig sein. Dies wird ebenfalls - wenn auch unbeabsichtigt und aufgrund einer vagen Formulierung nicht besonders deutlich - bestätigt, wenn es heißt, der tatsächliche Ablauf von Sozialexperimenten könne unter Umständen zur Korrektur der verwendeten Theorie führen.[143] Die Bestätigung hat auch unberücksichtigt der Tatsache Geltung, daß von den Verfechtern der Gesetzeswissenschaften bisher nicht dargelegt wurde (und nach meiner Auffassung nicht dargelegt werden konnte), welche Anforderungen an Sozialexperimente gestellt werden müssen, um als solche anerkannt zu werden, und welcher Status und welche Leistung ihnen dann im Zusammenhang der Frage nach der Bewährung von politologischen Gesetzen exakt zukommt. Insbesondere fehlt von dieser Seite eine Klärung der Frage nach der Möglichkeit und Leistung von *politikwissenschaftlichen* Experimenten, ihrem Verhältnis zu *sozialen* Experimenten und insgesamt ihrer beider Leistung für das Erkenntnis- und Forschungsprogramm der Politischen Wissenschaft.

Die vorhin angeführte Schlußfolgerung zur Falsifizierbarkeit wird nicht aufgehoben durch die Behauptung, über die Erwünschbarkeit technologischer Aussagen brauche man sich u. U. nicht einmal den Kopf zu zerbrechen. Eine Technologie der Revolution sei - wie Albert formuliert - nicht nur für Revolutionäre, sondern gerade auch für ihre Gegner interessant.[144] Was dazu (zu einer Theorie der Revolution) zu sagen ist, gilt grundsätzlich für alle politischen Theorien: Man braucht jeweils nur das Vorzeichen zu ändern. Die Möglichkeit der Ableitung sehr verschiedener Maßnahmen von *derselben* technologischen und theoretischen Aussage ist bei Einhaltung der vorhin aufgezeigten Bedingungen nicht gegeben. Zwingend ist nur eine Ableitung. Möglich wäre allerdings, diese eine Ableitung mit einem genau entgegengesetzten Vorzeichen zu versehen.

Das insgesamt negative Ergebnis zur Frage der Falsifizierbarkeit ließe sich unter einem anderen Gesichtspunkt bestätigen, nämlich der Frage, ob die bisher angebotenen "politologischen Gesetzesaussagen" und deren tautologische Transformationen in technologische Aussagen nach den eigenen Maßstäben nicht bereits falsifiziert seien. Das ließe sich besonders deutlich demonstrieren, wenn man diesmal nicht die Wenn-, sondern die Dann-Komponente der oben angeführten Gesetzesaussage auswechseln würde. - Auf diesen Nachweis will ich hier verzichten, weil er sich letztlich erübrigt und somit überflüssigerweise Raum beanspruchen würde. Das sozusagen letzte Argument, das von Verfechtern einer nomothetischen Politischen Wissenschaft gleichsam als Fluchtpunkt immer wieder vorgebracht wird, nämlich auch bei Anerkennung der Tatsache, daß bis jetzt noch keine "echten" politologischen Gesetze, sondern nur Quasi-Gesetze formuliert werden konnten, spreche nicht gegen ein solches Wissenschaftsverständnis, sollte man inzwischen jedenfalls bis auf weiteres einfach vergessen. Mit immer wieder hervorgeholten und nicht eingelösten Versprechungen zu operieren, ist zwar nicht unbedingt unseriös, aber jedenfalls nicht sehr überzeugend.

Aufgrund der Tatsache, daß der Anspruch, die Politische Wissenschaft als Gesetzeswissenschaft zu begründen und zu betreiben, in Rücksicht auf ihre Anwendungsorientierung (obwohl sie als ein entscheidendes Argument zur Stützung dieses Wissenschaftsverständnisses eingebracht wird) bisher nicht eingelöst wurde und nach meiner Auffassung auch nicht eingelöst werden kann, ist jedenfalls Anlaß genug dafür, die Frage nach dem Wissenschaftsverständnis der Politischen Wissenschaft nicht in der Weise anzugehen, indem man an ein bestimmtes Wissenschaftsideal die Anwendungsorientierung anhängt. Mein Vorschlag, die Frage nach dem Wissenschaftsverständnis der Politischen Wissenschaft als eine Frage nach der "politischen" Orientierung dieser Disziplin aufzurollen, geht - kurz gesagt - von der Grundannahme aus, daß die soziale Wirklichkeit (als Gegenstand der Politischen Wissenschaft) sowohl durch das Wirkungs- und Konstruktionsprinzip der Asymmetrie als auch durch steuernde Eingriffe der Politik, durch soziale Evolution und politische Steuerung, geprägt ist und wird. "Politische" Orientierung der Politischen Wissenschaft meint daher, daß die Politische Wissenschaft als Wissenschaft der Freiheit den Zusammenhang von sozialer Evolution und politischer Steuerung in der Weise zu thematisieren hat, als sie in ihren überprüfbaren (nicht mit "falsifizierbar" gleichzusetzen) Theorieangeboten unter Berücksichtigung eines auf diesen Zusammenhang bezogenen Kausalitätsbegriffs[145] Handlungsorientierungen aufzeigt, die unter der Bedingung der Notwendigkeit die Freiheit des Handelns ausweisen. Das von ihr angebotene theoretische Wissen ist insofern ein "historisches", als es die Handlungsorientierungen (sowohl von Individuen als auch Kollektiven) von vornherein in den Kontext der historischen Gegebenheiten hineinstellt. Somit kann diese Wissenschaft auch theoretisch mit solchen Feststellungen etwas anfangen, die etwa so lauten, diese oder jene Individuen oder Gruppen hätten der historischen Situation die Freiheit des Handelns abgewonnen. Jedoch soll nicht nur für die Vergangenheit, sondern auch für die Zukunft die Freiheit des Handelns dargestellt werden. - Die Frage der Konkretisierung auf historische Gegebenheiten verweist bereits von der "politischen" Orientierung der Primär- auf die der Sekundärebene.

Auch das vorhin kritisierte Wissenschaftsverständnis der Politischen Wissenschaft (als einer Gesetzeswissenschaft) ist durch eine - allerdings aufgesetzte oder angehängte - "politische" Orientierung charakterisiert. Diese "politische" Orientierung ist - wie angedeutet - verknüpft mit der Auffassung von rationaler Politik. Und die Auffassung von der Rationalität der Politik ist abgeleitet von der Auffassung von Rationalität, nach der sich die Wissenschaft (so wie sie verstanden wird) zu richten habe.

Mit dem immer wieder zur Rechtfertigung vorgebrachten Argument, die Entscheidungsfreiheit der Politik würde trotz der einheitlichen Rationalitätsauffassung grundsätzlich respektiert, ist es, auch unabhängig von den Argumenten, die weiter oben bereits angeführt wurden, nicht weit her. Die Fragwürdigkeit des Rechtfertigungsarguments wird deutlich, wenn man den Zusammenhang zwischen politischer Entscheidung und der Umsetzung solcher Entscheidungen in Handlungen betrachtet. Auch die Verfechter einer Politischen Wissenschaft als einer Gesetzeswissenschaft werden nicht behaupten wollen, es sei rational, politische Entscheidungen unabhängig von den möglichen Wirkungen zu trennen. So wäre es sicherlich nicht rational, wenn - um es am Beispiel zu verdeutlichen - die gegenwärtige Bundesregierung den Austritt aus der Europäischen Gemeinschaft (oder den Vereinten Nationen) beschließen würde.

Wie auch immer man im einzelnen Rationalität in bezug auf politische Entscheidungen bestimmen mag, jedenfalls ist, bevor die tatsächliche Entscheidung fällt, eine vorgängige Betrachtung des Zusammenhangs von Entscheidungen und den Wirkungen ihrer Umsetzung darauf zu beziehen. Dies ist nicht ungewöhnlich, sondern geboten. Von Entscheidungsfreiheit kann man jedoch nicht mehr reden, wenn man verlangt, daß jene Entscheidung zu fällen bzw. anzunehmen sei (um als eine rationale anerkannt zu werden), der durch den Bezug auf eine - nach dem betreffenden Wissenschaftsverständnis doch wohl aufgrund von "bestandenen" experimentellen Überprüfungen - bewährte Theorie die Realisierung sozusagen schon "versprochen" ist. Wie soll Entscheidungsfreiheit gewährleistet sein, wenn zudem für die rationale Entscheidung zur Lösung eines bestimmten Problems (z. B. "Wie kann man die Zahl der Abtreibungen senken?") nur *eine* bewährte Theorie, die eine Lösung des Problems "verspricht", herangezogen werden kann? Der eingebaute Zwang zu einer ganz bestimmten Entscheidung wird insofern abgesichert, als gefordert wird, selbst dann, wenn keine bewährte Theorie zur Verfügung stünde, müsse man schließlich auch eine nichtbewährte Theorie heranziehen, um überhaupt auf eine "rationale" Rechtfertigung für ein bestimmtes Handeln verweisen zu können. Nachdem jedenfalls eine bestimmte Entscheidung tatsächlich gefallen ist bzw. ihre Annahme erzwungen wurde, wird wiederum - wie oben kurz dargelegt - die abgeleitete Aufforderung für ein ganz bestimmtes Handeln zwingend.

Allgemein läßt sich dazu feststellen: Wenn die an dem betreffenden Wissenschaftsbegriff orientierte Rationalitätsauffassung vorausgesetzt wird, dann ist es zwingend, die deduktiv abgeleiteten Aussagen als Handlungsvorschriften aufzufassen, wenn für das Handeln Rationalität gefordert ist, ohne einen neuen Rationalitätsbegriff eingeführt zu haben. Man braucht dann in der Tat keine zusätzliche Prämisse zu berücksichtigen, weil sie im Rationalitätsbegriff vorausgesetzt ist. Und es gibt jeweils auch nur *eine* zwingende Handlungsvorschrift. Unterstellt man aber, die abgeleiteten Aussagen (auch die technologischen, wie sie die Vertreter des nomothetischen Wissenschaftsverständnisses auffassen) würden nur Ratschläge darstellen, dann muß man einen neuen Rationalitätsbegriff einführen, der erlaubt festzustellen, aufgrund welcher Voraussetzungen Ratschläge auch tatsächlich als Handlungsangebote anzunehmen (oder abzulehnen) sind, damit das Handeln auch als ein rationales anerkannt werden kann. Diese Problematik verschärft sich, wenn man weiter unterstellt, daß es in bezug auf eine Gesetzesaussage durchaus mehrere Ratschläge für Handeln geben kann. Demnach müßten dann ohne Einführung eines zusätzlichen Rationalitätsbegriffs *alle* Ratschläge, die sich auf jeweils eine Gesetzesaussage beziehen lassen, gleichermaßen als rational anerkannt werden. Das heißt allgemein, für keinen der von einer jeweiligen Gesetzesaussage abgeleiteten Ratschläge kann vom vorausgesetzten Rationalitätsbegriff her ein Vorzug (oder Nachteil) in Rücksicht auf ihre Handlungs-Rationalität ausgewiesen werden. Eine weitere Verschärfung der Problematik wäre gegeben, wenn man miteinander konkurrierende Gesetzesaussagen (von Theorien ganz zu schweigen) voraussetzen müßte.

Da bereits die Fragwürdigkeit der Ableitungen an einem bestimmten Beispiel demonstriert wurde, sei hier darauf verzichtet, dieses Beispiel in Rücksicht auf den Rationalitätsbegriff noch weiter zu strapazieren. Statt dessen seien hier zwei sehr allgemein gehaltene Beispiele üblichen Musters kurz bemüht. Angenommen, die folgende Aussage solle als Grundlage zur Handlungsorientierung herangezogen werden: "Je mehr Machtmittel eine Partei in den politischen Auseinandersetzungen einsetzt, desto geringer sind die Chancen für andere Parteien, sich dagegen durchzusetzen." Gehen wir einfachheitshalber davon aus, es sei selbstverständlich (was es allerdings nicht ist), in bezug auf diese Gesetzesaussage sei der Ratschlag für Handeln an eine Partei zu richten. Dieser Ratschlag könnte - die einzelnen Ableitungen seien hier nicht aufgeführt - nur lauten, die betreffende Partei solle möglichst viele Machtmittel einsetzen (um in den politischen Auseinandersetzungen sich gemäß dem Gesetz gegenüber anderen Parteien durchzusetzen). Ein solcher Ratschlag ist sicher einsichtig. Man kann ihn auch für rational halten in Rücksicht auf das Ziel der Durchsetzung gegenüber anderen Parteien. Man kann ihn aber auch für ein typisches Beispiel einer wirklichkeitsfremden Wissenschaftsorientierung halten. Denn anzunehmen, Parteien würden sich an der politischen Auseinandersetzung beteiligen, aber alle Anstrengungen unternehmen, um dabei gegenüber anderen Parteien ins Hintertreffen zu geraten, kann man doch wohl für reichlich abwegig halten. - Ein anderes, häufig für die Geltung von politologischen Gesetzesaussagen herangezogenes Beispiel lautet: "Wenn Wähler eine Partei positiv bewerten, dann wählen sie diese Partei." Nehmen wir an, in bezug auf diese Gesetzesaussage sei der Ratschlag zum Handeln an eine Partei zu richten. Dieser Ratschlag müßte lauten, die betreffende Partei solle dafür sorgen, daß die Wähler die eigene Partei positiv bewerten (damit sie sie gemäß der Gesetzesaussage auch wählen). Man könnte auch diesen Ratschlag für einsichtig und rational halten. Man könnte ihn aber auch ebenfalls für ein typisches Beispiel einer wirklichkeitsfremden Wissenschaftsorientierung halten. Denn anzunehmen, Parteien würden sich an der Wahl beteiligen, unternähmen aber alle Anstrengungen, um nicht gewählt zu werden, muß man doch wohl für reichlich abwegig halten.

Man könnte auch - in bezug auf die Äußerung von Albert, eine Technologie der Revolution sei nicht nur für Revolutionäre, sondern auch für ihre Gegner von Interesse - in Rücksicht auf die erste der beiden Gesetzesaussagen einen Ratschlag an eine Partei A richten wollen, die von vornherein bei politischen Auseinandersetzungen gegenüber B benachteiligt ist, weil sie weniger Machtmittel einsetzen kann. Müßte man nun der Partei A den Ratschlag erteilen, sich überhaupt nicht auf Auseinandersetzungen mit Partei B einzulassen? In Rücksicht auf die zweite Gesetzesaussage könnte man fragen: "Welchen Ratschlag sollte man einer Partei geben, die realistischerweise davon ausgeht, daß ein bestimmter Teil der Wähler sie trotz aller Bemühungen nicht positiv bewerten wird? - Auf eine Diskussion dieser und der voraufgehenden Frage - viele weitere Fragen ließen sich anschließen - will ich mich hier nicht einlassen. Auch wenn man einmal den vorausgesetzten Rationalitätsanspruch und die Ableitungsverfahren außer Betracht läßt, muß man nach meiner Auffassung zu dem Ergebnis kommen, daß solche Gesetzesaussagen und die davon abgeleiteten Ratschläge, so plausibel sie auch sein mögen, schon wegen des damit verbundenen wissenschaftlichen Anspruchs politisches Handeln eher verhindern als dessen Rationalität fördern.

Die vorstehenden Ausführungen sind nicht als eine Art Absage an ein theorieorientiertes politisches Handeln zu verstehen. Im Gegenteil, entscheidend ist, welche Theorie mit welcher Leistungsfähigkeit und welchem Anspruch auf Beachtung herangezogen wird. Kriterium für diese Fragestellung ist die Wirklichkeitsadäquanz der Theorie. Ohne an dieser Stelle darzulegen, was unter Wirklichkeitsadäquanz verstanden wird, sei hier grundsätzlich festgestellt: *Auch* und insbesondere unter dem Aspekt der Anwendungsorientierung genügen die mit dem Status von Gesetzesaussagen vorgetragenen politischen Theorien diesem Kriterium nicht. Im Unterschied dazu wird von "konstruktiven politikwissenschaftlichen Orientierungstheorien" (wie ich sie verstehe) behauptet, daß sie den Anforderungen dieses Kriteriums jedenfalls nahe kommen.

Im Vergleich zum Anspruch einer als Gesetzeswissenschaft auftretenden Politischen Wissenschaft wird - so lautet die Fortsetzung der vorstehenden Feststellung - eine Politische Wissenschaft, die sich als "konstruktive Orientierungswissenschaft" versteht und in ihrer "politischen" Orientierung eine Wissenschaft der Freiheit zu sein beansprucht, einerseits weniger, andererseits mehr leisten können. Sie wird den Anspruch auf Exaktheit, den eine Gesetzeswissenschaft in ihren Erklärungs- und Prognoseleistungen vorgibt, bei weitem nicht erreichen können. In der Erfassung und Darstellung der sozialen Wirklichkeit als eines vielfach vernetzten Wirkungszusammenhangs und der Orientierungsleistung für die Politik sucht sie - so lautet der hochstilisierte Anspruch - noch ihresgleichen.

Ihre Hilfs- und Orientierungslosigkeit führt die Politik

schon seit einiger Zeit in oft überdeutlicher Weise vor. Obwohl - so könnte man zugespitzt und scheinbar paradox feststellen - von Verfechtern einer Ausrichtung der Sozialwissenschaften und speziell der Politischen Wissenschaft als Gesetzeswissenschaften der hartnäckige Vorwurf gegen die Politik erhoben wird, sie würde deren Verfahrensweisen und Erkenntnisse ignorieren und sich irrational verhalten, muß man ihr bescheinigen, zumindest in vielen einzelnen Teilbereichen aufgrund von solchen Vorstellungen über soziale Wirklichkeit als Wirkungszusammenhang zu handeln, die denen der Gesetzeswissenschaften gleichen. Das heißt insbesondere, es wird - wenn auch häufig unbewußt und nicht klar erkannt - ein gleicher Kausalitätsbegriff zugrundegelegt. Andererseits bleibt es in der Politik bei einem diffusen Kausalitätsbegriff gerade dann, wenn man die Notwendigkeit einer strategischen oder einer konzeptionellen Politik erkannt hat (oder wenn man - modisch gesprochen - eine umfassende neue/andere Philosophie verlangt). Die Gesetzeswissenschaft bietet in solchen Fällen keine Hilfen bzw. Orientierungen. Systemtheoretische Wissenschaftsausrichtungen sind - was hier nicht näher ausgeführt werden kann - in dieser Hinsicht insofern entschieden wirklichkeitsnäher, als sie einen anderen Kausalitätsbegriff voraussetzen bzw. von Systemkausalität sprechen. Andererseits bleibt die systemtheoretische Betrachtungsweise - und das ist insbesondere in Rücksicht auf eine wirklichkeitsadäquate Politische Wissenschaft ein deutlicher Mangel - zu allgemein und abstrakt. Dennoch wird die Politische Wissenschaft auf die Systemtheorie als einer grundlegenden "Hilfswissenschaft" nicht verzichten können.

Auch unter der gegenwärtig unwahrscheinlichen Voraussetzung, daß Politische Wissenschaft und Politik in Rücksicht auf gleiche Vorstellungen von Wirklichkeitsadäquanz (im Sinne einer "historischen" Wirklichkeitsbetrachtung) einen dementsprechend gleichen Kausalitätsbegriff für ihre je eigenen Bemühungen zugrundelegen, müßte sich (wenn auch in einer besonders sensiblen Weise) die Politische Wissenschaft auch und gerade in einer offenen und freiheitlich orientierten Gesellschaft als eine "Oppositionswissenschaft" begreifen und artikulieren. Dies allein schon deshalb, um gegenüber den jeweiligen politischen Entscheidungen (und deren Auswirkungen) die Bedingungen für andere Entscheidungen und damit für Freiheitsmöglichkeiten offenzulegen.

Damit die Politische Wissenschaft ihre Funktion als "Oppositionswissenschaft" (natürlich im Sinne einer Wissenschaft der Freiheit) auch unter den jeweiligen historischen Bedingungen erfüllen kann, muß ihre "politische" Orientierung über die Primärebene hinaus auch ihre Sekundärebene prägen. Mit anderen Worten, es geht darum, ihre "politische" Orientierung auch und gerade in Rücksicht auf die jeweiligen gesellschaftlichen Voraussetzungen zu sichern. Die im engeren Sinne wissenschaftstheoretische Absicherung besteht in der Methodologie. Insofern ist - wie ich es bereits vor Jahren festgestellt habe - die Methodologie als die "politische Theorie" der Politischen Wissenschaft zu entwickeln.[146] Die - wenn man so will - im weitesten Sinne objektbezogene Absicherung besteht in der Bestimmung des Begriffs des Politischen. - Damit wären wir beim zweiten Teil der obigen Feststellung, demzufolge die Frage nach dem Begriff des Politischen eine Frage nach der "wissenschaftlichen" Orientierung der Politischen Wissenschaft sei.

Die Frage nach der "wissenschaftlichen" Orientierung der Politischen Wissenschaft meint gleichsam die Rückseite der Frage, deren Vorderseite als Frage nach der "politischen" Orientierung bereits diskutiert wurde. Beide Seiten dieser im Grunde einen Frage sind auf das Problem der Ermöglichung und Sicherung der Wirklichkeitsadäquanz politikwissenschaftlicher Bemühungen gerichtet: Zum einen, um dabei einerseits gegenüber den verschiedenen aktuellen und unmittelbar interessenorientierten Ansprüchen von Seiten der Politik als Politische *Wissenschaft* bestehen zu können bzw. ihre Resistenz nachzuweisen, andererseits aber auch realistische Handlungsorientierungen anbieten zu können ("politische" Orientierung);

zum anderen, um einerseits als *Politische* Wissenschaft gegenüber den verschiedenen Andienungen und Ansprüchen allgemeiner (universeller) Wissenschaftstheorien ihre Sicht der Erfassung und Darstellung der sozialen Wirklichkeit behaupten zu können, andererseits aber auch trotz dieser Distanz das Politische bzw. die soziale Wirklichkeit als Gegenstand der Politischen Wissenschaft in die allgemeine Diskussion zum Wissenschaftsverständnis einbringen zu können ("wissenschaftliche" Orientierung).

Auf die Frage, in welcher Weise die Bemühungen zur Bestimmung des Begriffs des Politischen auf die Problematik der "wissenschaftlichen" Orientierung der Politischen Wissenschaft verweisen, wurde bereits eine grundsätzliche Antwort gegeben (vgl. die voraufgehenden Beiträge). Dabei handelt es sich zum einen um das Problem der Ausgrenzung des Gegenstandes, zum anderen um die Auseinandersetzung mit Wissenschaftspositionen, wie sie z. B. durch den sogenannten methodologischen Individualismus und methodologischen Kollektivismus markiert sind. Dazu gehört auch und insbesondere - weil die Politische Wissenschaft auf die Systemtheorie nicht verzichten kann - die Klärung des Verhältnisses von Systemtheorie und Politischer Wissenschaft. Das soll nun, über das hinaus, was dazu in den voraufgehenden Darlegungen gesagt wurde, kurz verdeutlicht werden.

Die alte Diskussion um das "Wesen" des Politischen ist - wie Luhmann feststellt - ergebnislos abgebrochen worden. In dem Maße, als man den Begriff des Staates durch den des politischen Systems ersetze und ihn damit in die Gesellschaft einordne, könne und müsse diese Frage für das politische System wiederholt werden.[147] - Dagegen bestehen keine Einwände. Die Einwände setzen dort ein, wo in Absetzung von neueren Versuchen - die von Luhmann selbst alle als unbrauchbar angesehen werden - zur Bestimmung des Politischen die Möglichkeit des notwendigen Gesellschaftsbezugs des politischen Systems in der Funktionalität der Systeme gesehen wird. Sie wird nach Luhmann gewährleistet aufgrund der Fragestellung, "ob und wie das politische System die Funktion von Politik erfüllt".[148]

Ohne sich auf eine weitere Diskussion einlassen zu müssen, kann man feststellen, daß die tautologische Formulierung dieser Fragestellung nicht geeignet ist, das Politische zu bestimmen.[149] Daher besteht auch von dieser Fragestellung her entgegen der Behauptung von Luhmann keine Möglichkeit, das *politische* System als soziales System in Absetzung von anderen sozialen Systemen aus der Gesellschaft auszugrenzen. Das wird auch nicht erreicht, wenn man unter Belassung der angegebenen Voraussetzung zusätzlich Kommunikationsmedien und spezifische Codes, für das politische System das Kommunikationsmedium Macht und den Code "progressiv/konservativ", als Ausgrenzungskriterien einführt. Das kann hier nicht nachgewiesen werden.

Wenn man eine Bestimmung des Begriffs des Politischen über eine Bestimmung des Verhältnisses von Funktion und System und eine darauf bezogene Ausgrenzung des politischen Systems aus der Gesellschaft für unmöglich hält, ist man entgegen der Behauptung von Luhmann keineswegs darauf verwiesen, die Nichtidentität mit dem als Organisation Vorhandenen "als moralischen Appell im Namen der Humanität des Menschen oder der Totalität der human finalisierten Gesellschaft zum Ausdruck" zu bringen.[150] Nur dann, wenn man den Begriff des Politischen - wenn auch nur aufgrund von allgemeinen und abstrakten Eingrenzungen - entgegen der Auffassung von Luhmann im Vorgriff bestimmt, wird man "inhaltlich abschätzen" können, "welche Konsequenzen der eine oder andere Begriff von Politik haben wird".[151] Unabhängig davon, wie Luhmann zu seinem Begriff des Politischen kommen will, scheint auch er zu unterstellen, daß man zu dem einen Begriff des Politischen eine Mehrzahl von unterschiedlichen Politikbegriffen braucht und eine Abhängigkeit zwischen ihnen anzusetzen ist.

Zwar kann der Begriff des Politischen ebensowenig wie der im Vorgriff einzuführende Begriff der Freiheit völlig unbestimmt sein, jedoch sind beide ähnlich inhaltsleer. Beide Begriffe werden konkret bzw. historisch aufgefüllt aufgrund von Differenzierungen auf der Sekundärebene, also auf der Ebene der Erfassung und Darstellung der sozialen Wirklichkeit durch die Konstruktion politikwissenschaftlicher Theorien. Hier besteht ein enger Zusammenhang insofern, als aufgrund der Konkretisierungen (selbstverständlich auf der Ebene der Aussagen) der Begriff der Freiheit im Verhältnis zur Notwendigkeit historisch aufgefüllt wird, indem er in Rücksicht auf die jeweiligen gesellschaftlichen Voraussetzungen als Gerechtigkeit, Gleichheit, Partizipation usw. bestimmt wird. Diese Bestimmungen sind Ausdruck der verschiedenen in Geltung befindlichen Politikbegriffe. Insofern sind geltende Politikbegriffe Orientierungs- und Führungsgrößen dafür, was in einer Gesellschaft jeweils konkret unter Freiheit (im Verhältnis zum Zwang) verstanden wird und zu verstehen ist; insofern vermitteln sie auch die geltenden Vorstellungen über die Gestaltung des Verhältnisses von Freiheit und Zwang (worin auch immer die Zwänge bestehen mögen, z. B. in normativen Forderungen der Gerechtigkeit, Gleichheit, Partizipation usw.).[152] Sie werden zu politischen Codes unter der Voraussetzung, als ihnen die Wertzuschreibungen aufgrund von Kombinationen - ob sie auch immer bewußt war und vorgenommen werden, ist eine andere Sache - in Form von asymmetrisch strukturierten "Entgegensetzungen" zugewiesen werden.[153]

Für die Konstruktion politikwissenschaftlicher Theorien ist der hier aufgezeichnete Zusammenhang von grundsätzlicher Bedeutung. Es handelt sich um den weiter oben (vgl. insbesondere die ersten drei Kapitel) angesprochenen normativen Charakter politikwissenschaftlicher Theorien. Der normative Charakter politikwissenschaftlicher Theorien ist allgemein und spezifisch anzusetzen. Der allgemeine Bezug besteht zum einen in der Vorschrift, bestimmte Regeln anzuwenden, um so die "politische" Orientierung zu sichern; zum anderen in der Vorschrift, in jedem Falle einen Begriff des Politischen vorauszusetzen, um so die "wissenschaftliche" Orientierung zu sichern. Der spezielle Bezug besteht zum einen darin, bei der

Formulierung *jeder* Sinnaussage den Zusammenhang zwischen dem einen Begriff des Politischen und einer Mehrzahl unterschiedlicher Politkbegriffe - über Ausgrenzungsaxiome von Stufen unterschiedlicher Allgemeinheit - zu berücksichtigen; zum anderen darin, die inhaltliche Asymmetrie von Sinnaussagen über den vorhin angegebenen allgemeinen Zusammenhang hinaus unter Zugrundelegung der jeweils geltenden Politikbegriffe zu bestimmen.

Darüber hinaus geht es um die grundsätzliche Aufforderung, unter Wahrung von Wahlmöglichkeiten ein *theoriegeleitetes* politisches Entscheiden und Handeln zu betreiben. Mit dieser Aufforderung ist - so paradox das zunächst erscheinen mag - das, was man mit Wiederherstellung der Politik bezeichnet, zu verknüpfen. Wiederherstellung der Politik meint die Forderung, die Politik solle sich gegenüber den Autoritätsansprüchen der Wissenschaft insgesamt ihr eigenes Wissen und ihre eigene Kompetenz behaupten. Dies aber - und das ist die These - kann die Politik unter den Bedingungen der modernen wissenschaftsgeprägten und wissenschaftsabhängigen Gesellschaft nur dann, wenn sie gegenüber den Andienungen und Ansprüchen der verschiedenen Wissenschaften sich auf eine Wissenschaft stützen kann, die die Frage nach ihrem Wissenschaftsverständnis als eine Frage nach ihrer "politischen" Orientierung und die Frage nach ihrem Gegenstand (dem Politischen) als eine Frage nach ihrer "wissenschaftlichen" Orientierung begreift. Insofern ist die Politische Wissenschaft eine "Sonderwissenschaft" mit dem Anspruch, auch ein "Sonderwissen" anzubieten.

Die Politische Wissenschaft hat nicht nur ein offenes und freiheitlich orientiertes "historisches", sondern auch ein allseits zugängliches und greifbares Wissen anzubieten. Das heißt zum einen, sie hat ein Wissen zu produzieren, das sich nicht nur - um ein Schlagwort zu gebrauchen - als Herrschaftswissen darstellt und verwenden läßt (insofern ist die Konzentration auf den Staat, wie es neuerdings wieder vehement gefordert wird, zumindest einseitig). Statt dessen geht es darum, ein Wissen anzubieten, das - um es wiederum schlagwortartig zu sagen - den einfachen Mann ebenso wie staatliche Einrichtungen als Adressaten kennt (und daher gegebenenfalls aufgrund unterschiedlicher Politikbegriffe zu erarbeiten ist). Damit zusammenhängend geht es zum anderen darum, dieses Wissen so aufzuarbeiten und anzubieten, daß es die Adressaten - von den besonderen Informations- und Kommunikationsvoraussetzungen sei hier einmal abgesehen - als ein für sie interessantes Wissen erkennen und begreifen. Es geht also nicht um die Popularisierung politikwissenschaftlichen Wissens, sondern um ein wissenschaftliches Wissen, das sozusagen kraft eigener Legitimität einen eigenen Status beansprucht und so politische Orientierung anbietet.

Daß die Politische Wissenschaft dem hier aufgezeigten Verständnis gegenwärtig nicht gerecht wird, ist einzuräumen.[154] Vielfach kann man den Eindruck gewinnen, sie sei - so paradox auch das erscheinen mag - in ihrem Bemühen, endlich die Anerkennung als "seriöse" oder "harte" Wissenschaft zu erreichen, auf dem besten Wege, den mühsam erkämpften Zipfel der Anerkennung als Voraussetzung für ihre Existenzberechtigung aufzugeben, indem sie sich ihr Wissenschaftsverständnis von anderer Seite vorschreiben läßt (z. B. von allgemeinen Wissenschaftstheorien und Methodologien, von Wissenschaftskonzeptionen mit universellem Anspruch wie Systemtheorie und Kybernetik, aber auch von einer falsch verstandenen Forderung nach Interdisziplinarität oder von Einzeldisziplinen mit dem Anspruch, von ihnen werde das Politische schon immer mitberücksichtigt und bei ihnen sei es auch am besten aufgehoben). Ihre Chance, in Zukunft als Wissenschaft bestehen zu können, beruht ungeachtet ihrer eigenen Anstrengungen - um es zugespitzt auszudrücken - nicht auf den Mechanismen und Ansprüchen der Wissenschaftsgemeinschaft, sondern auf der Politik: einer offenen und freiheitlich orientierten Politik. Und auf diese Politik sollte sie in ihrem eigenen Interesse ihre Aufmerksamkeit richten, indem sie sich als Wissenschaft der Freiheit begreift.

Indem sie dieser Forderung nachkommt, kann die Politische Wissenschaft die Frage nach politischer Verantwortbarkeit und Verantwortung diskutieren. Vorausgesetzt ist dabei selbstverständlich der Satz, nach dem Verantwortbarkeit und Zuweisung von Verantwortung ohne Freiheit nicht denkbar sind.

Die Diskussion ist allgemein und speziell anzusetzen. Allgemein ist von der - für sich betrachtet - trivialen Feststellung auszugehen, daß es keine pauschale und alleinige politische Verantwortlichkeit gibt (was nicht ausschließt, daß die konkrete Zuweisung von Verantwortung nur je einzelne Personen oder auch Kollektive betrifft). Diese Feststellung ist keineswegs mehr trivial, wenn man berücksichtigt, wie sie zu begründen ist. Ihre Begründung hat insgesamt anzusetzen bei den Aussagen über soziale Evolution und politische Steuerung und insbesondere bei denen über die Wirkungsweise des Prinzips der Asymmetrie (somit auch denen über den Kausalitätsbegriff).

Diese allgemeine Bezugnahme verweist auf die spezielle, nämlich auf die Konstruktion politikwissenschaftlicher Theorien. Danach ist politische Verantwortbarkeit und Zuweisung von politischer Verantwortung von vornherein und in jedem Falle sowohl systemisch als auch teilnehmerbezogen zu betrachten. Das schließt nicht aus, daß systemische Verantwortlichkeit und Zuweisung von Verantwortung sich auf kollektive Handlungsträger bezieht. Weiterhin ist dadurch nicht ausgeschlossen, daß die Zuweisung systemischer Verantwortung einzelne individuelle Handlungsträger (z. B. einzelne Politiker) trifft. Insgesamt kann man sagen, durch die Bezugnahme auf politikwissenschaftliche Theorien kann man unter Einbeziehung der jeweils geltenden Politikbegriffe das Problem politischer Verantwortbarkeit und Zuweisung von Verantwortung zwar differenziert diskutieren, aber dadurch wird - scheinbar paradox gesehen - zugleich Fragwürdigkeit produziert: einerseits die Abgrenzung von Verantwortlichkeiten und zu Zuweisungen von Verantwortung zunehmend detaillierter vornehmen zu müssen, andererseits - den Verursachungs- und Wirkungszusammenhängen entsprechend - keine Instanz angeben zu können, der so etwas wie Gesamtverantwortlichkeit und Gesamtverantwortung zugerechnet werden kann.[155]

Bei den vorstehenden Andeutungen zu dem betreffenden Problem muß es an dieser Stelle bleiben. Zur Frage der Verantwortlichkeit der Politischen Wissenschaft muß an dieser Stelle die Feststellung genügen: Die Frage nach der Verantwortlichkeit der Politischen Wissenschaft ist grundsätzlich im Zusammenhang der Darlegungen zu ihrem Wissenschaftsverständnis (als Wissenschaft der Freiheit und als solche als "Oppositionswissenschaft") zu erörtern. Dabei sind auch all jene Überlegungen einzubeziehen, die sich an der Frage orientieren, ob die Politische Wissenschaft aufgrund des betreffenden Wissenschaftsverständnisses für sich eine Verpflichtung anerkennen solle oder müsse, unter Umständen "Partei" zu ergreifen; zumindest dann, wenn bestimmte Teile der Gesellschaft systematisch vom politischen Prozeß ferngehalten würden, und dann jedenfalls in der Weise, daß sie ausdrücklich für jene Teile der Gesellschaft spezifische Handlungsorientierungen zur Verfügung stellen müsse.

7. Politik - Politische Wissenschaft - Computertechnologie. Ein spezifisches Beispiel für den Zusammenhang von "innerer" und "äußerer Freiheit" der Politischen Wissenschaft

(Bemerkungen zu einigen Grundlagenproblemen)

Nachdem die Datenverarbeitung auch in weiten Teilen der öffentlichen Verwaltung Eingang gefunden hat und - darauf deuten alle Anzeichen hin - sich dort auf einem unaufhaltsamen Vormarsch befindet, stellen sich Probleme ein, die weit über den Bereich der öffentlichen Verwaltung hinausweisen. Die Datenverarbeitung, als Instrument der Kosteneinsparung und Leistungssteigerung eingesetzt, wirkt sich nicht nur - manchmal in existentieller Weise - auf die Orientierungs- und Handlungsmöglichkeiten und insgesamt auf die Lebensweise des einzelnen Bürgers aus. Im zunehmenden Maße wirkt sie sich auch - wenn auch nicht in jedem Falle und vielfach noch nicht deutlich erkenn- und bestimmbar - auf alle Strukturen und Funktionen des politischen Systems aus. Insbesondere sind davon die politischen Kommunikations- und Entscheidungsprozesse betroffen. Dadurch erhält die Legitimitätsproblematik eine spezifische Aktualität.

Zwar ist keineswegs von vornherein zu unterstellen, die zunehmende Anwendung der Computertechnologie verstärke notwendig vorhandene Zwänge und schränke den ohnehin engen Entscheidungs- und Handlungsspielraum weiter ein. Ebensowenig ist von vornherein eine Einschränkung allgemeiner Partizipationsmöglichkeiten einerseits und eine Ausweitung oder gar Monopolisierung für einige wenige andererseits als zwangsläufig vorauszusetzen. Jedoch kann und muß man auch wohl annehmen, die Anwendung der Computertechnologie werde, wenn sie sich einmal umfassend durchgesetzt habe, einen Verursachungs- und Wirkungszusammenhang konstituieren, der - von den inhaltlichen Problemen zunächst einmal abgesehen - den Charakter der politischen Kommunikations- und Entscheidungsprozesse durchgreifend verändert.

Die Datenverarbeitung produziert als integrativer Bestandteil der Verfahren zur Bewältigung gesellschaftlicher Probleme strukturelle und funktionale Vorgaben, die für die Politik nicht mehr umgehbar sind. Diese Vorgaben wirken sich auf politische Strukturen und Prozesse so aus, daß man von einer zumindest teilweisen Vorprogrammierung der *Organisation* und des *Ablaufs* politischer Kommunikations- und Entscheidungsprozesse sprechen kann. Zusammenfassend darf man feststellen: Die Anwendung der Computertechnologie hat - wenn auch in den verschiedenen gesellschaftlichen Teilbereichen in unterschiedlichem Umfange und in unterschiedlicher Weise - einen Veränderungsprozeß der sozialen Wirklichkeit eingeleitet, der in Umrissen erkennbar ist und sich in Teilbereichen bereits durchgängig auswirkt.

Ungeachtet aller je spezifischen Anwendungsbedingungen und aller je spezifischen Auswirkungen muß jede Betrachtungsweise, die den Zusammenhang zwischen Computertechnologie und sozialer Wirklichkeit zum Gegenstand hat, von der Grundtatsache ausgehen bzw. sich immer wieder darauf rückbeziehen, daß die Computertechnologie als Leistungssteigerungs- und "*Entscheidungsinstrument*" im noch zu erläuternden Verständnis nur dann eingesetzt werden und nur dann ihre *Funktionsfähigkeit* entfalten kann, wenn die Bedingung *binärer Strukturen* gegeben ist.[156]

Zur Vermeidung von Mißverständnissen sei vorweg festgestellt: Es geht nicht um die grundsätzliche Frage nach den Anwendungsmöglichkeiten des Computers, sondern ausschließlich nur darum, ob und wie das hier vorausgesetzte Verfahren zur Konstruktion politikwissenschaftlicher Theorien den Computereinsatz ermöglicht und begrenzt und welche grundlegenden Konsequenzen sich daraus für die Politik und die Politische Wissenschaft ergeben könnten. Es handelt sich also um eine spezifische Fragestellung, die an eine Vielzahl von Vorbedingungen anknüpft und eine Vielzahl von sonst anderen Zugriffsmöglichkeiten von vornherein ausschließt.

Unter einer binären Struktur wird ein zweigliedriges formales Gebilde verstanden, dessen Glieder sich wechselseitig (jedoch nicht notwendig symmetrisch) ausschließen, die aber dennoch einander zugeordnet sind (auf welchen formalen Eigenschaften Ausschließung und Zuordnung auch immer beruhen mögen). Grundvoraussetzung für den Einsatz der Computertechnologie zur Erfassung und Darstellung sozialer Wirklichkeit in Rücksich auf "Entscheidbarkeit" aufgrund eines formalen Verfahrens ist die Umsetzbarkeit binärer Strukturen in sprachliche Duale (dazu weiter unten) - und umgekehrt. Unter einem sprachlichen Dual wird ein zweigliedriges sprachliches Gebilde verstanden, deren Glieder sich wechselseitig (jedoch nicht notwendig symmetrisch) ausschließen, die aber dennoch einander zugeordnet sind (auf welchen Inhalten auch immer Ausschließung und Zuordnung beruhen mögen). Die Voraussetzung der Umsetzbarkeit muß - von allen anderen abgesehen - einlösbar sein, damit die Informationen, die der Computer zu verarbeiten hat und die im Computer immer nur binär dargestellt vorkommen können, sowohl vor als auch nach der Verarbeitung durch den Computer überhaupt verständlich und zumindest in "Normalsituationen" kommunikabel sind.[157]

Implizit ist damit die grundsätzliche Frage gestellt, ob man einerseits binäre Strukturen der sozialen Wirklichkeit voraussetzen könne, aber andererseits feststellen könne oder müsse, die soziale Wirklichkeit, sofern sie sich durch diese Eigenschaft ausweise (wenn man ihr nicht von vornherein in ihrer Gesamtheit diese Eigenschaft zuerkennen will), lasse sich zumindest nicht in jedem Falle sprachlich adäquat darstellen. Eine Untersuchung, die sich mit dieser Frage befaßt, muß sich zwangsläufig mit weiteren grundsätzlichen Problemen beschäftigen; so z. B. mit den Problemen der Erkennbarkeit der sozialen Wirklichkeit und ihrer sprachlichen Darstellbarkeit, mit dem Problem der Normativität der sprachlichen Darstellungen - von den Fragen der Transformation in Computersprachen ganz abgesehen.

Die Frage der sprachlichen Darstellbarkeit binärer Strukturen könnte man - so ist nicht selten zu vernehmen - auf eine verblüffend einfache Weise und ausnahmslos, also mit universellem Anspruch versehen, erledigen. Die grundsätzliche Argumentation verläuft etwa so: Wenn man die soziale Wirklichkeit überhaupt sprachlich darstellen könne, dann könne man sie, soweit das der Fall sei, auch durch sprachliche Duale darstellen. Mit der grundsätzlichen Frage, ob die soziale Wirklichkeit sich tatsächlich durch binäre Strukturen ausweise, brauche man sich nicht näher zu beschäftigen. Denn sofern und soweit soziale Wirklichkeit sich sprachlich darstellen lasse (d. h. in Aussagenform), könne man durch Negation dieser sprachlichen Darstellungen immer sprachliche Duale erzeugen. Die Frage, ob die jeweilige Negation als sprachliche Darstellung in der Wirklichkeit tatsächlich eine Entsprechung habe, sei bestenfalls nur insofern von Bedeutung, als die Negation sich durch eine weitere Negation wieder binär schematisieren lasse, also durch *diese* Negation nicht wieder die sprachliche Ausgangsdarstellung der sozialen Wirklichkeit ihrem Informationsgehalt nach wiederhergestellt werde. Entscheidend sei also nur die Frage, ob sprachliche Darstellungen der sozialen Wirklichkeit sich als sprachliche Duale konstruieren und somit als operative Duale anwenden ließen. Auf diese Frage sei immer eine positive Antwort möglich. Das bedeute, die Möglichkeit der Konstruktion sprachlicher Duale als Voraussetzung für die Anwendung als operative Duale sei also universell zu unterstellen, weil jede sprachliche Darstellung durch Negation binär schematisierbar sei. Wenn diese als universell zu unterstellende Möglichkeit auch gegenwärtig in vielen Fällen noch nicht realisiert werden bzw. noch nicht realisiert werden könne, so sei es doch müßig, sie prinzipiell infragestellen zu wollen.

Diese Argumentation ist attraktiv. Die Attraktivität ist allerdings zugleich äußerst fragwürdig. Es ist unbestreitbar, daß sich in bezug auf jede sprachliche Darstellung der sozialen Wirklichkeit (in Aussagenform) durch Negation ein sprachliches Dual konstruieren läßt. Solche Negationen bzw. solche Konstruktionen sprachlicher Duale beruhen ausschließlich auf einer logischen Operation. Die entscheidende Frage ist, ob durch solche logischen Operationen Wirklichkeit eingefangen wird bzw. werden kann. Diese Frage ist, weil durch logische Operationen inhaltlich nichts hinzugefügt werden kann, grundsätzlich zu verneinen. Das bedeutet: Wenn eine sprachliche Darstellung der sozialen Wirklichkeit (in Aussagenform) zu einem Wirklichkeit darstellenden Dual erweitert werden soll, muß dazu eine Aussage gesucht werden, die Informationen über die Wirklichkeit anbietet, die die andere Aussage des zu bildenden Duals *nicht* enthält.

Diese Feststellung erscheint auf den ersten Blick als selbstverständlich. Bei näherem Hinsehen stellt sie sich als äußerst problematisch heraus. Wenn die Erweiterung einer Aussage, die eine soziale Wirklichkeit beschreibt, zu einem Dual nur in der angegebenen Weise möglich ist, muß die grundsätzliche Frage behandelt werden, ob nicht jedesmal nur eine zufällige und daher in der Regel eine sinnlose Konstruktion zustande komme. Denn die Voraussetzung, jeder Teil des sprachlichen Duals müsse als sprachliche Darstellung einen jeweils anderen Wirklichkeitsausschnitt beschreiben, läßt völlig offen, ob überhaupt und gegebenenfalls welcher Zusammenhang zwischen den beiden Teilen besteht. Unter dieser Voraussetzung kann man prinzipiell beliebige sprachliche Darstellungen der sozialen Wirklichkeit (in Aussagenform) zu "Dualen" zusammenstellen. Man kann von ihnen zunächst nur sagen, sie würden sich logisch wechselseitig ausschließen. Und unter der ausschließlichen Voraussetzung der wechselseitigen logischen Ausschließung können selbstverständlich beliebig viele und völlig sinnlose Duale zusammengestellt werden. Informationen über die soziale Wirklichkeit werden selbstverständlich so nicht gewonnen. Die Konstruktion sprachlicher Duale durch Negation führt zwar nicht zu sinnlosen "Kombinationen". Solche Konstruktionen erfüllen nur die Forderung der Widersprüchlichkeit bzw. der binären Struktur, jedoch werden dadurch ebenfalls keine Informationen über die Wirklichkeit geliefert.

Das Ergebnis unserer bisherigen kurzen Überlegungen ist nicht weiter überraschend. Erstaunlich ist die Tatsache, daß die Auswirkungen des Einsatzes der Computertechnologie zur Beherrschung der sozialen Wirklichkeit seit einiger Zeit erkannt werden - gemeint sind insbesondere die Folgen, die den Bürger treffen, und die Konsequenzen für das politische System als Steuerungssystem der Gesellschaft -, dies aber in der Regel (von pauschalen und emotionalen Zurückweisungen abgesehen) unter einem sehr verengten Blickwinkel erfolgt, nämlich unter dem Gesichtspunkt der Perfektionierung und Leistungssteigerung. Immer mehr Computer werden eingesetzt und deren Leistungsfähigkeit wird andauernd gesteigert. Jedoch ist keineswegs sicher, ob dieser zahlenmäßige Anstieg und diese Leistungssteigerungen unmittelbar mit einem Anschwellen des Datenmaterials zusammenhängen oder davon bestimmt werden. Es kann durchaus umgekehrt sein, nämlich daß jene Fortschritte erst den Bedarf nach größeren Datenmengen erzeugen, der dann auch gedeckt wird. Es ist sicherlich zu einfach, sich auf eine der beiden Verursachungszusammenhänge festzulegen. Die Annahme, daß hier so etwas wie eine Zirkelkausalität vorliegt, ist zumindest nicht falsch, aber für die Zwecke einer näheren Untersuchung nicht weittragend genug.

Unabhängig davon, für welche Betrachtungsweise der bezeichneten Problematik man sich auch entscheiden mag, außer Zweifel dürfte die Feststellung stehen, daß durch den Einsatz von Computern der ohnehin schon hohe Abstraktionsgrad der Gesellschaft weiter, und zwar in verstärktem Tempo zunimmt. Diese Entwicklung ist sicherlich noch im einzelnen sehr uneinheitlich. Sie wird zwar keineswegs durchgehend als zunehmende Entfremdung von der sozialen Wirklichkeit erfahren, aber - insgesamt gesehen - führt die steigende Abstraktion aufgrund des Einsatzes von Computern dazu, daß die soziale Wirklichkeit sich als Wirkungs- und Verursachungszusammenhang tiefgreifend zu verändern beginnt und auch die Vorschriften für die Erfassung und Beschreibung dieser Wirklichkeit von daher bestimmt werden (z. B. im Interesse von computergerechten Planungs- und Steuerungsprogrammen). Damit ist implizit auch vorgegeben, daß die Steuerungsvorgänge auf steigenden Abstraktionsniveaus ansetzen müssen.[158]

Angesichts dieser Entwicklung ist zu fragen, warum Computer vorwiegend - in manchen Bereichen ausschließlich - zur Informations*verarbeitung* und kaum zur Informations"*erzeugung*" eingesetzt werden. Wenn hier von Informations"*erzeugung*" die Rede ist, so sind damit Informationen gemeint, die zwar den Computer durchlaufen, die aber nicht lediglich als Daten nach bestimmten Anweisungen zusammengestellt werden. Die nur aufbereiteten Informationen (Daten) können Kommunikations- und Entscheidungsprozesse insofern erheblich erleichtern, als sie sie objektivieren und stabilisieren wegen der Erwartung, aufgrund möglichst vieler objektiver Informationen (Daten) und ihrer Verarbeitung fundierte und klare Entscheidungen treffen und über diese Entscheidungen die Wirklichkeit rationaler, vernünftiger und vor allem mit einem höheren Grad der Beherrschbarkeit steuern zu können. Solche Erwartungen haben sich allzu oft als trügerisch herausgestellt, weil - allgemein formuliert - die auf der Grundlage von möglichst vielen und objektiven Informationen hergestellten Entscheidungen keineswegs zwangsläufig auch die richtigen Entscheidungen sein müssen.

Nicht viel besser ist es mit Entscheidungen bestellt, die auf der Grundlage der Ergebnisse von Computersimulationen zustande kommen. Computersimulationen unterscheiden sich von den vorher angesprochenen Abläufen dadurch, daß sie Informationen nicht nur in dem angedeuteten Verständnis verarbeiten, sondern auch erzeugen. Dies ist allerdings nicht so zu verstehen, als ob durch Computersimulationen Informationen über die soziale Wirklichkeit erzeugt würden, die nicht in irgendeiner Form vorher eingegeben worden seien. Von einer Erzeugung von Informationen (über die soziale Wirklichkeit) kann deshalb die Rede sein, weil - sehr verkürzt formuliert - die eingegebenen Informationen nach Maßgabe einer Modellvorstellung von der Wirklichkeit organisiert und verarbeitet werden. In der Regel kann man nur von rudimentären Modellen sprechen. Es handelt sich - sehr vereinfacht gesagt - durchweg um Konstrukte, die aus einer Reihe von miteinander verbundenen Variablen bestehen und einige Grundannahmen zur Voraussetzung haben.

Simulationsmodelle haben nicht nur die Funktion, Wirklichkeit darzustellen, sondern auch die, die Menge der Informationen (Daten) sinnvoll zu organisieren. In Rücksicht auf die Politik besteht diese Funktion darin, die Fülle des Informationsmaterials (Daten) und die Vielfalt ihrer möglichen Bezüge auf einige wenige übersichtliche und relativ einfache Entscheidungsalternativen hin zu reduzieren. Andererseits besteht, weil man die Modelle verbessern (d. h. in der Regel Einarbeitung neuer bzw. zusätzlicher Variablen) und die Daten überzeugender organisieren will, um bessere Informationen für Entscheidungen zu bekommen, die Tendenz, diese Komplexität zu steigern. Insgesamt gesehen, kann es dadurch zu Datenansammlungen immensen Ausmaßes kommen. Zumindest ist es zweifelhaft, ob auf diese Weise soziale Wirklichkeit adäquat erfaßt und aufbereitet werden kann, um die Voraussetzungen für Entscheidungen so deutlich zu verbessern, daß über die so fundierten Entscheidungen und ihre Umsetzungen in Handlungen die soziale Wirklichkeit besser gesteuert werden kann.

Von der Problematik der Komplexitätsreduktion auf wenige Entscheidungsalternativen hin abgesehen, muß die grundsätzliche Frage behandelt werden, ob durch den kurz beschriebenen Computereinsatz sich grundsätzlich neue Aspekte für das Verhältnis für Sein und Sollen ergeben, d. h. für das Verhältnis von den durch Computereinsatz aufbereiteten Informationen als "Beschreibungen" der sozialen Wirklichkeit (den "Seins-Sätzen") einerseits und den sich darauf beziehenden Entscheidungen als Anweisungen für die Handlungen (den "Sollens-Sätzen") andererseits. Auch wenn man davon auszugehen hat, daß die Kluft zwischen Sein und Sollen grundsätzlich nicht aufhebbar ist, so kann und muß man sich doch immer wieder von neuem die Frage vorlegen, ob diese Kluft nicht besser überbrückt werden könnte, als das jeweils nach vorgegebenem Muster geschieht. Man kann sich auch die grundsätzliche Frage vorlegen, ob diese Kluft nicht prinzipiell *anders* zu überbrücken sei, als das bisher üblicherweise der Fall sei. Diese Frage bietet sich jedenfalls an, wenn man unterstellt, durch den Einsatz von Computern könnte das Verhältnis von Beschreibungen und Handlungsanweisungen (bzw. von Seins- und Sollens-Sätzen) auf ein bisher nicht erreichtes und nach bisherigen Vorstellungen auch nicht erreichbares Niveau gehoben werden.

Eine solche Anhebung wäre unter der Voraussetzung, die Kluft zwischen Sein und Sollen sei prinzipiell nicht aufhebbar, nur möglich, wenn man Seins-Sätze in einen solchen Zusammenhang bringen könnte, der sich durch die Eigenschaft einer hohen und differenzierten Prognosekapazität ausweist, die schließlich in Aussagen über Steuerungshandeln ihren konkreten Ausdruck findet. Diese Leistung ist nur dann zu erwarten, wenn man - sehr vereinfacht dargestellt - eine adäquate Vorstellung von der sozialen Wirklichkeit zugrunde legt. Diese hat, weil die soziale Wirklichkeit einer prinzipiell nicht aufhebbaren immanenten und sehr verwickelten "Eigengesetzlichkeit" und nicht monokausalen Relationen folgt, ein ihr immanentes Wirkungs- und Konstruktionsprinzip vorauszusetzen. Das Wirkungs- und Konstruktionsprinzip ist, weil die soziale Wirklichkeit sich permanent - wenn auch ungleichmäßig und ungleichzeitig - verändert, als Evolutionsprinzip der sozialen Wirklichkeit zu begreifen. Andererseits wird die soziale Wirklichkeit auch immer durch Eingriffe, d. h. durch Politik verändert bzw. gesteuert (wenn auch ungleichmäßig und mit unterschiedlichem Erfolg). Daher geht es - kurz gesagt - darum, den prinzipiell nicht aufhebbaren und aktuell jeweils verschieden ausgeprägten Zusammenhang von sozialer Evolution und politischer Steuerung durch ein jeweiliges Aussagensystem darzustellen.

Ein unter den angegebenen Voraussetzungen konstruiertes Aussagensystem - auf seine Darstellung muß hier verzichtet werden[159] - beruht nicht auf einer der üblichen Modellvorstellungen. Daher kann auch die gängige Unterscheidung zwischen geschlossenen und offenen Modellen hier keine Anwendung finden. Es handelt sich vielmehr um einen *Satz von Konstruktionsregeln* (zur Rekonstruktion *und* für den Entwurf von sozialer Wirklichkeit), der nicht auf irgendeine modellspezifische Anwendung festgelegt ist.[160] Wenn man überhaupt von einem Modell in diesem Zusammenhang sprechen will, dann kann man sagen, daß dieser Satz von Konstruktionsregeln soziale Wirklichkeit in Rücksicht auf ihr Wirkungs- und Konstruktionsprinzip schlechthin darstellen soll. In diesem Sinne kann man sagen, diese Konstruktionsregeln würden als Modell die "Realisierung" der erkenntnistheoretischen Grundstruktur darstellen, deren Inhalt sie sind. Ihre Anwendung führt zu jeweils spezifisch ausgeprägten Aussagensystemen. Die Anforderungen, die an solche Aussagensysteme zu stellen sind, lauten kurz zusammengefaßt: Es müssen Aussagensysteme sein, die Veränderungen erfassen; als solche müssen sie prinzipiell offen sein bzw. sich durch Offenheit als Konstruktionsmerkmal ausweisen; sie müssen empirisch gehaltvoll und zugleich spekulativ sein; sie müssen das Verhältnis von Abstraktion und Konkretion, von Allgemeinheit und Anwendbarkeit präzisieren; sie müssen die Differenz von Wirklichkeit (gegebener Wirklichkeit) und Möglichkeit (möglicher Wirklichkeit), von Vergangenheit und Zukunft *in sich* überbrücken.

Die Frage nach dem Verhältnis von Politik und Computertechnologie ist, wenn damit nicht der Einsatz von Computern zur Unterstützung administrativer Tätigkeit gemeint ist, in bezug auf die angesprochenen Konstruktionsregeln und die danach konstruierten bzw. zu konstruierenden Aussagensysteme zu beziehen. Die geforderte Bezugnahme sei nur - so könnte man vermuten - unter der Voraussetzung einer durchgängigen Verwissenschaftlichung der Politik sinnvoll. An dieser Vermutung ist nur insofern etwas Zutreffendes, als die auf Entscheidungen ausgerichteten politischen Kommunikationsprozesse[161] sich durch die Eigenschaft ausweisen müssen, Entscheidungsalternativen zu produzieren, die sich - keineswegs notwendig auch zahlenmäßig - mit den im Rahmen von Aussagensystemen konstruierten Steuerungsaussagen in Übereinstimmung bringen lassen. Zwar ist eine Verwissenschaftlichung der Politik im Sinne einer Rationalisierung zwangsläufig, wenn man akzeptiert, daß Politik als ein zumindest der Intention nach rationales Steuerungssystem der Gesellschaft durch den Einsatz von Computern unterstützt und verbessert werden kann und soll. Aber auch unter der Voraussetzung der Anwendbarkeit von Computern im Rahmen politischer Kommunikations- und Entscheidungsprozesse ist Politik nicht durch eine auf Computeranforderungen ausgerichtete Wissenschaft ersetzbar. Insofern bleibt die Politik, sofern es um eine Steigerung ihrer Rationalität geht, auf die Leistungen der *Politischen* Wissenschaft angewiesen.[162] Ebensowenig wie durch den Einsatz von Computern und einer nach ihren Anwendungsanforderungen ausgerichteten Wissenschaft die Politik durchrationalisiert und schließlich ersetzt werden kann, kann dadurch die Politische Wissenschaft als eine "konstruktive Orientierungswissenschaft" aufgehoben bzw. ersetzt werden.

Politik und Politische Wissenschaft sind als aufeinander bezogene, jedoch unterschiedliche Steuerungssystem der Gesellschaft zu betrachten. Wenn nach dem Verhältnis von Computertechnologie und Politik gefragt wird, muß das Verhältnis von Computertechnologie und Politischer Wissenschaft (genauer: Theoriebildung durch die Politische Wissenschaft) immer mitthematisiert werden. Man wird, weil die Anwendbarkeit der Computertechnologie bereits ein hohes Maß an Abstraktion, theoretischer Durchdringung und Verfügbarkeit der sozialen Wirklichkeit voraussetzt, davon auszugehen haben, daß die Behandlung der Frage nach dem Verhältnis von Computertechnologie und Politik daran zu orientieren sei, wie das Verhältnis von Politischer Wissenschaft (d. h. der Konstruktion politischer Theorien) und Computertechnologie zu gestalten sei bzw. gestaltet werden könne. Es geht in diesem Zusammenhang eben nicht - wie bereits kurz dargelegt - um Informationsverarbeitung zur Kostensenkung und Leistungssteigerung administrativer Tätigkeiten, sondern um "Informationserzeugung" als Angebot und Unterstützung für eine wirklichkeitsadäquate und zugleich vernünftige Politik.

Eine so eingesetzte Computertechnologie werde - so könnte man argumentieren und so wird auch argumentiert - nur eine bereits anlaufende Entwicklung beschleunigen und endlich in eine klare und präzise Form bringen. Wenn nämlich die Computertechnologie einmal eingeführt und integriert sei, erzwinge sie eine Rationalität (und dementsprechende Ausschließungs- und Verknüpfungsregeln), die die Unterscheidung zwischen wissenschaftlicher und politischer Rationalität nicht mehr zulasse. Zwar würden bisher Computer nur in einzelnen Teilbereichen zur politischen Steuerung der Gesellschaft eingesetzt, aber es sei grundsätzlich nur eine Frage der Zeit, wann diese Technologie zumindest als das vorherrschende Instrument zur Steuerung eingesetzt werde. Dagegen gäbe es auch keine grundsätzlichen Einwände. Aufgrund des Einsatzes dieser Technologie könne vielmehr endlich die Hoffnung auf eine durchgängig objektivierte und rationale Politik verwirklicht werden.

In der Tat stellt die Computertechnologie eine gegenwärtig einzigartige Herausforderung für die Politische Wissenschaft und die Politik als Steuerungssysteme der Gesellschaft dar. Die Bedeutung von Computern für die Wahrnehmung der Wirklichkeit und ihrer Beherrschbarkeit durch Technik ist nur mit der von Uhren zu vergleichen. Uhren sind - so Waizenbaum - die "ersten autonomen Maschinen, die der Mensch gebaut hat und bis zum Aufkommen des Computers sind sie auch die einzigen geblieben, die wirklich von Bedeutung waren".[163] Die durch die Erfindung der Uhr ermöglichte neuartige und einzigartige Wahrnehmung der Zeit (und demzufolge des Raumes) hat zwar den unaufhaltsamen und überwältigenden Aufstieg der Naturwissenschaften begründet, aber auch "buchstäblich eine neue Wirklichkeit geschaffen". Und diese neugeschaffene Wirklichkeit war und bleibt "im Vergleich zu früheren eine Verarmung"; "denn sie beruht auf einer Verwerfung jener direkten Erfahrungen, die die alte Wirklichkeit im Grunde konstituierten und deren Basis ausmachten".[164]

Diese Verwerfung jener direkten Erfahrungen hat einen irreversiblen und alle Bereiche des sozialen Lebens durchdringenden Prozeß der Entfremdung des Menschen von der Natur eingeleitet. Die Entfremdung des Menschen von seinen ursprünglichen sozialen Beziehungen und Bindungen ist ebenfalls irreversibel. In den modernen Gesellschaften hat diese Entfremdung inzwischen ein Ausmaß und eine Intensität erreicht, die zu einer weit verbreiteten Orientierungs- und Ratlosigkeit geführt haben. Zwar ist die soziale Wirklichkeit in diesen Gesellschaften in weitem Umfange eine konstruierte und damit den Menschen entfremdete, aber die Entwicklung auf diesen Zustand hin ist, wenn auch mit tatkräftiger Unterstützung der Sozialwissenschaften erreicht, nicht vergleichbar der Entwicklung, die die Naturwissenschaften als Entfremdung von der Natur begründet und entscheidend bestimmt haben.

Ein häufig vorgebrachtes Argument lautet, die Sozialwissenschaften seien im Vergleich zu den Naturwissenschaften neueren Datums und hätten den Status von Naturwissenschaften bei weitem noch nicht erreicht. Dieses Argument ist sehr vordergründig, u. a. deshalb, weil es überhaupt nicht erklären kann, warum die soziale Wirklichkeit trotz des Rückstandes der Sozialwissenschaften den gegenwärtigen Entfremdungsgrad erreicht hat. Die beiden wichtigsten Gründe dafür dürften sein, zum einen, daß für die Sozialwissenschaften und ihre Umsetzung in Technik nicht wie für die Naturwissenschaften und deren Umsetzung in Technik grundsätzlich dieselbe Rationalität leitend ist; zum zweiten, daß die soziale Wirklichkeit sich nicht - zugespitzt formuliert - wie die Wirklichkeit der Naturwissenschaften durch Naturgesetze beschreiben und darstellen läßt. Die Sozialwissenschaften können daher nicht wie die Naturwissenschaften - zumindest wird dies entschieden für die Politische Wissenschaft behauptet - die für sie "zuständige" Wirklichkeit rekonstruieren. Die Politische Wissenschaft muß die soziale Wirklichkeit immer wieder von neuem aufgrund von neukonstruierten Theorien erfassen und entwerfen. Und die Politik ist gezwungen, durch Eingriffe in die soziale Wirklichkeit diese zu steuern, d. h. sie - selbstverständlich jeweils in Teilbereichen - neu zu konstruieren.

Durch die Computertechnologie scheint erstmals die Möglichkeit eröffnet zu sein, die Wirklichkeit der Sozialwissenschaften auf derselben Abstraktionsebene wie die der Naturwissenschaften zu erfassen und darzustellen. Man hätte es im Extremfall - um es drastisch zu formulieren - nur noch mit einer Wirklichkeit auf Magnetbändern zu tun. Gegenüber den Naturwissenschaften hat eine auf die Computertechnologie ausgerichtete Wissenschaft den "Vorteil", die Frage nach der Durchführbarkeit und Durchführung von Experimenten bei der Konfrontation mit der Wirklichkeit zur Überprüfung der Theorien beiseite zu lassen. Sie ist nämlich nicht gezwungen, eine Wirklichkeit zu *re*konstruieren; sie ist selbstverständlich auch nicht auf Sozialexperimente angewiesen. Ebenso wie der Computer als Maschine "autonom" ist, ist die auf die Computertechnologie ausgerichtete Wissenschaft in der Frage der Konfrontation mit der Wirklichkeit "autonom". Das heißt, eine solche Computerwissenschaft ist grundsätzlich auf keine andere Wirklichkeit angewiesen als die, die durch die Computertechnologie dargestellt und produziert wird. Sehr vereinfacht: Die Computerwissenschaft kontrolliert ihre Theorien durch Konfrontation mit einer Wirklichkeit, die nach diesen Theorien konstruiert wurde und die sich in ihren Beziehungsstrukturen grundsätzlich nicht verändert. Eine empirische Widerlegung herkömmlichen Verständnisses ist daher nicht möglich. Fehler, die auftreten, sind letztlich nur *logische* Fehler.

Für Politik und Politische Wissenschaft steht ein verführerisches Potential zur Verfügung, weil die Anstrengungen von vornherein auf Technik ausgerichtet sind, insbesondere deshalb, weil diese Technik für Politik und Politische Wissenschaft erstmalig die Möglichkeit zu eröffnen scheint, auf Experimente verzichten zu können. Experimente sind nämlich ein grundsätzliches Eingeständnis der Irrtumsfähigkeit; auch unter der Voraussetzung, daß keine logischen Fehler vorliegen. So ist auch zu erklären, warum die Auseinandersetzung auf der rein logischen Ebene so attraktiv ist, vor allem dann, wenn es darum geht, bestimmte Auffassungen mit dem Anspruch unumstößlicher Richtigkeit auszustatten. Zwar kann man auf der theoretischen Ebene den Anspruch mit dem Zwang der logischen Regeln durchsetzen, aber in der Praxis müßte man einem solchen Anspruch mit institutionalisiertem Zwang (notfalls mit Gewalt) Geltung verschaffen. Theorie und Praxis sind in solchen Fällen an einer einheitlichen Rationalitätsauffassung orientiert, die in den Dienst der Technik, der Technik der Anerkennung und Durchsetzung bestimmter Auffassungen gestellt ist.

Auch wenn man unterstellt, die einmal vollzogene Integration der Computertechnologie in die Politik sei nicht rückgängig zu machen und diese Technologie würde zunehmend die politischen Kommunikations- und Entscheidungsprozesse bestimmen, so ist dennoch nicht anzunehmen, diese Entwicklung laufe zwangsläufig darauf hinaus, daß die Computertechnologie und eine darauf bezogene Computerwissenschaft Politik und Politische Wissenschaft ersetzen werde bzw. könnte. Befürchtungen und auch Hoffnungen dieser Art sind jedoch nicht selten. Von denjenigen, die eine solche Entwicklung befürchten, vernimmt man - wenn auch zurückhaltend vorgetragen - erstaunliche und befremdliche Empfehlungen. Man müsse - so heißt es -, um diese Entwicklung zu verhindern und um die Legitimität politischer Entscheidungen sicherzustellen bzw. wiederherzustellen, die Mehrheitsregel außer Kraft setzen. Die Mehrheitsregel garantiere, wo immer sie angewandt werde, eine binäre Struktur. Diese formale und vordergründige Eigenschaft sei aber eine durchgehende Eigenschaft politischer Kommunikations- und Entscheidungsprozesse. Daher seien ebenfalls nicht nur alle ihre Gegenstände (Themen), sondern auch alle darauf bezogenen Informationen binär schematisiert bzw. schematisierbar.

Eine solche Auffassung begnügt sich mit einer im wahrsten Sinne des Wortes oberflächlichen Betrachtung der sozialen Wirklichkeit. Zwar wird überall dort, wo die Mehrheitsregel gilt, alles auf die beiden Werte Ja/Nein (Dafür/Dagegen) zurechtkonstruiert. Wo diese Regel nicht gilt, ist eine solche Ausrichtung politischer Entscheidungsprozesse überflüssig. Das heißt zunächst nur, daß diese offenkundige und allseits zugängliche und von allen anwendbare Regel als strukturbestimmende Regel ausfällt. Daraus folgt jedoch nicht, damit sei auch das binäre Strukturprinzip aus dem politischen Entscheidungsprozeß eliminiert. Auch die nicht nach der Mehrheitsregel zustandegekommenen Entscheidungen sind insofern durch binäre Strukturen charakterisiert, als jede Entscheidung immer andere Entscheidungsalternativen ausschließt. Die Mehrheitsregel ist - wie andere Entscheidungsregeln auch - eine Verfahrensregel; sie ist aber andererseits - und im Unterschied zu anderen Verfahrensregeln (dabei wird die Einstimmigkeitsregel als spezifischer Anwendungsfall der Mehrheitsregel verstanden) - auch eine Regel zur Legitimitätsbeschaffung für verbindliches und bindendes Handeln, und zwar eine Regel zur Legitimitätsbeschaffung, die in Rücksicht auf die Kompetenz und den Anspruch der Entscheider prinzipiell keine Unterschiede anerkennt bzw. keine Argumente, Gründe, Motive usw. in Rücksicht auf irgendeinen Entscheider (gegenüber anderen) auszeichnet.

Obwohl alle äußeren Anzeichen für eine durchgehende Ausrichtung auf einen binären Schematismus sprechen, so ist eine solche Annahme irreführend, wenn man unter einem binären Schematismus eine *symmetrische* Ausschließungsregel versteht. Eine solche Annahme wird bereits durch das Abstimmungsverfahren nach der Mehrheitsregel infrage gestellt. Neben den beiden Werten Ja/Nein (Dafür/Dagegen) ist als dritter Wert die Enthaltung zugelassen. Enthaltung ist natürlich in Rücksicht auf eine zweiwertige Logik ein Ärgernis. Zwar versucht man, durch bestimmte Regelungen dieses Ärgernis aus der Welt zu schaffen (z. B. dadurch, daß man Enthaltungen als Nein-Stimmen wertet oder die Nichtteilnahme als eine Form der Enthaltung durch gesetzlichen Zwang zur Abstimmung ausscheidet).[165] Bemühungen dieser Art unterstreichen nur das Bedürfnis nach einer umfassenden und ausschließlichen Durchsetzung symmetrischer Strukturen bei der Anwendung von Entscheidungsregeln, aber auch letztlich die Vergeblichkeit solcher Bemühungen. Unter den Bedingungen der Geltung der Mehrheitsregel sind auch in Rücksicht auf die Gegenstände grundsätzlich - für die zahlenmäßige Erfassung der Entscheider gilt das ja ohnehin - keine symmetrischen Strukturen zu unterstellen.

Die Herbeiführung von geltenden Entscheidungen durch Abstimmungen verdeutlicht besonders augenfällig, daß sie Verfahren darstellen, bestimmten sprachlichen Gebilden Geltung zu verleihen.[166] Die Mehrheitsregel beschreibt ein solches Verfahren. Wird für ein bestimmtes sprachliches Gebilde die notwendige Zahl an Stimmen erreicht und damit in Geltung gesetzt, kann das Nein (verstanden als Einheit aller Nein-Stimmen) nicht - und das gilt auch für jede einzelne Nein-Stimme je für sich - so begriffen werden, als ob eine symmetrische binäre Struktur gegeben sei. Das Nein kann - unabhängig von der Zahl der Nein-Stimmen - nicht so aufgefaßt werden, als ob es irgend etwas Konkretes über ein sprachliches Gebilde mit einem genau gegenteiligen Inhalt mitteilen würde. Abgesehen von der pauschalen Ausschließung des fraglichen Inhalts kann dieses Nein - überspitzt formuliert - sprachlich grundsätzlich alles mögliche anzeigen. Wenn daher der Begriff der binären Struktur in diesem Zusammenhang überhaupt einen Sinn über den der reinen bzw. einfachen Negation hinaus haben soll, dann muß man unterstellen, daß es in bezug und unter Einbeziehung des betreffenden sprachlichen Gebildes prinzipiell eine Vielzahl von binären Strukturen gibt. Aber diese prinzipielle Vielzahl an möglichen binären Strukturen bleibt so lange eine diffuse Denkmöglichkeit, solange es keine Regel gibt, die angibt, wie man in bezug auf ein jeweils bestimmtes sprachliches Gebilde inhaltlich "binäre Konstrukte" herstellen kann.

Daß die Herstellung einer binären Struktur durch reine bzw.

einfache Negation keinerlei Informationen liefert, wurde bereits im Zusammenhang der Erörterung sprachlicher Duale festgestellt.[167] Daß diese Feststellung auch in Rücksicht auf die Anwendung der Mehrheitsregel gilt, besagt, die Anwendung der Mehrheitsregel als eine Regel zur Herbeiführung von geltenden Entscheidungen ist in Rücksicht auf die uns hier interessierenden Fragen ohne Bedeutung. In dieser Hinsicht wird also über die Funktion der Mehrheitsregel (als Regel zur Herbeiführung von geltenden Entscheidungen) hinaus ihre Funktion als eine Regel zur Legitimitätsbeschaffung deutlich erkennbar.[168] Sieht man also von der Anwendung der Mehrheitsregel als Regel zur Beschaffung von Legitimität ab, so ist von einer prinzipiell gleichen Entscheidungsstruktur auszugehen, sofern Entscheidungen als Entscheidungen über sprachliche Gebilde auftreten bzw. als solche begriffen werden können (und sofern es sich nicht um "Entscheidungen" nach der Regel "wahr/falsch" handelt - dazu weiter unten).

Wird von der Bezugnahme auf irgendwelche spezifischen Entscheider auch abgesehen, so ist doch prinzipiell ein gleichsam imaginärer Entscheider vorauszusetzen, der die Fähigkeit besitzt, die einfache bzw. reine Negation inhaltlich in der beschriebenen Weise aufzufüllen - mag diese Fähigkeit im aktuellen Falle auch noch so schwach sein. Würde diese Voraussetzung nicht gemacht werden können, könnte man kaum noch von Entscheidung und erst recht nicht mehr von Entscheidungsfreiheit sprechen. Das muß aber der Fall sein, wenn Politik überhaupt noch möglich sein soll. Daher sind auch politische Kommunikations- und Entscheidungsprozesse und insbesondere die Entscheidungsstrukturen als die zentralen Gegenstände und nicht als spezifische Aspekte für die politische Theoriebildung zu betrachten.

Das bisher erarbeitete Ergebnis unserer Überlegungen wird in keiner Weise durch die Tatsache infrage gestellt, daß politische Kommunikations- und Entscheidungsprozesse durch die Anwendung von Orientierungsregeln wie "progressiv/konservativ" oder "rechts/links" gesteuert werden. Gleichgültig, ob der Inhalt einer Entscheidung als progressiv oder konservativ aufgefaßt wird, die aufgezeigten Strukturzusammenhänge bleiben davon unberührt. Das heißt, auch den konstruierten "Entgegensetzungen" "progressiv/konservativ" usw. sind keine einfachen binären Strukturen zuzuordnen. Auch für sie gilt, was im Zusammenhang der Erörterung sprachlicher Duale gesagt wurde. Das heißt mit anderen Worten, durch die Zuschreibung z. B. als konservativ ist keineswegs eine einzige gegenteilige Zuschreibung als progressiv festgelegt (und umgekehrt). Diese Tatsache erlaubt daher nicht, Orientierungsregeln wie "progressiv/konservativ" usw. mit der von "wahr/falsch" als strukturgleich zu unterstellen. Abgesehen davon, daß sich die Entscheidungsinstanz für die Anwendungsbereiche von "wahr/falsch" grundsätzlich von der für die von "progressiv/konservativ" usw. unterscheidet, ist festzustellen, daß der Orientierungsregel "wahr/falsch" eine reine bzw. einfache binäre Struktur zukommt (allerdings nur, sofern damit ausschließlich eine zweiwertige bzw. symmetrische Logik verknüpft ist). Demnach kann durch Negation in Rücksicht auf "wahr/falsch" eine reine bzw. einfache binäre Struktur erzeugt werden.[169]

Der aufgezeigte grundsätzliche Unterschied in bezug auf "progressiv/konservativ" usw. einerseits und "wahr/falsch" andererseits verweist auf einen anderen grundsätzlichen Unterschied, nämlich den, daß bei den Anwendung von "wahr/falsch" von einer Entscheidung eigentlich nicht die Rede sein kann. In bezug auf "wahr/falsch" kann die Mehrheitsregel nicht zur Anwendung kommen, weil sie dafür nicht als Entscheidungsinstanz infrage kommt. Weil in bezug auf "wahr/falsch" eine Negation nur als eine reine bzw. einfache Negation auftreten kann, ist die Möglichkeit, durch sie auf andere damit zusammenhängende Inhalte zu verweisen, nicht gegeben. Somit ist auch kein Entscheidungsspielraum gegeben; d. h. durch Negation kann nicht auf weitere Entscheidungsmöglichkeiten verwiesen werden. Man kann auch nicht von einer Entscheidungsmöglichkeit zwischen "wahr" und "falsch" sprechen; man kann von einem Zwang oder einem Automatismus zur "Entscheidung" für "wahr" oder "falsch" reden.

Das alles hängt damit zusammen, daß in bezug auf "wahr/falsch" die Problematik der Überbrückung der Kluft von Sein und Sollen nicht auftritt. Für die Politik ist diese Problematik zentral. Diese Feststellung ist nur eine Umschreibung für eine andere, nämlich die, daß die Politik auf Entscheidungen angelegt ist in einem solchen Maße, daß ihr auch das Nichtentscheiden als Entscheidung ausgelegt wird. Überall dort, wo es ausschließlich um "wahr/falsch" geht, ist Politik nicht möglich. Wenn umgekehrt festgestellt wird, in der Politik gehe es ausschließlich *nicht* um "wahr/falsch", so heißt das nicht, die Problematik von "wahr/falsch" in bezug auf Aussagen über die soziale Wirklichkeit sei für die Politik bedeutungslos. Diese Problematik ist für die Politik insofern von Bedeutung, als sie, will sie ihre Entscheidungen nicht ausschließlich auf Vermutungen und Spekulationen über die soziale Wirklichkeit gründen, keine Aussagen über die soziale Wirklichkeit heranziehen kann, die sich grundsätzlich der Problematik von "wahr/falsch" nicht stellen müssen.

Eigenart und Schwierigkeit des Verhältnisses von Politik und politikwissenschaftlicher Theorie (politikwissenschaftliche Theorie verstanden als Aussagensystem über die soziale Wirklichkeit, soweit sie Gegenstand der Politischen Wissenschaft ist) lassen sich auf drei Problembereiche zuspitzen:

1. Politische Entscheidungen sind grundsätzlich Entscheidungen zur *Gestaltung* der sozialen Wirklichkeit und somit grundsätzlich auf eine *zukünftige* soziale Wirklichkeit ausgerichtet.

2. Politikwissenschaftliche Aussagen (Theorien) informieren über die soziale Wirklichkeit nicht mit der Stringenz und dem Anspruch wie naturwissenschaftliche Aussagen z. B. über die physikalische Wirklichkeit.

3. Die Politische Wissenschaft ist grundsätzlich nicht in der

Lage, selbst Experimente durchzuführen, um ihre Aussagen (Theorien) zu überprüfen. Die für sie relevanten Experimente werden grundsätzlich durch die Politik erbracht.

Die besondere Problematik des Verhältnisses von Politik und Politischer Wissenschaft bzw. politikwissenschaftlicher Theorie - die hier nicht weiter diskutiert werden kann[170] - findet ihren prägnanten Ausdruck in der Tatsache, daß die Politik nicht auf politikwissenschaftliche Aussagen (Theorien) zurückgreifen kann, für die, obwohl sie der Fragestellung "wahr/falsch" nicht entzogen werden dürfen, dennoch letztlich keine eindeutigen "Entscheidungen" in Rücksicht auf "wahr/falsch" herbeigeführt werden können. Dies ist darauf zurückzuführen, daß die soziale Wirklichkeit einerseits nicht wie z. B. die physikalische Wirklichkeit durch nomologische Aussagen erfaßt und beschrieben werden kann, andererseits die soziale Wirklichkeit als letzte bzw. ausschließliche "Entscheidungsinstanz" für politikwissenschaftliche Aussagen (Theorien) in Rücksicht auf "wahr/falsch" deshalb nicht zum Zuge kommen kann, weil sie schon Deutungen über sich selbst enthält bzw. Theorien - wenn auch bruchstückhaft und diffus - mit vorgibt (einschließlich der die soziale Wirklichkeit prägenden Entscheidungen, die durch Computerunterstützung zustandegekommen sind) und weil sie in ihren Tiefen- und Breitenstrukturen nur von begrenzter Dauer und Konsistenz ist.

Die Tatsache, daß politikwissenschaftliche Aussagen (Theorien) letztlich nicht wie naturwissenschaftliche Aussagen (Theorien) in Rücksicht auf "wahr/falsch" "entschieden" werden können, macht sie anfällig für politische Inanspruchnahmen und Zuschreibungen, z. B. nach den Orientierungsregeln "progressiv/konservativ", "rechts/links" usw. Die aus der Sicht eines an den Naturwissenschaften orientierten Wissenschaftsverständnisses - und für manche auch aus der Sicht eines bestimmten Politikverständnisses - äußerst ärgerliche Tatsache, die - pauschal formuliert - die Eindeutigkeit und Exaktheit naturwissenschaftlicher Erkenntisse nicht zuläßt, verweist über die "Nachteile" hinweg auf spezifische - wenn auch risikoreiche - "Vorzüge". Die "Vorzüge", unter Einschluß der vorgegebenen bzw. eingebauten Risiken, beruhen darauf, daß sich - sehr allgemein formuliert - das Problem der Überbrückung der Kluft von Sein und Sollen bzw. von Seins-Sätzen (Theorien) und Sollens-Sätzen (politische Entscheidungen als Handlungsanweisungen) anders darstellt als in Rücksicht auf die etwa von den Naturwissenschaften erzeugten Seins-Sätze. Ebenfalls anders stellt sich in bezug auf die soziale Wirklichkeit das Problem der Gewinnung von Informationen dar. Insbesondere in Rücksicht auf unsere Gesamtthematik ist an einen möglicherweise sehr spezifischen "Vorzug" zu denken, nämlich die Möglichkeit der "*Erzeugung*" von Informationen über die soziale Wirklichkeit durch Computer-Einsatz.

Worin die "Vorzüge" bestehen, kann hier nicht im einzelnen erörtert werden. Allgemein läßt sich feststellen: Die Kluft zwischen Seins-Sätzen (politikwissenschaftlichen Theorien) und Sollens-Sätzen (Entscheidungen als Handlungsanweisungen) ist auch durch die Konstruktionsweise der Seins-Sätze (politikwissenschaftliche Theorien) zwar nicht aufhebbar - wie weiter oben bereits dargestellt -, aber aufgrund der Konstruktionsweise werden politikwissenschaftliche Theorien doch so dargestellt bzw. darstellbar, daß sie auch als eine Art von rechtfertigendem Begründungszusammenhang angesehen werden können, der die Steuerungsaussagen nicht nur als Bestandteile politikwissenschaftlicher Theoriensysteme ausweist, sondern auch Plausibilitätsargumente für ihre Annahme (oder Ablehnung) als Handlungsanleitungen mitliefert.

Aufgrund der Tatsache, daß die soziale Wirklichkeit schon immer Deutungen über sich selbst enthält bzw. Theorieelemente mitliefert,[171] können gehaltvolle Informationen über diese Wirklichkeit gewonnen werden, die nicht auf empirischen Erhebungen bzw. Untersuchungen beruhen. Darauf ist auch die Möglichkeit zu beziehen, durch Computer-Einsatz gehaltvolle Informationen über die soziale Wirklichkeit zu "erzeugen". Wenn es um die "Erzeugung" von Informationen geht, muß - wie oben bereits erwähnt - ein Satz von Konstruktionsregeln zur Anwendung gelangen. Insofern besteht in dieser Hinsicht überhaupt kein Unterschied zur Konstruktion politikwissenschaftlicher Theorien ohne Computer-Einsatz. Der Vorteil des Computer-Einsatzes besteht also - wie in anderen Fällen auch - im Zeitgewinn und der Fähigkeit, bei der Konstruktion von Theorien die "Aufmerksamkeit mit gleichbleibender Intensität" auf den wegen der Speicherfähigkeit *gesamten* zur Verfügung stehenden Informationsvorrat zu richten und zu berücksichtigen. Wird vorausgesetzt, die erwähnten Konstruktionsregeln könnten von Computern angenommen werden,[172] bleibt als zentrales Problem das der binären Struktur. Da - wie oben dargestellt - durch reine bzw. einfache Negation keine weitere Information dazukommt, muß der Begriff der Negation erweitert werden. Das bedeutet, durch Negation in dem uns hier interessierenden Sinne findet nicht nur eine Ausschließung statt, sondern dadurch werden zugleich auch Hinweise auf einen bestimmten Zusammenhang mitgeliefert. In dem uns hier interessierenden Sinne erfüllt die Negationsregel also eine doppelte Funktion: die der Ausschließung und der Zuordnung.

Damit diese Negationsregel nicht blind zum Zuge kommt bzw. nicht willkürlich angewandt wird, muß ihre Anwendung gesteuert werden. Die Steuerung erfolgt über die Regeln zur Konstruktion politikwissenschaftlicher Theorien. Dadurch wird die grundsätzliche Darstellungsstruktur politikwissenschaftlicher Theorien gewährleistet. Diese kann nur dann aktuelle bzw. konkrete Gestalt erhalten, wenn damit zugleich die jeweilige inhaltliche Ausprägung im Sinne eines Informationsangebots über die soziale Wirklichkeit einhergeht. Diese Koppelung ist notwendig, um das Zusammenwirken von Form- und Sinnkausalität als Veränderungskausalität einzufangen.[173] Sie ist Bedingung dafür, daß die Steuerung der Negationsregel unter Wahrung ihrer Doppelfunktion möglich wird. Andererseits setzen die als Steuerungsregeln fungierenden Konstruktionsregeln diese Negationsregel und ihre Funktionsfähigkeit voraus. Die grundsätzliche Frage bleibt also, wie trotz Ausschließung eine sinnvolle und wirklichkeitsadäquate Zuordnung hergestellt werden kann. Von nachrangiger Bedeutung ist die Frage der Anwendbarkeit der Negationsregel auf die einzelnen Ausageebenen und die Verknüpfungen zwischen ihnen.

Die Negationsregel mit ihrer zweifachen Funktion kann nur - wie implizit bereits mitgeteilt - in bezug auf inhaltliche Problemlagen wirksam werden. Voraussetzung dafür ist, daß im jeweiligen Anwendungsfalle hinreichend deutliche Hinweise vorhanden sein müssen, um auch sprachliche Duale in dem weiter oben erläuterten Verständnis zu bilden. Von der Deutlichkeit solcher Hinweise hängen Zahl und inhaltliche Genauigkeit solcher Duale ab. Damit man die Hinweise überhaupt erkennen und über die Anwendung der Negationsregel für die Bildung von Dualen verwenden kann, ist ein vorgängiges Verständnis erforderlich, das einsichtig werden läßt, warum die logische Operation der Ausschließung zugleich als eine inhaltliche Zuordnung fungieren muß und kann.

Dieses Vorverständnis bezieht sich auf das Verhältnis der Alltagssprache der Politik und der Sprache, in der politikwissenschaftliche Theorien dargestellt werden, einerseits und deren beider Verhältnis zur sozialen Wirklichkeit andererseits. Da die soziale Wirklichkeit schon immer eine theoriegeprägte Wirklichkeit ist und die Alltagssprache der Politik nicht nur Teil dieser sozialen Wirklichkeit, sondern auch eine Sprache über diese soziale Wirklichkeit ist, also eine Objektsprache darstellt, jedoch die Sprache, in der politikwissenschaftliche Theorien dargestellt werden, ebenfalls als Objektsprache gilt, ist grundsätzlich festzustellen: Die Frage, ob eine sprachliche Darstellung der Objektsprache der Politik oder der Objektsprache der Politischen Wissenschaft zuzuordnen ist, ist von vornherein nicht offenkundig und in vielen Fällen auch nicht entscheidbar. Der Objektsprache der Wissenschaft ist wie der Objektsprache der Politik von vornherein ein empirischer Gehalt zu unterstellen. Andererseits kann von *keiner* objektsprachlichen Darstellung der sozialen Wirklichkeit gesagt werden, sie könne eindeutig bzw. ein für allemal empirisch widerlegt werden (dafür gibt es keine Instanz).[174] Wenn durch die Alltagssprache der Politik als einer Objektsprache die Logik politischen Handelns ihren Ausdruck findet, dann kann diese Logik auch durch objektsprachliche Darstellungen der Wissenschaft erfaßt werden. Und wenn es die Kompetenz gibt, die soziale Wirklichkeit auch dem Informationsgehalt nach in der Alltagssprache der Politik als einer Objektsprache in einer anerkannten Weise darzustellen, dann ist für die Politische Wissenschaft zu unterstellen, daß ihre Kompetenz davon nicht prinzipiell unterschieden werden kann.[175]

Diese Feststellungen behaupten nicht, in der Kompetenz zur sprachlichen Darstellung der Wirklichkeit bestünden zwischen Politik und Politischer Wissenschaft nur mehr oder weniger belanglose Unterschiede. Sie behaupten zunächst nur, die Bemühungen der Politischen Wissenschaft zur sprachlichen Darstellung der sozialen Wirklichkeit treffen schon immer auf solche von seiten der Politik. Darin liegt die Chance der Politischen Wissenschaft, zumindest teilweise den Nachteil auszugleichen, keine Experimente arrangieren und durchführen zu können, um den Informationsgehalt ihrer Theorien zu überprüfen. Um diese Chance auch nutzen zu können, muß die Politische Wissenschaft ihre Methodologie als eine Lehre begreifen und entwickeln, die angibt, wie man an die von der Politik erbrachten Beschreibungen der sozialen Wirklichkeit anknüpft und den damit vorgegebenen Informationsgehalt so expliziert, um die vergangene soziale Wirklichkeit über die gegenwärtige hinaus auch als mögliche zukünftige Wirklichkeit darstellen zu können. Insofern handelt es sich um ein spezifisches Verfahren zur Gewinnung und zugleich zur Überprüfung wissenschaftlicher Theorien seitens einer grundsätzlich nicht-experimentellen Wissenschaft.

Was die Bildung sprachlicher Duale anlangt, so ist nicht von der Annahme auszugehen - was offenkundig ist -, als ob die Kompetenz von seiten der Politik zur sprachlichen Darstellung der sozialen Wirklichkeit sich von einer automatisch wirkenden und dazu noch andauernd und exakt wirksamen Systematik zur Gewinnung sprachlicher Duale leiten lasse bzw. aufgrund einer solchen, der sozialen Wirklichkeit immanenten Systematik dahingehend gesteuert werde. Auch für die Kompetenz der Politischen Wissenschaft ist in der Anknüpfung an die sprachlichen Leistungen der Politik keine Systematik dieser Art zur Konstruktion sprachlicher Duale zu unterstellen oder zu fordern. Dennoch gilt sowohl für Politik als auch für Politische Wissenschaft - wenn auch mit sehr spezifischen Unterschieden -, daß sie ohne die Bildung sprachlicher Duale nicht auskommen können. Die Frage ist, in welchem Ausmaße das unter Berücksichtigung der spezifischen Unterschiede betrieben wird und/oder betrieben werden könnte.

Wird vorausgesetzt, das tatsächliche Ausmaß der jeweiligen Bildung sprachlicher Duale ließe sich ausweiten, so stellt sich zunächst die Frage, ob man eine Ausweitung betreiben sollte und welche Folgen damit verbunden wären. Man könnte annehmen, eine Ausweitung würde ganz allgemein die Fähigkeit erhöhen, den Umgang mit der sozialen Wirklichkeit zu erleichtern und zu verbessern. Sollte das der Fall sein, käme die Computertechnologie besonders gelegen. Die Frage, warum die Bildung und Anwendung sprachlicher Duale in Politik und Politischer Wissenschaft bisher so wenig ausgeprägt sei, könnte man damit zu beantworten versuchen, indem man erklärt, die Möglichkeiten dazu seien grundsätzlich sehr begrenzt; hauptsächlich deshalb, weil die Sprache der Politik bzw. deren Begriffe nicht präzise genug seien. Diese Tatsache könnte als "Vorteil" ausgegeben werden mit dem Argument, dadurch werde gewährleistet, daß die Politik nicht gänzlich dem wissenschaftlich-technischen Zugriff ausgeliefert sei bzw. ausgeliefert werden könnte. Diesen "Vorteil" könnte man andererseits als Argument für eine Ausweitung im Sinne einer Verbesserung im Umgang mit der sozialen Wirklichkeit verwenden. Und auf die Frage, warum Politik und Politische Wissenschaft bisher so wenig auf diesem Gebiete zur Verbesserung beigetragen hätten, könnte man antworten, diese Möglichkeit sei bisher noch nicht deutlich bewußt und klar erkannt. Erst nachdem die Computertechnologie mit ihrem Zwang zur binären Schematisierung und den damit verbundenen Erfolgen sich ausgebreitet habe, sei man gezwungen worden, sich dieser Herausforderung zu stellen.

Wie auch immer man zu den vorgetragenen Argumenten im einzelnen stehen mag, sicher ist, die Anwendung der Negationsregel mit ihrer zweifachen Funktion ist nur möglich, sofern das dafür anstehende Sprachmaterial ausreichende Hinweise dazu, also für Ausschließung und Zuordnung enthält. Die in dieser Hinsicht auftretenden grundsätzlichen Probleme und Schwierigkeiten werden verstärkt durch die Tatsache, daß insbesondere die Sprache der Politik dem Wandel unterliegt. Daher seien - so könnte man allgemein feststellen - die Befürchtungen unbegründet, die sich gegen einen Zugriff auf die soziale Wirklichkeit richten, der von den Anwendungsmöglichkeiten der Negationsregel her bestimmt werde. Man müßte - so könnte man dann weiter fordern - im Interesse einer vernünftigeren und präziseren Steuerung der Gesellschaft alle sich bietenden Möglichkeiten für einen solchen Zugriff nutzen und die Bedingungen für weitere Zugriffsmöglichkeiten dieser Art schaffen. Die Gefahr, dadurch könne es zu einem totalen wissenschaftlich-technischen Zugriff kommen, sei ja wegen der erwähnten Schwierigkeiten grundsätzlich nicht gegeben.

Auch wer die zuletzt beschriebene Auffassung vertritt und die nicht selten geäußerten Befürchtungen gegen einen durch die Computertechnologie unterstützten Fortschritt nicht teilt, wird nicht umhin können, sich den Problemen zu stellen, die von einer anderen Ebene her die Widerstände, die auf der Sprachebene gegen einen totalen wissenschaft-technischen Zugriff vorhanden sind, völlig überlagern können. Ganz allgemein kann man dazu zwei Feststellungen machen:

1. Was über den Umfang der Sprache, also über politische Kommunikations- und Entscheidungsprozesse nicht zustande gebracht werden kann, wird möglicherweise - auch in demokratisch organisierten Gesellschaften - über Zwangsmaßnahmen

durchgesetzt, beispielsweise über gesetzgeberische Maßnahmen. Das heißt, über gesetzgeberische Maßnahmen kann die soziale Wirklichkeit so zurechtstrukturiert werden, daß es bei der Beschreibung dieser Wirklichkeit zwangsläufig zu sprachlichen Anpassungen kommt. Und über solche sprachlichen Anpassungen kann der "normale" politische Kommunikations- und Entscheidungsprozeß in der gewünschten Weise gesteuert werden.

2. Weil die soziale Wirklichkeit dem sozialen Wandel unterliegt und damit auch die Sprache der Politik als Bestandteil und als Mittel zur Darstellung dieser Wirklichkeit, kann auch die Politische Wissenschaft in Anknüpfung an die Sprache der Politik ihre sprachlichen Darstellungen der sozialen Wirklichkeit diesem Wandel nicht entziehen. Daher ist auch sie gezwungen, immer wieder Anpassungen vorzunehmen, will sie ihren Bezug zur sozialen Wirklichkeit nicht verlieren. Für die Bewältigung dieser Aufgabe gibt es keinen Automatismus. Man könnte aber versucht sein, hierfür einen zu installieren. Das heißt, über die Einrichtung eines entsprechenden Automatismus könnte man versuchen wollen, die grundsätzlichen Schwierigkeiten von sprachlichen Darstellungen der sozialen Wirklichkeit zu umgehen. Dafür könnte der Computer eingesetzt werden, wenn auch bestenfalls nur mit den Aussichten auf eine schrittweise Ausdehnung seiner Anwendungsmöglichkeiten. Nach und nach könnte darauf verzichtet werden, vorrangig auf den Wandel der Sprache zu achten. Denn die jeweils über die Sprache eingefangene und auf Computeranforderungen übersetzte Wirklichkeit könnte man als gesicherten, jederzeit verfügbaren und kombinierbaren Bestand ansehen. Je umfassender dies gelänge, umso unabhängiger würde man von der "wirklichen" sozialen Wirklichkeit. Man könnte endlich im Extremfall - was weiter oben unter einem sehr allgemeinen Gesichtspunkt bereits festgestellt wurde - ausschließlich auf eine Wirklichkeit auf Magnetbändern zurückgreifen, mit der man - um es zuge-

spitzt zu formulieren - "Computerspiele" veranstalten könnte, in der Annahme, auch mit der "wirklichen" sozialen Wirklichkeit könne man so umgehen.

Die in diesem Beitrag nur umrißhaft vorgestellte Problematik der "Erzeugung" von Informationen durch Computer könnte eines nicht allzu fernen Tages die schon deutlich erkennbaren weitreichenden und durchgreifenden Auswirkungen der Datenverarbeitung (z. B. zur Leistungssteigerung administrativer Tätigkeiten) als Vorgänge von geringfügiger Bedeutung erscheinen lassen. Unter diesem Gesichtspunkt ist es erstaunlich, wie wenig man sich bisher mit dieser Problematik befaßt hat. Dieser Vorwurf richtet sich in erster Linie an die Adresse der Politischen Wissenschaft.

Als eine Erklärung hierfür mag die These gelten: Die Politische Wissenschaft hinkt nicht nur - wie schon so oft zutreffend beklagt wurde - mit ihren Bemühungen, die Wirklichkeit zu erfassen und darzustellen, den tatsächlichen Entwicklungen hinterher, sondern sie ist auch - was von den Vertretern dieser Disziplin aus verständlichen Gründen in der Regel unterschlagen wird - wegen der bisher gezeigten Unfähigkeit, ihre Grundlagen zu klären, nicht dazu in der Lage, die Problematik in überzeugender Weise anzugehen.[176] Dazu kommt eine vor allem im deutschsprachigen Raum verbreitete spezifische Anfälligkeit dieser Disziplin für voreilige politische Zuschreibungen, der insbesondere die Vertreter dieser Disziplin nachgegeben. Dies führt zu Tabuisierungen oder Diskreditierungen und in weiterer Konsequenz zur Vernachlässigung, einseitigen Ausrichtung oder Ausklammerung bestimmter Fragestellungen und Untersuchungsmethoden. Demgegenüber ist festzuhalten: Für die wissenschaftliche Behandlung von Problemen ist gerade unter der Voraussetzung, daß politische Zuschreibungen nicht endgültig ausgeschaltet werden können und sollen, ein Höchstmaß an Unbefangenheit und Unvoreingenommenheit gegenüber neuen Fragestellungen und Untersuchungsmethoden als Vorleistung einzubringen. Das gilt erst recht, wenn man sich einer bestimmten politischen Orientierung verpflichtet weiß. Denn - das wird zunehmend offenkundig - die bisher üblichen Regeln für politische Zuschreibungen verlieren an Geltung. Daher kann man - so paradox das auch erscheinen mag - bestimmte politische Orientierungen begründet nur durchhalten, wenn man Offenheit als ein wegweisendes Prinzip zumindest auch anerkennt.

Anmerkungen

1 Thomas S. Kuhn: Die Struktur wissenschaftlicher Revolutionen, Frankfurt a. M. 1973.

2 Paul K. Feyerabend: Wider den Methodenzwang. Skizze einer anarchistischen Erkenntnistheorie, Frankfurt a. M. 1976.

3 G. Böhme/W. van den Daele/W. Kron: Finalisierung der Wissenschaft, in: Zeitschrift für Soziologie, 2 (1973).

4 G. Böhme W./van den Daele/Rainer Hohlfeld: Finalisierung revisited, in: G. Böhme u. a. (Hrsg.): Die gesellschaftliche Orientierung des wissenschaftlichen Fortschritts (Starnberger Studien I), Frankfurt a. M. 1978.

5 Paul K. Feyerabend: Erkenntis für freie Menschen, 2. Aufl. Frankfurt a. M. 1979.

6 G. Böhme u. a.: Finalisierung revisited, S. 210.

7 Was meine Position zur Finalisierungsthese anlangt vgl. dazu die Ausführungen in: Der politische Code, Stuttgart 1980.

8 Niklas Luhmann: Systemtheoretische Argumentationen, in: Jürgen Habermas/Niklas Luhmann: Theorie der Gesellschaft oder Sozialtechnologie - Was leistet die Systemforschung? Frankfurt a. M. 1971, S. 401.

9 Zur Vermeidung von Mißverständnissen sei erwähnt, daß hier selbstverständlich keine kybernetischen Konzeptionen gemeint sind. Sie gehören in eine andere Kategorie.

10 Für die deutsche Politische Wissenschaft vgl. Hans Kastendiek: Die Entwicklung der westdeutschen Politikwissenschaft, Frankfurt a. M. 1977; Hans-Joachim Arndt: Die Besiegten von 1945. Versuch einer Politologie für Deutsche, samt Würdigung der Politikwissenschaft in der Bundesrepublik Deutschland, Berlin 1978.

11 Dazu verweise ich pauschal auf die in der vorliegenden Veröffentlichung angegebenen Hinweise auf frühere Arbeiten von mir.

12 Das von Lakatos eingeführte Abgrenzungskriterium ist allerdings von ihm nicht klar formuliert worden (vgl. dazu meinen Aufsatz "Wissenschaftstheorie und politische Theorie").

13 Daß auch das Externalismus-/Internalismusproblem von mir anders gesehen wird, ist dann zwangsläufig.

14 Im wesentlichen dargelegt in meiner Arbeit "Methodologie der Politikwissenschaft". Eine weiterführende Präzisierung in der in Vorbereitung befindlichen Arbeit "Technik der Konstruktion politikwissenschaftlicher Theorien". Hinweise dazu auch in der vorliegenden Arbeit.

15 Daß hier eine Anspielung auf Popper vorliegt, ist für den Kenner offensichtlich. Nach Popper ist eine Theorie "das Netz, das wir auswerfen, um 'die Welt' einzufangen, - sie zu rationalisieren, zu erklären und zu beherrschen. Wir arbeiten daran, die Maschen des Netzes immer enger zu machen." (Karl R. Popper: Logik der Forschung, 5. Aufl. Tübingen 1973, S. 31)

16 Diese beiden Überschriften besagen - für sich genommen - sehr wenig; sie sind aber in ihrer charakteristischen Unterscheidbarkeit durchaus von tragender Bedeutung. Es ist bezeichnend, daß z. B. im Unterschied zum Grundgesetz die Überschrift des zweiten Hauptteils der Weimarer Verfassung lautet: "Grundrechte und Grundpflichten der Deutschen." In der Tat werden in der Weimarer Verfassung nicht nur die Pflichten wesentlich stärker betont als im Grundgesetz, sondern dort werden auch - wenn auch rudimentär - soziale Grundrechte anerkannt.

17 Die Frage, ob und gegebenenfalls inwieweit von einer marxistischen Politischen Wissenschaft als einer eigenständigen Disziplin überhaupt die Rede sein könne, kann hier außer Betracht gelassen werden.

18 Karl R. Popper: Was ist Dialektik? in: Ernst Topitsch (Hrsg.): Logik der Sozialwissenschaft, 8. Aufl. Köln 1972.

19 Vgl. z. B. Karl-Otto Apel: Szientistik, Hermeneutik, Ideologiekritik. Entwurf einer Wissenschaftslehre in erkenntnis-anthropologischer Sicht, in: ders.: Transformation der Philosophie, Bd. II, Das Apriori der Kommunikationsgemeinschaft, Frankfurt a. M. 1973, S. 96 - 127. Eigentlich ist es überflüssig festzustellen, daß mit dieser Bezugnahme Apel nicht den marxistischen Denkern zugerechnet wird.

Nach Tjaden liegt die Ursache für das Scheitern, eine Theorie sozialer Systeme zu schaffen, "im Unvermögen der Denkweise des zur Herrschaft gelangten Bürgertums, die gegensätzlichen Bestimmungen gesellschaftlicher Wirklichkeit als einander bedingende und vermittelte Gegensätze zu begreifen" (K. H. Tjaden: Soziologische Systemtheorie als Gegensatz zur Gesellschaftstheorie, in: Karl-Otto Hondrich/Joachim Matthes (Hrsg.): Theorienvergleich in den Sozialwissenschaften, Darmstadt und Neuwied 1978, S. 127). Nach Tjaden kann nur eine Theorie ökonomischer Gesellschaftsformationen zu einer brauchbaren Konzeption gesellschaftlicher Systeme führen. Von ihm wird jedoch zugestanden, "daß die Ausarbeitung des systemtheoretischen Gehalts der historisch-materialistischen Gesellschaftstheorie noch in den Anfängen steckt und oft durch sehr verschiedenartige Auffassungen grundlegender Sachverhalte gekennzeichnet ist" (ebd. S. 137). Auszuarbeiten ist nach ihm "ein Begriff gesellschaftlicher Systeme, der die natürlichen - wie auch immer durch die gesellschaftliche Praxis geformten - Umwelten solcher Systeme in ihrem gleichsam *naturdialektischen* Spannungsverhältnis begreift" (ebd. - Hervorhebung HB).

Aus grundsätzlichen Erwägungen bleiben hier die Arbeiten von Gotthard Günther außer Betracht.

Die Arbeit von Jon Elster (Logik und Gesellschaft. Widersprüche und mögliche Welten, Frankfurt a. M. 1981) beschäftigt sich u. a. mit sozialen Widersprüchen und ihrer theoretischen Bewältigung. In dieser Arbeit sehe ich jedenfalls von ihrem Ansatz her eine Ermutigung für meine eigenen Bemühungen. Andererseits habe ich auch Zweifel, ob die Ausarbeitung des Ansatzes - auch trotz (oder wegen) der Untersuchungen bis zu Formalisierungen hin - entscheidend dazu beitragen kann, politikwissenschaftliche Theoriebildung voranzutreiben.

20 Vgl. dazu insbesondere Heinrich Bußhoff: Der politische Code. Soziale Evolution und politische Steuerung, Stuttgart 1980.

21 Vgl. dazu ebenfalls die Ausführungen in Bußhoff 1980.

22 Es versteht sich fast von selbst, daß hier nur die *Grundstruktur* gemeint ist, also die beiden Elemente in sich als differenziert vorausgesetzt werden. Dies wird auch gerade in Rücksicht auf die Explikation dieser Zusammenhänge, d. h. bei der Konstruktion politikwissenschaftlicher Theorien vorausgesetzt.

Den hier angedeuteten Zusammenhang umschreibt Richard Löwenthal in Rücksicht auf das Ost-West-Verhältnis unter der Überschrift "Das gestörte Ost-West-Verhältnis" so: "Eine der elementarsten Wahrheiten über die Welt von heute ist, daß sie durch vielfache, unkoordinierte und immer schnellere Veränderungen gekennzeichnet ist, die in viele Richtungen zugleich vor sich gehen. Das bedeutet, daß jedes Gleichgewicht zwischen zwei antagonistischen Weltmächten hochgradig labil sein muß. Jedes Bemühen, den Konflikt zwischen ihnen durch ein ausgehandeltes Gleichgewicht unter Kontrolle zu halten, riskiert ständig eine Störung des Gleichgewichts durch unvorhergesehene Veränderungen; im besten Fall muß das Gleichgewicht durch immer neue Verhandlungen wiederhergestellt werden." (Richard Löwenthal: in: DIE ZEIT, Nr. 7, 6. 2. 1981, S. 3.)

23 Aufgrund dieser Voraussetzung kann sinnvollerweise auch von Selbstreferenz, Selbstthematisierung, Selbstorganisa-

tion usw. die Rede sein.

24 Niklas Luhmann: Gesellschaftsstruktur und Semantik. Studien zur Wissenssoziologie der modernen Gesellschaft, Bd. I, Frankfurt a. M. 1980, S. 167 (Hervorhebung im Original).

25 Ebd. S. 312.

26 Zum Begriff der Plausibilität, ebd. S. 49 f.

27 Ebd. S. 312.

28 Ebd. S. 311.

29 Vgl. dazu auch Bußhoff 1980.

30 Dies läßt sich am Beispiel der Politik zur Begrenzung der Rüstung und der Abrüstung mit wenigen Sätzen deutlich demonstrieren. Von allen sonstigen Überlegungen und Argumenten abgesehen, kann man folgendes feststellen:
a) Vereinbarungen über Rüstungsbegrenzungen beseitigen bestenfalls Asymmetrien in Rücksicht auf bestimmte Waffengattungen. Neue Asymmetrien - auch in Rücksicht auf die den Vereinbarungen unterliegenden Waffengattungen - stellen sich ein, wenn in den Bereichen, die nicht den Vereinbarungen unterliegen, weitergerüstet wird.
b) Auch wenn vorausgesetzt werden könnte, in Rücksicht auf *alle* Waffen sei eine Symmetrie herstellbar und hergestellt worden, so bleibt dennoch eine Asymmetrie bestehen, nämlich in Rücksicht auf den ersten Schlag (schon aus diesem Grunde bestünde die Notwendigkeit einer weiteren Rüstungsbegrenzungs- und Abrüstungspolitik).
c) Erst dann, wenn die unter a) und b) bezeichneten Asymmetrien nicht mehr bestünden, könnte dann die Rede sein, die Rüstungsbegrenzungs- und Abrüstungspolitik sei an ein Ende gekommen.

31 Darauf ist auch die Feststellung zu beziehen, der Politik werde ein Nichtentscheiden auch als Entscheidung ausgelegt.

32 Wiederum muß auf die Arbeit Bußhoff 1980 verwiesen werden.

33 Zum Begriff des Politischen und einer Mehrzahl unterschiedlicher Politikbegriffe vgl. Heinrich Bußhoff: Systemtheorie als Theorie der Politik, München 1975, und den nachfolgenden Beitrag "Zur Konstruktion (spezifischer) politikwissenschaftlicher Theorien der Freiheit".

34 Vgl. dazu die Ausführungen in Heinrich Bußhoff: Methodologie der Politikwissenschaft, Stuttgart 1978 und Bußhoff 1980; vgl. dazu auch den nachfolgenden Beitrag. In einer weiterführenden Arbeit unter dem Titel "Technik der

Konstruktion politikwissenschaftlicher Theorien" soll diese Problematik zusammenfassend dargestellt werden.

35 Vgl. dazu die Hinweise unter Anmerkung 33.

36 Vgl. dazu insbesondere Bußhoff 1978 und 1980 und den nachfolgenden Beitrag.

37 Ähnliches ist gemeint, wenn Berger feststellt, den in der Tradition von Durkheim und Weber stehenden soziologischen Theorien sei der "normative Zugang zur gesellschaftlichen Wirklichkeit" eigen (Johannes Berger: Soziologische Handlungstheorie und politische Ökonomie, in: Hondrich/Matthes 1978, S. 149).

38 Dieser Zusammenhang wurde bereits in der Arbeit Heinrich Bußhoff: Kritische Rationalität und Politik, München 1976, dargelegt.

39 Richard Münch: "Kapitalismus" und "okzidentaler Rationalismus" - Zwei Perspektiven zur Analyse der Strukturprobleme moderner Gesellschaften, in: Hondrich/Matthes (Hrsg.) 1978, S. 101.

40 Zu den bereits aufgeführten Arbeiten von mir vgl. auch Heinrich Bußhoff: Politik und Sozialexperiment, in: Zeitschrift für Soziologie, VII (1978) Heft 4.

41 Daß die üblicherweise von Vertretern der nomologischen Wissenschaftslehre vorgeschlagene Überbrückung durch Transformation von Gesetzesaussagen in technologische Aussagen nicht akzeptiert werden kann, sei hier nur nebenbei erwähnt. Dies wurde bereits bei der Aufzählung der Anforderungen an politikwissenschaftliche Theorien insofern angedeutet, als dort von politikwissenschaftlichen Theorien gefordert wird, von vornherein *auch* technologische Aussagen sein zu müssen. Vgl. dazu die Ausführungen in Bußhoff 1980.

42 Auf eine weitere wissenschaftsspezifische Schwierigkeit der Politischen Wissenschaft, nämlich als Wissenschaft selbst keine Experimente durchführen zu können, sondern dabei auf die Politik angewiesen zu sein, kann hier nicht eingegangen werden. Vgl. dazu die Hinweise unter Anmerkung 40.

43 Damit ist selbstverständlich nicht gesagt, nur die Politik sei Träger eines solchen Bewußtseins bzw. nur sie könne ein solches entwickeln.

44 Vgl. dazu die Hinweise unter Anmerkung 37.

45 Karl R. Popper: Das Elend des Historizismus, 3. verb. Aufl. Tübingen 1971, S. 110 f. Dieselbe Auffassung liegt

den Konzeptionen zugrunde, die mit der "Null-Hypothese" operieren. Diese Auffassung ist eng mit der der ökonomischen Theorie der Politik, jedenfalls der von Downs, verwandt, da auch für sie die ausschließlich rationalistische Handlungserklärung Voraussetzung ist (vgl. dazu die beiden nachfolgenden Kapitel).

46 Vgl. dazu die entsprechenden Ausführungen in: Heinrich Bußhoff: Der politische Code. Soziale Evolution und politische Steuerung, Stuttgart 1980.

47 Nach Berger bietet sich für die unterschiedlichen Akzentuierungsformen des Verhältnisses von Handlung und System die Einigungsformel an: "Die Menschen schaffen ebenso die soziale Welt wie sie durch diese hervorgebracht sind." (Johannes Berger: Soziologische Handlungstheorie und politische Ökonomie, in: Hondrich/Matthes (Hrsg.) 1978, S. 151) Diese Formel verweist bereits auf die Problematik, die weiter unten in ihrer allgemeinsten Form als System/Umweltproblematik behandelt wird (vgl. dazu insbes. das fünfte Kapitel).

48 Helmut Schelsky: Der Mensch in der wissenschaftlichen Zivilisation, Köln/Opladen 1963, S. 21 f.

49 Helmut Schelsky: Systemüberwindung, Demokratisierung und Gewaltenteilung. Grundsatzkonflikte der Bundesrepublik, München 1973, S. 58 f.

50 Vgl. dazu H. G. Schütte: Der empirische Gehalt des Funktionalismus, Meisenheim am Glan 1971; K. D. Opp: Verhaltenstheoretische Soziologie, Reinbek 1972; A. Bohnen: Individualismus und Gesellschaftstheorie. Eine Betrachtung zu zwei rivalisierenden Erkenntnisprogrammen, Tübingen 1975; V. Vanberg: Die zwei Soziologien. Individualismus und Kollektivismus in der Sozialtheorie, Tübingen 1975; K. D. Opp: Individualistische Sozialforschung. Arbeitsweise und Probleme individualistisch und kollektivistisch orientierter Sozialwissenschaften, Stuttgart 1979. Alle die hier genannten Autoren haben sich für den methodologischen Individualismus entschieden.

51 Die Begründung dafür wird in den nachfolgenden Kapiteln geliefert.

52 Vgl. dazu Heinrich Bußhoff: Systemtheorie als Theorie der Politik, München 1975 (UTB 467).

53 Niklas Luhmann: Funktionale Methode und Systemtheorie, in: ders.: Soziologische Aufklärung, Köln/Opladen 1970, S. 45.

54 Vgl. dazu insbesondere auch die Ausführungen im fünften Kapitel.

55 Niklas Luhmann: Gesellschaftsstruktur und Semantik. Studien zur Wissenssoziologie der modernen Gesellschaft, Bd. I, Frankfurt a. M. 1980, S. 120 ff.

56 Regelungsprobleme werden als Unterfall von Steuerungsproblemen angesehen in der Weise, als Regelungsprobleme nur insofern Steuerungsprobleme darstellen, sofern sie begriffen werden als Fragen der Art, welche Regelungen bzw. Regelungsmechanismen jeweils installiert werden sollen (z. B. welche administrativen, verwaltungstechnischen, rechtlichen Regelungsmechanismen eingebaut werden sollen).

57 Vgl. dazu die unter Anmerkung 52 genannte Arbeit und das fünfte Kapitel.

58 Vgl. dazu Heinrich Bußhoff: Methodologie der Politikwissenschaft, Stuttgart 1978; ders.: Der politische Code. Soziale Evolution und politische Steuerung, Stuttgart 1980 und weiter unten.

59 Vgl. dazu das im fünften Kapitel formulierte Ausgrenzungsaxiom.

60 Für andere Ausgrenzungsaxiome ist der universelle Anspruch auf die jeweils ausgegrenzten Gegenstandsbereiche zu beziehen.

61 Vgl. dazu die unter Anmerkung 52 genannte Arbeit; vgl. ebenso die Erläuterungen weiter oben und weiter unten.

62 So definiert Luhmann soziales System: "Ein soziales System ist ein Zusammenhang *sinnhaft* aufeinanderbezogener Handlungen, der gegenüber einer Umwelt abgegrenzt werden kann." (Niklas Luhmann: Religion als System. Thesen. Religiöse Dogmatik und gesellschaftliche Evolution, in: Karl Wilhelm Dahm/Niklas Luhmann/Dieter Stoodt: Religion - System und Sozialisation (Sammlung Luchterhand 85), Darmstadt/Neuwied 1973, S. 11) oder: "Soziale Systeme sind *sinnhaft* identifizierte Systeme. Ihre Grenzen ... sind Grenzen dessen, was in Sinnzusammenhängen relevant sein kann." (Niklas Luhmann: Moderne Systemtheorien als Form gesamtgesellschaftlicher Analyse, in: Jürgen Habermas/Niklas Luhmann: Theorie der Gesellschaft oder Sozialtechnologie - Was leistet die Systemforschung? Frankfurt a. M. 1971, S. 11 f.)

63 Das ist auch ein entscheidender Grund dafür, warum in keinem der Beiträge der Anspruch angemeldet wird, *die* Grundlagentheorie der Politischen Wissenschaft anzubieten.

64 Der Klammerausdruck soll anzeigen, daß der durch ihn beschriebene Systembezug grundsätzlich vorausgesetzt und nicht wiederholt wird.

65 Gesetze sind unter rechtsstaatlichen Bedingungen (und erst recht in einem sogenannten Rechtswegestaat) eine

"normale" und besonders wirksame Form der Absicherung gegen Veränderungen der sozialen Wirklichkeit.

66 Daß es sich hier nicht um die Zurechnung als Handlungsträger, sondern um "Empfänger" von Rechten handelt, ist offensichtlich.

67 Siehe dazu die voraufgehende Anmerkung.

68 Das "Gegensatzpaar" "wertkonservativ/strukturprogressiv" (verstanden als Umformulierung von "wertkonservativ/strukturkonservativ") ist nicht sehr überzeugend, weil Struktur (Form) und Inhalt nicht in Gegensatz zu setzen sind. In letzter Konsequenz würde das nämlich bedeuten, man könnte Inhalten jede Struktur (Form) geben. Zum Problem des Zusammenhangs von Form und Inhalt sowie zur Problematik der Zuschreibung vgl. Heinrich Bußhoff: Der politische Code. Soziale Evolution und politische Steuerung, Stuttgart 1980.

69 Vgl. dazu die Ausführungen im fünften Kapitel.

70 Hier sei ebenfalls auf die Ausführungen im fünften Kapitel verwiesen.

71 Hier sei nur erwähnt, daß deshalb der Handlungsbegriff (und nicht der Begriff des Verhaltens) verwandt wird, weil jedes Verhalten, sofern es als ein politisches zu betrachten ist, als ein Handeln begriffen werden muß.

72 Vgl. dazu Heinrich Bußhoff: Der politische Code, Stuttgart 1980, und das siebte Kapitel der vorliegenden Veröffentlichung.

73 Erste Hinweise zu dieser Problematik finden sich in: Heinrich Bußhoff: Politikwissenschaftliche Methodologie, Stuttgart 1978. Zur weiteren Klärung dieser Problematik muß ich auf eine in Vorbereitung befindliche Arbeit (Titel: "Technik der Konstruktion politikwissenschaftlicher Theorien") verweisen.

74 Vgl. dazu die Ausführungen im fünften Kapitel.

75 Das könnte als Erklärung dafür gelten, warum andererseits der Vielzahl der einmaligen und einzigartigen Positionen und Rollen im wesentlichen nur eine Position bzw. Rolle gegenübersteht, nämlich die des Staatsbürgers.

76 Zusätzlich zu den Ausführungen in den beiden Arbeiten "Methodologie der Politikwissenschaft" und "Der politische Code" vgl. meinen Beitrag: Politik und Sozialexperiment, in: Zeitschrift für Soziologie, VII (1978) Heft 4.

77 Die Problematik des Zusammenhangs von Form und Inhalt

wird in der in Vorbereitung befindlichen Arbeit (Titel: "Technik der Konstruktion politikwissenschaftlicher Theorien") mit der Betonung der Formfrage näher behandelt.

78 Zum Beispiel in einer Theorie des "politischen Unternehmers" auch ausgearbeitet.

79 Anthony Downs: Ökonomische Theorie der Demokratie, Tübingen 1968, S. 26.

80 Ebd. S. 8.

81 Ebd. S. 5.

82 Ebd. S. 7.

83 Ebd. S. 26.

84 Ebd. S. 6.

85 Ebd. S. 134 - Bezeichnend ist, daß diese Bedingung in der Grundstruktur des Modells nicht vorkommt. Sie wird nachträglich und beiläufig eingeführt.

86 Ebd. S. 90.

87 Ebd. S. 11.

88 Ebd. S. 19.

89 Ausdrücklich wird Stimmenmaximierung als *konkrete Zielsetzung* der Parteien festgelegt, und zwar im Zusammenhang mit dem Eigennutzaxiom (vgl. S. 26 ff.).

90 Ebd. S. 8 ff.

91 Ebd. S. 269 ff. Immerhin wird hier auch zugestanden, daß manchmal nur Gründe für Plausibilität angeführt worden seien.

92 Ebd. S. 271.

93 Ebd. S. 25.

94 Hier zeigt sich, daß dieses Axiom vorausgesetzt wird, um eine bestimmte methodologische Auffassung abzusichern. Daß sie nicht nur nicht zwingend, sondern auch falsch ist, zeigt die Arbeit von Olson.

95 Ebd. S. 30.

96 Ebd. S. 33.

97 Ebd. S. 80. Einige Seiten weiter ist bei der Zusammenfas-

sung nur noch von der Zuversicht, mit der die Wähler zu ihren Entscheidungen stehen, die Rede.

98 Ebd. S. 85.

99 Ebd. S. 99.

100 Beispiele dafür sind zu finden auf den Seiten 24 ff. und 81 f.

101 Ebd. S. 27.

102 Diese Gleichsetzung stammt von mir.

103 Ebd. S. 37.

104 Mancur Olson: Die Logik des kollektiven Handelns, Tübingen 1968, S. 63 f. Die Frage allerdings, wie geeignete und wirksame Mittel bzw. rationales Verhalten zu bestimmen wären, wird von Olson nicht geklärt.

105 Die am Schluß aufgeführten Sätze bzw. Propositionen, die als aus der Theorie abgeleitete und überprüfbare vorgestellt werden, unterscheiden sich insgesamt gesehen sehr deutlich sowohl aufgrund ihres formalen Status als auch aufgrund der inhaltlichen Präzisierung. Darauf kann ich hier nicht näher eingehen. Ich möchte insbesondere auf die Sätze bzw. Propositionen 1, 6, 7, 9, 12, 19, 23, 24 verweisen, sie heben sich besonders deutlich hervor.

106 Downs: a. a. O. S. 27. Hier wird die Fragwürdigkeit der Ausgrenzung von Downs wieder deutlich. Wenn Parteimitglieder Aktionen veranstalten, dann sind diese Aktionen zwangsläufig politisch. Ansonsten kann man nicht von Parteimitgliedern sprechen. Ihre Motivationen sind gleichgültig in Rücksicht auf die Eigenschaft, politisch zu sein. Das schließt nicht aus, daß Motivationen die Ausprägungen der Aktionen bestimmen. - Die vorstehenden Feststellungen sind keine Spitzfindigkeiten; sie sind entscheidend gerade in Rücksicht auf den Ansatz von Downs.

107 Insgesamt verweise ich auf meine in den Anmerkungen zu den voraufgehenden Kapiteln genannten Arbeiten.

108 Vgl. dazu die Diskussion zwischen Eckel und mir in der Zeitschrift für Soziologie. VII (1978) Heft 1 und 4.

109 Anthony Downs: Ökonomische Theorie der Demokratie, Tübingen 1968, S. 27.

110 Nach Downs stimmt jeder Bürger "für die Partei, von der er glaubt, daß sie ihm während der kommenden Wahlperiode

ein höheren Nutzeneinkommen liefern wird als irgendeine andere Partei".

111 Zu dieser Problematik vgl. auch die Ausführungen in: Heinrich Bußhoff: Methodologie der Politikwissenschaft, Stuttgart 1978, S. 55 ff.

112 Solche Vorleistungen kann die Systemtheorie zumindest in zweifacher Hinsicht erbringen; zum einen in Rücksicht auf die Erfassung des jeweiligen Wirklichkeitsausschnittes, zum anderen in Rücksicht auf seine Differenzierung.

113 Das schließt selbstverständlich nicht aus, daß sie gegebenenfalls erst erarbeitet werden müssen.

114 Vgl. dazu die Ausführungen in: Heinrich Bußhoff: Methodologie der Politikwissenschaft, Stuttgart 1978.

115 Vgl. dazu die Ausführungen in: Heinrich Bußhoff: Kritische Rationalität und Politik, München 1976 (UTB 623); ders.: Methodologie der Politikwissenschaft, Stuttgart 1978; ders.: Der politische Code. Soziale Evolution und politische Steuerung, Stuttgart 1980.

116 Daß hier eine bestimmte Auffassung von sozialer Wirklichkeit als Verursachungs- und Wirkungszusammenhang vorausgesetzt wird, ist offensichtlich. Darauf kann hier nicht näher eingegangen werden (vgl. dazu die unter Anmerkung 115 aufgeführten Arbeiten).

117 Neben den bereits genannten Arbeiten von mir muß ich auf eine weitere verweisen ("Technik der Konstruktion politikwissenschaftlicher Theorien"), die diesem Zusammenhang noch intensiver nachgeht und sich im Stadium der Vorbereitung befindet.

118 Funktionalisten, insbesondere die Vertreter des Äquivalenzfunktionalismus waren bisher nicht in der Lage, ihr Postulat überzeugend zu begründen.

119 Für diese und alle folgenden Aussagen gelten die oben formulierten allgemeinen Systembedingungen weiter. Sie werden jedoch weder hier noch im folgenden jeweils wiederholt.

120 Ganz allgemein sei angemerkt, daß deshalb eine Herausforderung bestehen bzw. sie als solche von den Politikern angesehen wird, weil für sie aufgrund von Öffentlichkeit ein objektiver "Zwang" zum Handeln existiert.

121 Darauf kann hier nicht eingegangen werden.

122 Grundsätzlich ließe sich zeigen, daß hierfür auch beispielsweise "Parlamente" oder "Parteien" oder einzelne

"Repräsentanten" dieser "kollektiven Handlungsträger" als Handlungsträger eingesetzt werden können.

123 Entsprechende Steuerungsaussagen ließen sich auch z. B. in bezug auf "Parteivorsitzende" formulieren. Ebenso könnten entsprechende Steuerungsaussagen in bezug auf "Parteien" formuliert werden.

124 Zu den bereits genannten Arbeiten von mir vgl. auch "Zu einer Theorie des politischen Stils", Meisenheim am Glan 1972.

125 In einem solchen Zusammenhang könnten auch die Arbeiten gesehen werden von Hans Joachim Arndt: Die Besiegten von 1945. Versuch einer Politologie für Deutsche, samt Würdigung der Politikwissenschaft in der Bundesrepublik Deutschland, Berlin 1978; und Hans Kastendiek: Die Entwicklung der westdeutschen Politikwissenschaft, Frankfurt a. M. 1977.

126 Die übliche Entgegensetzung von "Revolution/Evolution" ist nicht nur grundsätzlich oberflächlich; ihre sehr eingeengte Plausibilität hat sie zumindest in bezug auf die modernen entwickelten Gesellschaften verloren.

127 Vgl. dazu die Ausführungen in: Heinrich Bußhoff: Methodologie der Politikwissenschaft, Stuttgart 1978.

128 Argumente, die hier als Konsequenz sofort eine umfassende Politisierung (wahrscheinlich sogar eine einseitig ausgerichtete) sehen, kann ich nicht ernst nehmen.

129 Paul K. Feyerabend: Wider den Methodenzwang. Skizze einer anarchistischen Erkenntnistheorie, Frankfurt a. M. 1976, S. 304. Was unter sehr spezifischen Voraussetzungen als akzeptabel erscheinen mag, muß man grundsätzlich als Versuch werten, den Teufel mit Beelzebub auszutreiben.

130 Für die Bundesrepublik Deutschland darf man feststellen, daß die gesellschaftliche Autorität der Politischen Wissenschaft nicht besonders hoch ist.

131 Vgl. u. a. meine Arbeit: Methodologie der Politikwissenschaft, Stuttgart 1978. Hier möchte ich auch auf eine in Vorbereitung befindliche Arbeit ("Technik der Konstruktion politikwissenschaftlicher Theorien") verweisen.

132 Karl R. Popper: Das Elend des Historizismus, 3. verb. Aufl. Tübingen 1971, S. 98.

133 Zum ersten Mal vorgetragen von mir in der Arbeit: Kritische Rationalität und Politik, München 1976 (UTB 623).

134 Hans Albert: Wertfreiheit als methodisches Prinzip. Zur Frage der Notwendigkeit einer normativen Sozialwissenschaft, in: Ernst Topitsch (Hrsg.): Logik der Sozialwissenschaften, 8. Aufl. Köln 1972, S. 192 f.

135 Auf die Frage will ich hier nicht eingehen, wie man z. B. bestimmte Aussagen als technologische ansehen kann (etwa jene, die Popper in "Elend des Historizismus" formuliert), ohne die theoretischen bzw. Gesetzesaussagen zu kennen.

136 Albert: a. a. O. S. 193.

137 Rolf Grimm/Heribert Tillmann: Grundlagen einer kritisch-rationalen Sozialwissenschaft. Studienbuch zur Wissenschaftstheorie, Heidelberg 1973, S. 104.

138 Ebd.

139 Ebd.

140 Karl Dieter Opp: Methodologie der Sozialwissenschaften. Einführung in Probleme ihrer Theoriebildung, Reinbek 1970, S. 83. (Durchgreifend revidierte und wesentlich erweiterte Neuausgabe Reinbek 1976, S. 181.)

141 Dies ist u. a. ein Grund mit, warum "konkurrierende" und "alternative" politikwissenschaftliche Theorien anzuerkennen sind.

142 Sollten für die drei Ebenen der Aussagen verschiedene Rationalitätsbegriffe gelten - was nicht der Fall ist - würde die Problematik nur noch auswegloser.

143 Albert: a. a. O. S. 193.

144 Ebd.

145 Zum Kausalitätsbegriff siehe insbesondere Heinrich Bußhoff: Der politische Code. Soziale Evolution und politische Steuerung, Stuttgart 1980.

146 Heinrich Bußhoff: Kritische Rationalität und Politik, München 1976 (UTB 623).

147 Niklas Luhmann: Politikbegriffe und die "Politisierung" der Verwaltung, in: Demokratie und Verwaltung (Schriftenreihe der Hochschule Speyer, Bd. 50), Berlin 1972, S. 212.

148 Ebd.S. 217.

149 Vgl. dazu Heinrich Bußhoff: Systemtheorie als Theorie der Politik, München 1975 (UTB 467).

150 Luhmann: a. a. O. S. 218 f.

151 Ebd. S. 217.

152 Auch von diesem Zusammenhang her läßt sich die Forderung begründen, die Forschungslage der Politischen Wissenschaft sei im Zusammenhang ihrer Bedeutungslage zu bestimmen.

153 Vgl. dazu Heinrich Bußhoff: Der politische Code. Soziale Evolution und politische Steuerung, Stuttgart 1980.

154 Meine eigenen Bemühungen bedürfen, um überhaupt eine einigermaßen tragfähige Grundlage zu bieten, noch weiterer Anstrengungen. Sie werden - wie bereits angemerkt - demnächst fortgesetzt durch die Arbeit "Technik der Konstruktion politikwissenschaftlicher Theorien".

155 Das ist u. a. auch ein Grund dafür, warum - wie an anderer Stelle (Der politische Code, S. 27 f.) in Rücksicht auf den Kausalitätsbegriff ausgeführt - auch in der Frage der politischen Verantwortlichkeit und Zuweisung von Verantwortung die Kategorie der "Tragik" in die Betrachtung eingeführt werden muß.

156 Diese Feststellung braucht hier nicht weiter erläutert zu werden; sie verweist auf die durch Konstruktions- und Wirkungsweise von Computern zwingend vorgeschriebene Vorgabe. Diese Vorgabe korrespondiert mit der, die durch die Regel zur Herbeiführung von Entscheidungen festgelegt ist (s. dazu weiter unten).

157 Diese Voraussetzung muß zumindest so lange gegeben sein, solange Kommunikationsprozesse notwendig sind, um sich über etwas verständigen zu können. Für die Politik jedenfalls ist nicht abzusehen, daß diese Voraussetzung jemals grundsätzlich hinfällig werden könnte.

158 Ein Beispiel dafür ist die Tatsache, daß Gesetzestexte zunehmend abstrakter und allgemeiner ausfallen und die Gerichte die Konkretisierungen in einem solchen Ausmaße vornehmen müssen, das sich in einer parlamentarischen Demokratie kaum noch rechtfertigen läßt. Ein anderes Beispiel dafür ist die zunehmende Formalisierung von Verwaltungsvorgängen.

159 Vgl. dazu Heinrich Bußhoff: Methodologie der Politikwissenschaft, Stuttgart 1978.

160 Dieser Satz von Konstruktionsregeln muß mit den Regeln in Übereinstimmung gebracht werden, die zur Konstruktion von politikwissenschaftlichen Theoriesystemen beachtet werden müssen.

161 Im administrativen Bereich kommen selbstverständlich auch Entscheidungen vor. Diese Entscheidungen befinden sich allerdings in einem rechtlich genau fixierten Rahmen und sind nicht aufgrund von politischen Kommunikationsprozessen, sondern aufgrund von Kompetenzzuweisungen an Sachbearbeiter zustande gekommen.

162 Dies setzt allerdings ein bestimmtes Wissenschaftsverständnis der Politischen Wissenschaft voraus.

163 Josef Waizenbaum: Die Macht der Computer und die Ohnmacht der Vernunft, Frankfurt a. M. 1977, S. 45.

164 Ebd.

165 Nach Art. 54 der Verfassung des Freistaates Bayern darf kein Mitglied der Staatsregierung bei Abstimmungen sich der Stimme enthalten.

166 Diese Feststellung gilt grundsätzlich auch für die sogenannte Personalpolitik.

167 In diesem Zusammenhang ist es daher abwegig, von einer Duplikationsregel bzw. einer Positiv- und einer Negativfassung zu reden.

168 Ob dazu auch die Berechtigung gehört, an der Formulierung der zur Abstimmung gestellten sprachlichen Gebilde mitzuwirken, ist für unsere Fragestellung nicht entscheidend.

169 Vgl. dazu Heinrich Bußhoff: Der politische Code. Soziale Evolution und politische Steuerung, Stuttgart 1980.

170 Vgl. dazu die unter Anmerkung 159 und 169 aufgeführten Arbeiten.

171 Wer etwa die politische Ordnung der Bundesrepublik Deutschland betrachtet, wird rasch feststellen, daß sie ganz entscheidend durch die Gewaltenteilungslehre bestimmt ist.

172 Diese Annahme ist angesichts der gegenwärtigen Leistungsfähigkeit von Computern jedenfalls nicht unberechtigt.

173 Vgl. dazu die unter Anmerkung 169 aufgeführte Arbeit.

174 Dazu gehört die obige Feststellung, nach der politikwissenschaftliche Theorien letztlich nicht eindeutig als entweder wahr oder falsch bestimmbar seien.

175 Auch der Politik ist ebenso wie der Politischen Wissenschaft die Kompetenz zuzuerkennen, in einer Meta-Sprache zu diskutieren und sich zu verständigen.

176 Ein oberflächlicher Blick in die Literatur zur Einführung in die Politische Wissenschaft genügt, um die unsichere Lage dieser Disziplin zu erkennen.